中国语言文学文库·学人文库　吴承学　彭玉平　主编

第二语言汉语阅读能力发展研究

吴门吉 著

中山大学出版社
SUN YAT-SEN UNIVERSITY PRESS
·广州·

版权所有　翻印必究

图书在版编目（CIP）数据

第二语言汉语阅读能力发展研究/吴门吉著. —广州：中山大学出版社，2020.12
（中国语言文学文库/吴承学，彭玉平主编. 学人文库）
ISBN 978-7-306-06893-4

Ⅰ.①第… Ⅱ.①吴… Ⅲ.①汉语—阅读教学—对外汉语教学—教学研究　Ⅳ.①H195.3

中国版本图书馆 CIP 数据核字（2020）第 112185 号

出 版 人：王天琪
策划编辑：嵇春霞
责任编辑：高　洵
封面设计：曾　斌
版式设计：曾　斌
责任校对：苏深梅
责任技编：何雅涛
出版发行：中山大学出版社
电　　话：编辑部 020-84110283，84111996，84111997，84113349
　　　　　发行部 020-84111998，84111981，84111160
地　　址：广州市新港西路 135 号
邮　　编：510275　　传　真：020-84036565
网　　址：http://www.zsup.com.cn　　E-mail：zdcbs@mail.sysu.edu.cn
印 刷 者：广州市友盛彩印有限公司
规　　格：787mm×1092mm　1/16　15.75 印张　264 千字
版次印次：2020 年 12 月第 1 版　2020 年 12 月第 1 次印刷
定　　价：62.00 元

如发现本书因印装质量影响阅读，请与出版社发行部联系调换。

中国语言文学文库

编委会

主　编　吴承学　彭玉平

编　委（按姓氏笔画排序）

　　　　　王　坤　王霄冰　庄初升

　　　　　何诗海　陈伟武　陈斯鹏

　　　　　林　岗　黄仕忠　谢有顺

总　　序

吴承学　彭玉平

中山大学建校将近百年了。1924年，孙中山先生在万方多难之际，手创国立广东大学。先生逝世后，学校于1926年定名为国立中山大学。虽然中山大学并不是国内建校历史最长的大学，且僻于岭南一地，但是，她的建立与中国现代政治、文化、教育关系之密切，却罕有其匹。缘于此，也成就了独具一格的中山大学人文学科。

人文学科传承着人类的精神与文化，其重要性已超越学术本身。在中国大学的人文学科中，中国语言文学学科的设置更具普遍性。一所没有中文系的综合性大学是不完整的，也几乎是不可想象的。在文、理、医、工诸多学科中，中文学科特色显著，它集中表现了中国本土语言文化、文学艺术之精神。著名学者饶宗颐先生曾认为，语言、文学是所有学术研究的重要基础，"一切之学必以文学植基，否则难以致弘深而通要眇"。文学当然强调思维的逻辑性，但更强调感受力、想象力、创造力和语言表达能力。有了文学基础，才可能做好其他学问，并达到"致弘深而通要眇"之境界。而中文学科更是中国人治学的基础，它既是中国文化根基的重要组成部分，也是中国文明与世界文明的一个关键交集点。

中文系与中山大学同时诞生，是中山大学历史最悠久的学科之一。近百年中，中文系随中山大学走过艰辛困顿、辗转迁徙之途。始驻广州文明路，不久即迁广州石牌地区；抗日战争中历经三迁，初迁云南澄江，再迁粤北坪石，又迁粤东梅州等地；1952年全国高校院系调整，始定址于珠江之畔的康乐园。古人说："艰难困苦，玉汝于成。"对于中山大学中文系来说，亦是如此。百年来，中文系多番流播迁徙。其间，历经学科的离合、人物的散聚，中文系之发展跌宕起伏、曲折逶迤，终如珠江之水，浩浩荡荡，奔流入海。

康乐园与康乐村相邻。南朝大诗人谢灵运,世称"康乐公",曾流寓广州,并终于此。有人认为,康乐园、康乐村或与谢灵运(康乐)有关。这也许只是一个美丽的传说。不过,康乐园的确洋溢着浓郁的人文气息与诗情画意。但对于人文学科而言,光有诗情是远远不够的,更重要的是必须具有严谨的学术研究精神与深厚的学术积淀。一个好的学科当然应该有优秀的学术传统。那么,中山大学中文系的学术传统是什么?一两句话显然难以概括。若勉强要一言以蔽之,则非中山大学校训莫属。1924年,孙中山先生在国立广东大学成立典礼上亲笔题写"博学、审问、慎思、明辨、笃行"十字校训。该校训至今不但巍然矗立在中山大学校园,而且深深镌刻于中山大学师生的心中。"博学、审问、慎思、明辨、笃行"是孙中山先生对中山大学师生的期许,也是中文系百年来孜孜以求、代代传承的学术传统。

　　一个传承百年的中文学科,必有其深厚的学术积淀,有学殖深厚、个性突出的著名教授令人仰望,有数不清的名人逸事口耳相传。百年来,中山大学中文学科名师荟萃,他们的优秀品格和学术造诣熏陶了无数学者与学子。先后在此任教的杰出学者,早年有傅斯年、鲁迅、郭沫若、郁达夫、顾颉刚、钟敬文、赵元任、罗常培、黄际遇、俞平伯、陆侃如、冯沅君、王力、岑麒祥等,晚近有容庚、商承祚、詹安泰、方孝岳、董每戡、王季思、冼玉清、黄海章、楼栖、高华年、叶启芳、潘允中、黄家教、卢叔度、邱世友、陈则光、吴宏聪、陆一帆、李新魁等。此外,还有一批仍然健在的著名学者。每当我们提到中山大学中文学科,首先想到的就是这些著名学者的精神风采及其学术成就。他们既给我们带来光荣,也是一座座令人仰止的高山。

　　学者的精神风采与生命价值,主要是通过其著述来体现的。正如司马迁在《史记·孔子世家》中谈到孔子时所说的:"余读孔氏书,想见其为人。"真正的学者都有名山事业的追求。曹丕《典论·论文》说:"盖文章,经国之大业,不朽之盛事。年寿有时而尽,荣乐止乎其身,二者必至之常期,未若文章之无穷。是以古之作者,寄身于翰墨,见意于篇籍,不假良史之辞,不托飞驰之势,而声名自传于后。"真正的学者所追求的是不朽之事业,而非一时之功名利禄。一个优秀学者的学术生命远远超越其自然生命,而一个优秀学科学术传统的积聚传承更具有"声名自传于后"的强大生命力。

为了传承和弘扬本学科的优秀学术传统，从 2017 年开始，中文系便组织编纂中山大学"中国语言文学文库"。本文库共分三个系列，即"中国语言文学文库·典藏文库""中国语言文学文库·学人文库"和"中国语言文学文库·荣休文库"。其中，"典藏文库"主要重版或者重新选编整理出版有较高学术水平并已产生较大影响的著作，"学人文库"主要出版有较高学术水平的原创性著作，"荣休文库"则出版近年退休教师的自选集。在这三个系列中，"学人文库""荣休文库"的撰述，均遵现行的学术规范与出版规范；而"典藏文库"以尊重历史和作者为原则，对已故作者的著作，除了改正错误之外，尽量保持原貌。

一年四季满目苍翠的康乐园，芳草迷离，群木竞秀。其中，尤以百年樟树最为引人注目。放眼望去，巨大树干褐黑纵裂，长满绿茸茸的附生植物。树冠蔽日，浓荫满地。冬去春来，墨绿色的叶子飘落了，又代之以郁葱青翠的新叶。铁黑树干衬托着嫩绿枝叶，古老沧桑与蓬勃生机兼容一体。在我们的心目中，这似乎也是中山大学这所百年老校和中文这个百年学科的象征。

我们希望以这套文库致敬前辈。

我们希望以这套文库激励当下。

我们希望以这套文库寄望未来。

2018 年 10 月 18 日

吴承学：中山大学中文系学术委员会主任、教授，长江学者特聘教授
彭玉平：中山大学中文系系主任、教授，长江学者特聘教授

前　　言

　　我对阅读研究的兴趣始于斐济。1998年到2000年间，作为教育部外派汉语教师，我到南太平洋上的一个岛国——斐济教汉语。当时，我在一所中学任教，下午3：05学校工作结束，放学，于是有不少的空余时间可以去旁边的南太平洋大学图书馆阅读、浏览书刊。南太平洋大学位于我们的宿舍与学校之间，该大学图书馆对公众开放。无意间，我接触了不少有关如何学习、如何阅读的书。这些书带给我的是震撼，给我的人生打开了另一扇窗户。幸运的是，我还获得了在该大学旁听应用语言学硕士课程——"心理语言学"的机会。其中，阅读研究的"词语识别""句子分析"等是重要内容，学科内容和英语语言使我对阅读研究产生了浓厚的兴趣。2001年开始攻读博士学位时，恰逢我的导师周小兵教授主编的《中级汉语阅读教程》教材已经出版。当时，他正主持《阶梯汉语》系列教材的编写，搭建了阅读教学与研究团队，我有幸加入其中，参与阅读教材的编写与研究，并开始第二语言汉语阅读教学。机缘巧合之下，我跟阅读研究结了缘。

　　本书基于我的博士学位论文——《通过猜词策略看欧美韩日学生汉语阅读能力发展过程》（2005），如今距离论文的完成已经10多年了。刚毕业时，我也曾考虑过出版事宜，但出于种种原因，其间，也投身海外孔子学院等工作，于是出版的事一拖再拖。

　　近年来，我读到Keiko Koda（2007）的国内引进版《洞察第二语言阅读——跨语言途径》(*Insights into Second Language Reading*: *A Cross-Linguistic Approach*，剑桥版，2005），惊讶地发现，该书的一些观点与我的博士学位论文的视角有不少不谋而合之处。该书的首次出版与我论文的完成竟在同一年，当时我尚无机会参考这本理论基础雄厚、研究成果丰厚的二语阅读研究方面的力作（刘振前，2007）。这个不约而同是鼓励我将当年的论文公开出版的原因之一。

《洞察第二语言阅读——跨语言途径》(Koda,2005)由刘振前(2007)导读。在导读中,他对该书作者与总体内容进行了简明的介绍,并介绍了该书的3个特点:①偏重理论;②视角独特;③微观与宏观结合,涵盖阅读的各个方面。视角独特,说的是作者采用跨语言分析方式,对二语阅读与一语阅读之间的异同进行了全面深入的研究。在谈到第三个特点时,他介绍道:"该书以心理语言学为主线,对二语阅读进行了跨语言研究,其目的是对二语阅读能力及其获得研究奠定概念基础……"

我的博士学位论文正是探讨二语汉语学习者阅读能力发展过程的一项实证研究。Koda(2005)的研究希望为二语阅读能力的发展研究提供理论基础,而我的研究是一项二语阅读能力发展的具体研究,研究侧重点不同,她的是理论建构,我的是基于理论的实证研究。但是,我们的理论框架非常相似,都是把阅读能力掰开来探讨,而且掰开的角度相当一致,都包括文字能力、词汇能力、句子分析能力、语篇分析能力等。我的研究并不是直接考察分析学习者的这4种能力,而是采用了口头报告等研究范式,以阅读猜词为切入点,通过学习者在词义提取方面所用到的知识来考察学习者阅读能力的发展过程。我当时对这个研究视角、方法与框架感到兴奋,也得到了论文评阅老师的肯定。本研究对欧美、韩、日3种不同母语与文字背景的汉语学习者,分别从横向与纵向的角度考察猜词策略使用情况,研究他们在二语汉语阅读能力发展过程中所受到的限制条件及其内在发展规律。

尽管10多年过去了,其间汉语作为第二语言习得研究硕果累累,但从研究对象、研究视角、研究系统性、研究成果来看,汉语作为第二语言阅读能力发展的类似研究尚不多见。此番出版,希望可以抛砖引玉,启迪来者。

附录中的几篇论文是本研究的前期或后续成果,与本研究密切相关,故也收录在册。

本书得以出版,感谢导师,以及中山大学中文系的大力支持。

首先,衷心感谢我的博士研究生导师周小兵教授。周老师主编过《中级汉语阅读教程》(两册)、《阶梯汉语》(系列教材)等优秀汉语阅读教材，主编过《对外汉语阅读研究》论文集，就阅读理论与实践研究出版了两本专著。在他的领导下，当年的国际汉语学院在汉语阅读研究与教学方面成绩卓著。周老师的引导和他所搭建的阅读教学与研究平台是我的选题得以实现并最终写成论文的重要保证。谢谢周老师！

其次，非常感谢中文系"中国语言文学文库"的出版资助。本书得以最后出版，受益于中文系对老师们从事学术研究的大力支持。

吴门吉　谨记于中大康乐园
2020 年 4 月 6 日

目　　录

第一章　绪论 ·· 1
  1.1　研究意义 ·· 1
  1.2　研究目的 ·· 3
  1.3　研究方法 ·· 3
  1.4　研究内容 ·· 4

第二章　理论基础 ·· 6
  2.1　什么是阅读 ·· 6
    2.1.1　阅读与文字 ·· 8
    2.1.2　阅读与语言 ·· 9
    2.1.3　阅读与认知 ·· 10
  2.2　阅读理论 ·· 11
    2.2.1　阅读过程模式 ·· 11
    2.2.2　阅读能力成分说 ·· 15
    2.2.3　图式理论 ·· 16
  2.3　第二语言阅读教学研究 ·· 18
    2.3.1　国外第二语言阅读教学研究 ·· 18
    2.3.2　对外汉语阅读教学研究 ·· 20
  2.4　尚待解决的问题 ·· 24

第三章　词义推测与阅读能力 ·· 26
  3.1　词义推测概述 ··· 26
    3.1.1　二语英语阅读研究相关进展 ·· 26
    3.1.2　二语汉语词义推测研究 ·· 28
  3.2　词义推测策略类别 ·· 29
    3.2.1　字形策略 ·· 30

3.2.2　声旁策略 …………………………………………… 30
　　3.2.3　构词法策略 ………………………………………… 31
　　3.2.4　语义策略 …………………………………………… 32
　　3.2.5　句法策略 …………………………………………… 33
　　3.2.6　上下文语境 ………………………………………… 33
　　3.2.7　背景知识 …………………………………………… 34
　　3.2.8　标题策略 …………………………………………… 34
 3.3　词义推测与阅读能力 …………………………………… 34

第四章　实验研究设计 ………………………………………… 36
 4.1　研究思路 ………………………………………………… 36
　　4.1.1　语言文字背景对阅读的影响 ………………………… 36
　　4.1.2　二语水平的影响 ……………………………………… 38
 4.2　研究假设 ………………………………………………… 38
 4.3　研究设计 ………………………………………………… 39

第五章　口头报告研究 ………………………………………… 40
 5.1　初级组 …………………………………………………… 40
　　5.1.1　调查方法 ……………………………………………… 40
　　5.1.2　调查工具 ……………………………………………… 41
　　5.1.3　被试 …………………………………………………… 41
　　5.1.4　材料分析 ……………………………………………… 41
　　5.1.5　结果 …………………………………………………… 42
　　5.1.6　讨论 …………………………………………………… 55
 5.2　中级一组 ………………………………………………… 57
　　5.2.1　调查方法 ……………………………………………… 57
　　5.2.2　调查工具 ……………………………………………… 58
　　5.2.3　被试 …………………………………………………… 58
　　5.2.4　材料分析 ……………………………………………… 58
　　5.2.5　结果 …………………………………………………… 60
　　5.2.6　讨论 …………………………………………………… 68
 5.3　中级二组 ………………………………………………… 69
　　5.3.1　调查方法 ……………………………………………… 69

5.3.2　调查工具 …………………………………………………… 69
　　5.3.3　被试 …………………………………………………………… 69
　　5.3.4　结果 …………………………………………………………… 70
　　5.3.5　讨论 …………………………………………………………… 76
　5.4　小结 …………………………………………………………………… 77

第六章　纸笔测试研究 …………………………………………………… 78
　6.1　句内猜词 ……………………………………………………………… 78
　　6.1.1　研究对象 ……………………………………………………… 78
　　6.1.2　研究工具 ……………………………………………………… 79
　　6.1.3　实施过程 ……………………………………………………… 79
　　6.1.4　材料分析 ……………………………………………………… 80
　　6.1.5　结果与分析 …………………………………………………… 80
　6.2　上下文语境猜词 ……………………………………………………… 92
　　6.2.1　上下文语境猜词测试成绩分析之一 ………………………… 92
　　6.2.2　上下文语境猜词测试成绩分析之二 ………………………… 94
　　6.2.3　上下文语境猜词测试成绩分析之三 ………………………… 95
　6.3　小结 …………………………………………………………………… 98

第七章　问卷调查研究 …………………………………………………… 99
　7.1　问卷设计 ……………………………………………………………… 99
　7.2　调查对象 ……………………………………………………………… 100
　7.3　实施过程 ……………………………………………………………… 100
　7.4　数据处理 ……………………………………………………………… 101
　7.5　结果 …………………………………………………………………… 101
　　7.5.1　策略总分结果分析 …………………………………………… 101
　　7.5.2　组内不同水平的具体策略比较 ……………………………… 103
　　7.5.3　组间策略使用平均值与标准差比较 ………………………… 105
　　7.5.4　组间策略均值显著性检验 …………………………………… 109
　7.6　讨论 …………………………………………………………………… 111
　　7.6.1　汉字策略 ……………………………………………………… 111
　　7.6.2　语义搭配策略 ………………………………………………… 112
　　7.6.3　句法结构策略 ………………………………………………… 113
　　7.6.4　背景知识策略 ………………………………………………… 113

    7.6.5　近语境策略 …………………………………………… 113
    7.6.6　大的上下文语境策略 ………………………………… 113
    7.6.7　与母语对照策略 ……………………………………… 113
    7.6.8　文章标题策略 ………………………………………… 114
  7.7　小结 …………………………………………………………… 114

第八章　二语汉语阅读能力发展过程分析 …………………………… 116
  8.1　影响词义理解的因素 ………………………………………… 116
  8.2　不同水平词义推测策略的使用情况 ………………………… 117
  8.3　汉语阅读能力结构分析 ……………………………………… 120
    8.3.1　汉语阅读词义推测的重要策略——语义搭配、语素
          与上下文语境 …………………………………… 120
    8.3.2　汉语阅读必须跨越汉字"门槛"——汉字量的大小 … 120
    8.3.3　语义建构能力 ………………………………………… 121
    8.3.4　语言水平 ……………………………………………… 123
  8.4　二语汉语阅读能力的发展过程分析 ………………………… 124
    8.4.1　欧美国家学生的汉语阅读必须跨越汉字、汉语双重"门槛"
          ………………………………………………………… 124
    8.4.2　韩国学生的汉字、汉语"门槛"都较欧美国家的学生低 …… 124
    8.4.3　日本学生几乎没有汉字"门槛" …………………… 125
    8.4.4　假设验证 ……………………………………………… 125

第九章　二语汉语阅读教学启示 ……………………………………… 127
  9.1　重视汉字构形训练 …………………………………………… 127
  9.2　重视词语搭配关系教学 ……………………………………… 128
  9.3　置于语义场的词语教学 ……………………………………… 128
  9.4　循序渐进的技能训练 ………………………………………… 129
    9.4.1　初级阶段 ……………………………………………… 129
    9.4.2　中级一阶段 …………………………………………… 131
    9.4.3　中级二阶段 …………………………………………… 132
    9.4.4　高级阶段 ……………………………………………… 132
  9.5　结合语义的语法教学 ………………………………………… 133
  9.6　重视母语背景对汉语阅读学习时长的影响 ………………… 133

参考文献……………………………………………………… 135
附录一　测试材料…………………………………………… 146
附录二　调查问卷…………………………………………… 158
附录三　已发表的部分相关论文…………………………… 183

第一章 绪 论

1.1 研究意义

自 20 世纪 80 年代中期,对外汉语教学学科的确立,距今已 30 多年了。其间,或 10 年或 20 年都有学者对相关研究进行回顾与展望,以促进该领域研究的进一步发展。与任何一个新的学科的发展一样,对外汉语教学研究也经历了从理论借鉴到开拓、创新的过程。在短短的几十年中,研究成果斐然。当然,作为一门年轻的学科,它仍有不少尚需拓展的空间。

检索相关的研究论文与综述,不难发现,以往的研究主要集中在汉语知识的教学研究上,包括对汉语语音、词汇、语法等语言要素的教学与研究,尤其是语法研究比较丰富(赵金铭,1996)。1992 年,《世界汉语教学》《语言文字应用》《语言教学与研究》等编辑部联合发起并召开了"语言学习理论研究"座谈会,由此推动了对语言学习规律、学习者中介语、汉语习得过程的研究,但对语言交际技能的研究仍不多见。

赵金铭(2001)专文论述了"对外汉语研究的基本框架",提出了"教什么""如何学"与"怎样教"的新三角关系,并认为其中"教什么"为三角的核心,而对"如何学"的研究是教学针对性的保证。在此基础上,文章提出了这 3 个方面的具体研究课题。其中,"外国学生阅读能力结构及学习过程研究"是汉语习得研究的课题之一。但是,目前对阅读学习的研究仍然相对薄弱。徐子亮(2004)在对 20 年的学习理论研究进行回顾后指出:"在阅读能力结构及学习过程、外国学生母语的语言形态因素对汉语学习的影响、汉语句子和语篇的理解过程、篇章与写作过程、汉语的元语言意识对汉语学习的影响,不同国别学生的汉语学习与认知研究方面还比较欠缺。"(第 70 页)

作为语言的重要交际技能之一的阅读学习研究目前才刚刚起步,需要更多的学者付出更多的努力。本研究希望在探讨不同母语背景的留学生的阅读能力结构及发展过程方面做一些努力。

Tony Buza（1997）在《快速阅读》一书中谈到，在过去的20年中，对世界各地的逾10万人的调查显示，在前20种人们有待提高的普通技能中，阅读速度和阅读理解能力分别居于第一和第二位。由此可见，提高阅读能力是社会对我们语言工作者提出的要求。

随着国际交往的频繁，以及现代科技提供的各种交往条件，如多媒体信息、网上书面交流等的日益便利，第二语言阅读与外语阅读能力的提高更是迫在眉睫。可以认为，没有一定的外语阅读能力，会在现代社会交流中遇到很多困难。

第二语言英语阅读研究已经走在前面，取得了不少成果。有关英语阅读技能训练的材料和方法层出不穷，这些材料都有相应的阅读学习理论支撑。目前，"汉语热"持续升温，阅读作为一种重要的语言技能、获取信息的重要方法，如何有效地学习汉语阅读？对阅读能力发展过程的研究是摆在我们汉语学习研究者面前的一个重要课题。

阅读信息是通过视觉输入的，因此，文字对阅读的影响是显而易见的。汉字作为一种表意文字，是与英文等拼音文字完全不同的文字系统。留学生在阅读汉语时，不仅会遇到在阅读其他语言时相同的问题，还会遇到来自汉字的问题。比如，如何识别汉字的字形、字音？词义的提取过程如何？汉语水平对阅读的影响如何？母语的阅读技能是否可以直接迁移到第二语言阅读中？具体过程如何？有一些什么样的策略、方法可以帮助他们解决这些问题，从而习得汉语阅读，提高汉语阅读能力？这些都是值得我们深入研究的问题。

对外汉语教学的课程设置中，除了传统的综合课，还有听、说、读、写4种语言技能课。而中级阶段的"读"常常包括精读与泛读两种课型。中级阶段的精读课（有的又叫"综合课"）以语言知识的讲解为主，教学方法比较传统，但也放之世界而皆准。至于泛读课（通常也称"阅读课"），关于这门课的性质与目标，目前还存在不同的看法，体现在教材编写上也各有侧重：有的偏向于语言知识的学习，有的则偏向于阅读技能训练。在教学方法上，更是见仁见智：有人认为词汇是核心，有人认为文化知识的介绍很重要，有人认为应读写结合，也有人认为读与说的结合有助于改善沉闷的课堂气氛。前面我们已经提到，"教什么"要结合学习者的学习情况，也就是需要研究"怎样学"。如果我们对学生的学习过程缺乏了解，就势必在"教"的各个环节上感到茫然，不知所措。

鉴于此，对留学生阅读能力结构及其发展过程的研究是对外汉语阅读教学的直接需要。

1.2 研究目的

本研究探讨欧美国家及韩、日汉语学习者汉语阅读能力的发展过程，该目的以猜词策略研究为手段来实现。

拟采用口头报告、测试与问卷调查相结合的方法对欧美国家及韩、日汉语学习者的猜词策略进行调查研究。考察3组不同母语背景的留学生在初级下、中级上、中级下不同水平的猜词策略使用分布情况，以及猜词策略与猜词成绩的关系，进而横向比较他们的异同，即不同文字背景、母语背景对汉语学习的影响；纵向考察3组学习者在汉语学习不同阶段的阅读猜词情况，以探讨3种不同母语背景汉语学习者的汉语阅读习得过程与内在规律，从而为二语汉语阅读教学提供参考。

1.3 研究方法

本研究采用口头报告、测试实验、问卷调查相结合的方式，将定性描写与定量统计相结合，对不同水平的汉语学习者猜词策略的使用情况进行系统研究。

策略是大脑内部的一种心理过程，如何考察学习者的学习策略使用，常常被认为是对研究者的一个挑战（Cohen，1998）。现有的策略研究方法包括面谈、观察、书面问卷、口头报告、日记、回忆研究等。其中，口头报告（verbal report）备受推崇，也是学界目前用于策略研究的重要方法。但每一种方法都有其利弊，如果能够综合使用多种方法，将会极大地提高研究的效度与信度。鉴于此，在口头报告基础上，本研究再结合测试实验、问卷调查，以期揭示不同母语背景、不同汉语水平的汉语学习者阅读猜词策略运用的实际情况。

Cohen（1998）认为，"在提供策略使用的实验性证据上，口头报告也许是最可行的方法"。口头报告常常包括3个方面的数据来源：自我报告（self-report），即学习者关于他们做什么了的描述；自我观察（self-observation），指对语言行为的具体核查，而不是概述，既有内省，也有反省；自我启示（self-revelation），即常常说到的"出声思考"，指注意到信息时对思维过程的意识流的显现。

本研究采用口头报告中的"自我观察"法收集数据，也就是被试在接受培训后，一个一个报告所猜词的意思以及猜词的依据。具体做法将在实验研究中说明。该方法的使用目的是对猜词策略进行定性的研究与定量的描写。但该方法由于考察时需要逐个考察被试，不仅费时，而且考察的人数有一定的限制。因此，我们在口头报告的定性分析与定量描写的基础上，再进行测试，以获得更丰富的语料，并进一步编制猜词策略问卷进行一定规模的问卷调查，通过定量的统计描写与推断，探索不同的文字、语言背景对留学生汉语阅读猜词技巧的影响，以揭示不同母语背景留学生的汉语阅读能力发展过程。

问卷调查也是目前用来了解不易观察的信息的重要方法。其特点是便于量化，但对问卷的设计要求较高。将口头报告与问卷调查相结合，可以弥补其各自方法的不足。

1.4 研究内容

通过尽可能全面地了解阅读理论与国内外第二语言阅读教学研究现状，我们发现，国内关于不同母语背景、文字背景对汉语阅读学习的影响的研究尚有发展空间，表现在很多研究的研究对象为留学生群体，而忽视了母语背景的作用；即使注意到这一点，多数研究也只区分拼音文字与非拼音文字背景，或者汉字圈与非汉字圈。当然，这样区分也不无道理，只是不够细致，不便于研究变量的控制。比如，英语与韩语同为拼音文字，但事实上，这两种语言与汉语的关系是不一样的。就书写系统来说，两者在排列方式上存在着本质的差异，英文是线性排列，韩文跟汉字一样，是二维空间排列。日文与韩文也是完全不一样的。因此，本书对研究对象进行了更为具体的区分，选取不同水平的欧美国家及韩国、日本学生为研究对象。欧美组代表不受汉文化影响的拼音文字背景的学习者。这样划分，目的是与印度尼西亚、越南等东南亚国家的汉语学习者进行区分，因为这些学习者或多或少受到汉文化的影响。很多印度尼西亚学生还是华裔，因此，他们的学习过程与从没有接触过汉文化的学习者的学习过程是完全不一样的。

　　文献研究之后，我们论证了猜词能力与阅读能力之间的关系，进而提出研究假设：①汉字背景的有无将导致阅读过程的根本不同；②文字背景的差异会影响汉语学习的单词识别方式；③受二语水平的限制，低水平的学习者更多依赖于字词策略等低水平加工，宏观阅读策略的使用受到语言能力的限制；④母语与目的语的关系会影响学习者阅读能力的发展过程；⑤欧美国家及韩、日 3 种不同母语与文字背景的汉语学习者的汉语阅读发展过程具有特殊性。

　　本研究的主体是实证研究部分：用口头报告研究不同母语背景、不同水平的欧美国家及韩、日汉语学习者的猜词策略使用情况及其与猜词成绩的关系；用测试实验的方法研究猜词成绩及其影响猜词的因素，探讨不同母语背景、不同水平的汉语学习者猜词策略的使用分布情况；再用问卷调查研究同样的问题。接着分析实证研究的结果，检验研究假设是否成立，进而讨论欧美国家及韩、日学生的汉语阅读能力发展过程。在探讨 3 组不同母语背景的汉语学习者在汉语阅读能力发展过程上的共性与个性的基础之上，揭示该研究对对外汉语阅读教学的启示。

第二章　理论基础

2.1　什么是阅读

尽管阅读是一种重要的学习手段，但相关研究还不是国内研究热点，相关理论还处在引进、介绍阶段。对此，语言心理学的教材有所涉及。彭聃龄主编的《语言心理学》（1991，第281页）对阅读的解释是：

> 语言心理学认为，阅读是指从文字系统（包括具有一定意义的其他符号、图表等）中提取信息的过程。也就是说，通过视觉器官接收文字符号的信息，再经大脑编码加工，从而理解课文的意义。

作者在给出阅读的定义后，又说道，一般来说，阅读过程可以分为5个层次：①物理学层次，即阅读活动开始于含有信息的文字符号；②生理学层次，即文字符号变为读者视觉的神经冲动；③心理学初级层次，即文字符号产生的神经冲动可能以语音形式存在；④语言学层次，即对语音形式进行文字、句法和语义方面的分析，进行言语译码加工；⑤心理学高级层次，即理解课文的意义。

从彭聃龄等的定义以及对阅读过程的分析中，我们可以得出以下几个命题：①视觉感知（通过视觉器官）；②接受文字符号，包括具有一定意义的其他符号、图表等信息；③大脑编码加工；④语音介入；⑤理解意义。

陈烜之（1997，第65页）指出，阅读是一种需要经过特殊训练以便能从文字中揣摩出作者所传递的信息的认知技能。该定义强调了阅读是一种认知活动。他认为，阅读理解包括4种基本认知作业：知觉分析、词汇分析、句法分析、语义分析。作者还特别指出，以基本认知作业来探讨阅读理解过程只是可能的研究架构之一，还可以用其他方法来探讨这个问题。比如说，可以研究在处理和策划如部件、字、词、短语、句子、文章等不同文句单位时的心理加工。

陈贤纯（1998，第14～48页）将阅读理解分为外部过程与内部过程。他认为，阅读理解是从获得视觉信号开始的。他把获得视觉信号的过程称作"外部过程"，也叫"生理过程"。外部过程使阅读者获得感觉信息，感觉信息依靠眼睛的运动。感觉信息的输入与字、词的形状，刺激的强度，时间，空间等有关系。这些可以称为"外部条件"。他认为，阅读理解还必须依靠人脑内部的活动，这就是心理过程。心理过程使读者识别感觉信息，获得理解。识别必须运用记忆中已经储存的信息，这样的信息也称为"非感觉信息"。假如记忆中没有有关的非感觉信息，那么，识别和理解都会有困难。这两个过程如图2－1所示。

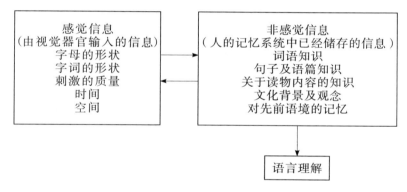

图2－1　阅读理解中感觉信息与非感觉信息的相互作用①

比较三家对阅读的理解，可以看出他们在"文字符号"代表的范围上的理解不一样。彭聃龄的定义包括具有一定意义的其他符号、图表等，而另外两位却只是指语言的文字记录。彭聃龄的定义指出了语音的介入，而另外两位没有说明。

我们再来看看国外学者对阅读的理解。

国外有关阅读的研究主要有两个来源：一是从认知心理的角度研究阅读的过程，这类研究都是实验研究，以理论建构为目标；二是对阅读

---

① 转引自陈贤纯《外语阅读教学与心理学》，北京语言文化大学出版社1998年版，第48页。

教学方法的探讨以及阅读技能的训练，基本上属于教学法的范畴。基于不同的研究目的，研究者对阅读的理解各有侧重。有一种观点认为阅读就是对语言的解码（decoding），心理语言学家 Perfetti 就是这种观点的代表，他（1985）认为，解码就是将词的文字形式转换为词的口语形式的技能。他的这种说法引起了很多争论。很多学者认为，虽然解码是阅读的重要部分，但并不是阅读过程的全部。语言学家 Nuttall（1998）将阅读定义为从文本中提取意义的过程。Widdowson（1979）的定义是，从印刷形式中获取语言信息的过程。Urquhart 和 Weir（1998）以第二语言阅读为视点，在总结前人研究的基础上，认为阅读是指从以印刷形式编码的语言形式中接受并译解信息的过程。（Reading is the process of receiving and interpreting information encoded in language form via the medium of print.）Balota、Paul 和 Spieler（1999）认为，阅读与正字法（orthography）、语音学（phonology）、词义、句法和高水平的语段整合这几种加工有关。阅读任务随这些加工所强调的重点不同而有所不同。（转引自高定国、肖晓云《认知心理学》）

从上面各家对阅读的理解可以看出，心理学家强调认知心理过程，而语言学家则强调所涉及的语言形式与意义理解、信息的提取。

在综合前人的研究的基础上，我们将阅读定义为从书面语言中提取意义的过程，与 Nuttall（1998）的定义基本一致。这主要立足于第二语言阅读。该定义包括对文字的视觉感知、语言知识、阅读理解的认知过程等。因此，我们可以从阅读与文字、阅读与语言、阅读与认知 3 个方面来认识阅读。

2.1.1 阅读与文字

一般来说，人类的阅读活动是从视觉感知开始的，文字是视觉首先感知的对象。作为记录语言的符号系统，文字的产生是人类文明发展的重要标志。人类的活动从此有了记载，为后世的发展与进步提供了基础。同时，文字的出现使语言跨越了时空的限制，使其交际功能得到了前所未有的扩展：不仅可以进行口头交际，还可以进行书面交际；交际不仅可以是共时的，还可以是历时的。不仅如此，文字的出现还促进了语言本身的发展，使语言的研究有了可能。从发生学上看，阅读是发生在文字出现之后的事。有了文字的记载，人类才能够通过阅读了解世界、提升自我，才能够站在前人的肩上进一步发展。

　　文字是形、音、义的统一体，而字形是文字的存在方式，也就是它的书写形式。以文字形式记录的书面语言与口语的不同之处就在于它的形体特征，因此，对字形的识别是阅读的第一步。

　　不同的语言常常有着不同的文字体系。现有文字通常分为表音文字与表意文字两大类别。

　　表音文字是指字形直接标记语言的声音的文字。它用数目不多的符号表示一种语言里有限的音素或音节，作为标记词语声音的字母。通常，读音与字母存在相应的对应关系，掌握了字母的发音与拼写规则，知道读音就可以写出字形，根据字形也可以读出语音，即形、音存在对应关系。因此，一般认为，表音文字是目前世界上比较简单的文字，它使用有限的字母来记音与表形，容易学习。

　　表意文字则是用成千上万个符号去表示或区别不同的语素、词的意义的文字（黄伯荣、廖序东，1997）。汉字就是一种表意文字。汉字不是直接表示音素或者音节的字母，而是用不同的笔画构成大量的表意符号来记录汉语的单音节语素，从而代表了语素的声音。其基本特点是字形标记的是一定的词或语素的意义，而不是声音。这样，汉语所用的表意符号就有几万个形体，常用的也有几千个。汉字由于不能根据字形直接读出语音，且数目繁多、结构复杂，因此，一直被认为是很难学习的文字。

　　从阅读来说，无论对于何种文字，首先都是从文字的形式中提取信息的过程。但由于文字的形式与字音、字义的关系不同，心理学家认为，其在信息编码上存在着差别，比如：阅读时是从词形直接提取词义还是以语音为中介？或是不同的文字提取的方式不一样？关于词义提取的问题一直是心理学家研究的热门话题。

2.1.2　阅读与语言

　　人们也许会认为阅读与语言存在必然的联系。而在早期的英语阅读研究中却有学者认为阅读就是文字解码的过程，也就是如何把以文字形式印刷的语言转换成"说"的语言形式（Perfetti，1985）。这样，阅读就主要是文字的问题了。不少学者对这种观点提出异议，认为阅读过程必然包括语言理解，包括对词语知识、句法结构、语义关系、语篇结构及语用知识等的掌握。尤其是在第二语言阅读中,语言知识(如词汇量)对阅读的影响是显而易见的。有研究表明,一定的词汇量是阅读的保证。有调查表明(吴门吉、徐霄鹰,2004),中级阶段留学生的阅读理解失误集中在词语理解、句子理解、归纳大意等方面,归结起来都是语言知识的问题。对于语言知识在阅读中的重要作用,很多学者都进行了很好的论述(李世之,1997;刘颂浩,2001a)。因此,语言知识是影响阅读学习的重要因素。

2.1.3 阅读与认知

阅读作为一种复杂的人类认知活动,一直是认知心理学研究的重要课题。心理学家关心的是阅读过程的内部过程和结构,其研究以理论建构为目标。目前在阅读理解过程与单词识别等方面已取得了不少理论成果。我们将在下面的理论模式中择要介绍一些已建构的理论成果。

近年来,随着第二语言习得研究的深入、以学习者为中心的研究热潮的出现,研究者越来越关注学习活动中的认知因素。对阅读学习的研究也如此。一方面是因为受学习策略研究的影响,另一方面主要基于对语言的普遍性与特殊性的认识。作为人类最重要的交际工具,不同的语言之间既有普遍性,又有特殊性。语音、词汇、语法是语言的基本要素,每种语言都必须有这三要素,这三要素在不同的语言中却具有特殊性,这些特殊性又由于语言的亲属关系不一样而不一样。前面已经提到,记录语言的文字系统也有很大的不一样。这样,已经掌握了至少一种语言的成年人在第二语言阅读中是否会受到母语认知方式的影响,表现在认知方式上又有什么共性与个性,这是目前阅读学习认知研究的热点所在。

最新研究表明,母语为英语的阅读者在进行英语阅读时与母语为汉语的阅读者阅读汉语时大脑的活动区域不一样(Wai Ting Siok 等,2004)。至于为什么会这样,还有待深入研究。但这给我们的外语教学以极大的启示:不同的语言、文字背景在阅读认知方式上可能存在差异。因此,外语阅读的认知过程与认知方式也是影响阅读学习的重要方面。

2.2 阅读理论

阅读常常被视为人类极为复杂的认知活动,主要在人类的大脑中进行。其中,可以观察到的眼睛的运动,相对于大脑内部的活动来说,已被认为是表面的现象。作为一种复杂的认知活动,20 世纪 60 年代以来,阅读一直是认知心理学家研究的重要课题。在 2.1.3 节中我们已经提到,认知心理学家对阅读研究的兴趣主要集中在对阅读过程的描述、对真实的阅读过程的大脑活动的模型模拟,简单说来,就是模型建构与假设检验。因此,他们的研究都建立在大量的实验基础之上,也建立了一些影响相当广泛的阅读过程模式,比如,众所周知的"自下而上""自上而下""相互作用"模式。这些模式不仅在心理学界影响极大,而且已直接用于对语言教学的指导。下面我们将一一介绍这几个阅读过程模式,还包括图式理论在阅读教学中的应用,以及阅读能力成分说。

2.2.1 阅读过程模式

(1)"自下而上"(botterm-up)的信息驱动模式。"自下而上"模式以高夫(Gough)的模型为代表。1972 年,高夫提出了这个阅读模型,用以描述从看到文字符号时起直到理解意义为止的整个阅读过程。

该模型从眼睛对文本的注视开始,首先是读者对字母的辨别,这一阶段叫作"扫描"(scanner)。扫描所获得的信息进入解码器(decoder),通过解码器将线性的字母转换到音位系统,然后进入管理程序(librarian),在这里得到心理词典的帮助,进行词语识别。接着,读者注视下一个单词,以同样的方式进行词语识别,直到完成对句子中所有单词的识别,就进入"梅林"(merlin)阶段。在这里,读者通过句法与语义规则的作用,获得句子的意义。但这还不是模式的全部,最后的阶段叫作"发声系统"(vocal system),也就是从文字符号读出语音的过程,因为高夫模型是一个出声阅读过程模式。从上面的描述可知,高夫模型对阅读过程的描述是直线性的,过程主要涉及从字母到句子的直线性识别解码过程。任何低一级的信息输入,都转化到高一级水平,并在高一级水平上得到加工。任何低级水平的信息加工都没有受到高级水平加工的影响。该模型程序如图 2-2 所示。

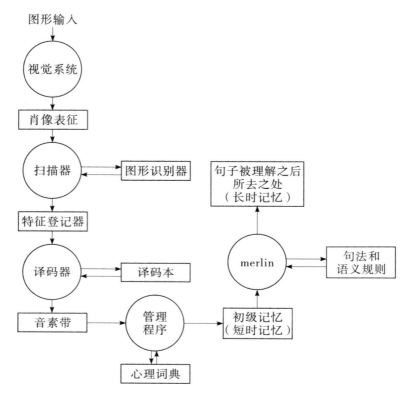

图 2-2　高夫的阅读模型①

　　从高夫阅读模型中不难发现，存在两个并存的系统。一个是文本单位，设想读者是按从小到大的顺序进行处理的，也就是从字母、词，再到句子的顺序，这也是"自下而上"模型本身的名字的由来。此外，还有一套加工处理器。该模型包括扫描器、译码器、管理程序、"梅林"（句子意思的整合）等，是用来处理文本单位的，这就是我们通常说的字母识别、词义提取、句法分析、语义分析，在文献中往往分别称之为"低层次"（字母识别、词义提取）技能、"高层次"（句法分析、语义分析）技能。在高夫阅读模型中，加工过程与文本单位相匹配，事实上却不一定。

---

①　转引自陈贤纯《外语阅读教学与心理学》，北京语言文化大学出版社1998年版，第294页。

有学者（Rayner 和 Pollatsek，1989）曾指出，高夫阅读模型显然还有很多值得验证的方面，单纯的自下而上加工方向应该修订。比如，高夫阅读模型中，字母是串行地提供到扫描器中进行识别的，如果真的是那样的话，那么，加工一个单词所需的时间一定会多于一个字母的识别时间，但事实上，实验已经证明单词的识别可以比一个字母的识别更快，这就是"词优效应"。有研究表明，即使假字的识别也可以与一个字母的识别同样快。可见，单词识别与字母识别的加工是平行的，而非串行。有关模型加工方向的更大的争论是，有研究发现，读者会利用句法信息来处理单词的歧义问题。又据 Kolers（1969）的研究，双语者在进行高层次加工时还会用到单词识别技能。这些都与高夫阅读模型的单向加工方式相矛盾。

同时，我们也很难说，一个阶段是如何结束的，另一个阶段又是如何开始的。如果在句法分析之前，句中的所有单词都已识别，那么，模式应该指出单词加工结束进入句法分析的标志。实验已证明，词在有意义的上下文中出现比单独出现时更容易识别，这就是"语境效应"。

人们的批评主要集中在该模型单一的加工方向上，并不是对该模型的全盘否定。该模式对阅读加工过程的研究建立在大量实验的基础之上，这些实验对后来的研究具有极大的影响。事实上，初学阅读时，多使用自下而上的程序，眼睛对文字的注视始终是阅读的开始，字词辨识是阅读的重要基础。当然，在学习者具有相当语言水平以后，就不仅仅是自下而上的加工了。

（2）"自上而下"（top-down）的读者驱动模式。"自上而下"与"自下而上"在字面上似乎刚好方向相反。"自下而上"是从字母开始，就文本单元来说，加工程序是从小到大。那么，"自上而下"是不是就是倒过来，从大到小？当然不是。

事实上，"自上而下"模式是强调读者在阅读过程中的重要作用的一种阅读理论。该模式以古德曼（Goodman）为代表。他反对把阅读看成对一系列词的知觉。他认为，阅读是一种选择过程，读者被认为是带着假设来处理文本，然后利用文本材料来对先前的假定进行证实、否定或进一步提炼。先前的假定是相对的，这个假定可以是关于整篇文章的，也可以是关于某个词的，或者是读者的背景知识。古德曼认为，有效的阅读并不需要精确地知觉与辨认所有文字成分，而是选择最少的语言线索以产生有效的猜测的一种技能。该模式显然以读者为中心。

古德曼的阅读模型认为读者是这样阅读的：①扫视文字然后注意力集中在某一点上；②根据自己先前的选择、语言知识、认知方式、已有策略等选择一个线索；③一半根据看到的、一半根据想看到的建构一个意象，然后做出倾向性推论。

古德曼的阅读模型在阅读教学中产生了很大的影响。首先，他提供了与先前的很辛苦的逐字逐句的阅读方式完全不一样的模式，这是十分让人兴奋的。其次，他强调了背景知识在阅读中的重要作用，而这发生在图式理论之前，有人称之为"革命性的突破"，意义重大。同时，该模式在阅读教学界产生了巨大的影响。之后的快速阅读研究与教学，可以说是这种模式直接影响的结果。

但是，由于"自上而下"模式过于强调过去经验和理解的作用，认为阅读只需要很少关于文字方面的线索，因而在阅读教学中有忽视基本知识的倾向。事实上，在语言学习的基础阶段，基础知识的积累是不可忽视的。

（3）"相互作用"模式。"相互作用"模式是由鲁梅哈特（Rumelhart, 1977）提出的。该理论认为，阅读是自下而上与自上而下相互作用的过程，既是感知也是认知的过程。视觉的感知加工需要视觉信息，即文字；认知加工需要非视觉信息，也就是读者已有的知识结构。在阅读过程中，各种不同来源的信息以复杂的方式相互作用。

该模式仍然从视觉感知开始，词形输入首先被登记到"视觉信息储存器"中，然后"特征提取装置"从储存器中提取关键性特征并将其送入"模型综合器"中，而这个综合器正是相互作用发生器，包括视觉信息、正字法知识、构词法知识、句法知识、语义知识等，而后对输入的信息做出最可能的解释。

"相互作用"模式是对"自下而上"与"自上而下"模式的综合，应该说是比较全面的。但也有批评指出，相互作用虽然能够很好地解释结果，对过程却很难预测。比如，两个学生在阅读能力上可能各有所长：一个语言基础好，一个背景知识丰富。在阅读过程的某一个时候，他们可能达到同样的理解水平，这样，我们很难解释其中的差异。也就是说，"相互作用"模式不能清楚地反映阅读过程。有的心理学家不承认这是一个模式（Rayner 和 Pollatsek, 1989）。

由于"相互作用"模式的出现，有人认为，复杂的阅读活动或许需要不固定的、灵活的模式。在相互作用中，可以偏向于"自下而上"，也可以偏向于"自上而下"。同时，一些研究显示出有偏向"自下而上"模式的倾向。当然，值得注意的是，支持"自下而上"模式的研究多是对单词识别与词义提取的研究，研究对象为小学生或外语学习者。因此，有学者认为或许应该多种模式并存。

由于读物内容、阅读目的、阅读方式、读者本身的复杂性，有人（Gibson 和 Levin，1975）否认建构阅读过程模式的可能性。近年来，学者们更关注阅读能力的构成成分。

2.2.2 阅读能力成分说

上述阅读模式是心理学家们对阅读过程的模式化表述与概括。而有学者指出，阅读包括非常复杂的认知活动，受读者、文本、目的、方式等的影响，要用一个简单的模式来描述如此复杂的阅读活动过程几乎是不可能的。因此，越来越多的学者更关注阅读活动中所涉及的知识与技能、阅读能力的构成，称之为"阅读成分模式"（componential model）。对阅读能力成分的研究，目的是希望建构阅读能力模型，而非阅读过程模型。这样可以根据读者所掌握的不同的阅读能力成分来解释不同的阅读表现，并进行相应的阅读训练，以提高阅读能力。

不同的学者对阅读能力的构成成分的分析不完全一样，通常包括如下4种：①单词识别（word recognition），包括文字识别、语音识别、词义提取等；②语言能力（language ability），主要指句法分析与语义分析能力；③背景知识（background knowledge），包括文本内容、任务形式、读者、知识图式等；④语篇能力（literacy），包括对衔接与文本结构等的识别能力。

很显然，阅读能力成分实际就是阅读能力的分解。从问题解决的角度看，问题的分解有利于问题的最终解决，同时便于阅读教学与研究。因此，目前有很多学者从事相关方面的研究，尤其是在第二语言阅读研究领域。

在第一语言的阅读研究中，多数学者赞同 Gough 和 Tunmer（1986）表述的观点：高效的字词识别加工是成功阅读的必要条件，但不是充分条件。说它必要，是因为高效的字词加工使读者可以有足够的时间注意对文本内容的理解；说它不充分，是因为文本理解还包括其他成分，比如，关于世界和话题的知识、概念图式知识、元认知技能、策略能力等。

那么，第二语言阅读能力结构与第一语言是否一样？母语阅读能力对二语阅读有什么作用？这些是二语阅读研究的重要内容。

2.2.3 图式理论

图式是心理学的术语，是人脑知识储存的一种方式。一个图式是一组结构化的概念，通常，它涉及普遍性知识，而且可以用来表征事件、事件发生的顺序、知觉、情势、关系以及目标等。德国哲学家康德首先提出用图式这一概念来表征那些帮助我们感知世界的先天结构（高定国、肖小云，2004）。

图式理论始于对故事记忆的研究，而对故事记忆的一项重要研究始于巴特莱特（Bartlett, 1932）。Bartlett（1932）被如下问题难住了：人对事件的理解和记忆怎样受到期望的影响。他提出，这些期望是以图式的形式储存的，并且完成了用相关实验来证明图式对认知的影响。在一个著名的实验中，他要求英国被试记忆一则北美印第安人的民间故事，并在随后以不同的时间间隔来回忆故事内容。这则民间故事包含许多奇怪的属性，而且具有与西方人的期望相反的因果结构。他发现，英国被试重构了故事，而不是逐字逐句地去回忆，而且这种重构与西方人的世界观是一致的。

图式理论在20世纪70年代重新成为认知心理学研究的重要课题，出现了几个很有影响力的理论：Rumelhart及其他人提出的故事语法成为故事理解的基础；Schank和Abelson（1977）把那些包含固定行动序列的图式称为"脚本"（script），脚本通常用来解释一些人们关于日常生活情景的知识。此外，还有后来的框架理论。下面我们对图式理论进行简单的总结。

（1）图式表征的是抽象水平上的知识。比如，关于坐公共汽车的知识，在我们的知识图式中有公共汽车、公共汽车站的样子和公共汽车的固定路线等。这些都是我们日常生活的积累。如果一个人从来没有坐过公共汽车，也没有见过，他自然就不具备这方面的知识。同时，图式知识是抽象的，而非具体的。比如，有关坐公共汽车的图式不是具体的某一辆公共汽车，或者某一个车站、某一条路线。

（2）图式具有变量。这一点与前面的意思相关，比如：医院的"大夫"可以是男的，也可以是女的；可以是年长的，也可以是年轻的。因此，有关"大夫"的图式包含了一些可变的因素。

（3）图式具有层次性，一个图式可以包含在另一个图式之中。比如，"进餐馆吃饭"这个图式中还包括一些下级的子图式：餐馆的图式、人物图式、行为图式等。人物图式有顾客、服务员、厨师等。

从前面 Bartlett（1932）的故事叙述可知，图式理论的提出本来是用来解释记忆中的错误与歪曲现象，20 世纪 70 年代后却广泛用于阅读教学中。这正好与"自上而下"模式的理念相一致，背景知识在阅读理解中的重要作用从此有了理论根据。

目前有很多讨论阅读的文章，在讨论图式理论时也联系到"相互作用"阅读过程加工模式，有的甚至完全不加以区分。但它们是不同的理论，有不同的来源。图式理论起源于认知心理学，目的是揭示记忆中的错误与歪曲现象，是人类知识在人脑中的储存方式，而后应用于阅读教学中，指出背景知识在阅读中的重要作用，扩大了阅读教学与研究的视野，在提高阅读能力方面发挥了关键性的作用。"相互作用"模式是关于阅读过程的一个模式，目的是真实地反映阅读过程中所涉及的一系列认知活动，其中包括图式知识的作用，也包括视觉的感知活动等。不能把二者等同起来。

有意思的是，20 世纪 70 年代图式理论的倡导者与 80 年代"相互作用"模式的建构者都是同一个人——美国人工智能专家 Rumelhart，而信息加工的连接主义模型也是由他提出的。连接主义理论中的信息加工方式是平行加工，而非串行加工。这与"相互作用"模式的加工方式是同样的原理。

图式理论自 20 世纪 70 年代以后，在外语教学界引起了广泛的兴趣，不少教师、学者撰文介绍该理论及其在教学中具体实施的情况。语言教学者通常将图式理论分为 3 种。①语言图式，指读者所掌握的语言知识及其运用语言的能力。②内容图式，指读者对文章内容的熟悉程度，就是常说的背景知识。通常认为，缺乏背景知识，就不可能成功地进行阅读理解。读者的内容图式越丰富，需要的文字信息就越少，阅读效率也随之提高。③形式图式，指读者对文章的体裁结构的了解程度。各种语篇材料，比如，故事、说明文、议论文等都有一定的结构方式，对这些知识的掌握无疑有助于阅读理解。

2.3 第二语言阅读教学研究

2.3.1 国外第二语言阅读教学研究

上两节关于阅读的定义与阅读过程的模式与理论基本都建立在对母语阅读研究的基础之上。早期的第二语言阅读教学也主要借鉴第一语言阅读教学的理论与方法。比如，在"自下而上"阅读过程模式的指导下，传统的外语阅读教学都是从小的语言单位的教学开始。比如，英语从字母开始，而后逐渐扩大到词、短语、句子等较大的语言单位。这种理念指导下的阅读教学比较注重语言基础知识，却忽视了背景知识等在阅读理解中的作用，致使学习者在阅读速度与理解深度上受到影响。由于过于注意字面的语言知识的学习，因此忽视了阅读过程中与相关知识的结合等抽象思维能力的训练。

20世纪70年代以后，"自上而下"的阅读过程模式以及图式理论在外语教学界影响十分广泛。该理念指导下的阅读教学注意到了背景知识等在阅读理解活动中的重要作用，在提高阅读速度与增加理解深度等方面发挥了重要的作用，给外语阅读带来了活力与生机，并使教学者注意到了阅读技能训练在阅读教学中的重要意义。因此，在第二语言英语的阅读教学中，相应的阅读技能训练教材广受读者青睐。但由此又带来了一些问题：对背景知识的过分重视造成了对语言基础知识的忽视。然而，语言基础知识是不能不重视的，尤其是在外语学习的初级阶段。有调查显示，由于对背景知识的过分强调，在美国的一些小学发现学习者存在语言基本知识不足的问题。

随着阅读能力成分说（见2.2.2节）影响的扩大，各个组分在阅读中的影响也得到了相应的研究。有研究指出（Walczyk，2000），在熟练的阅读中，字母和单词的识别、词义提取、命题的整合都已自动化。高效的自动化加工过程节约了工作记忆（working memory）的资源，使注意力能够集中在高层次的加工上，有助于对文本内容的深入理解。也正如我们在上一节中提到的，高效的字词识别加工是成功阅读的必要条件。因此，字词识别的相关训练在阅读学习中得到了相应的重视。表现在教学上，比如，对"字母—读音"规则的训练、词语学习技能的训练等。对词语识别的重视也引起了人们对词汇学习的重视。词汇量在阅读中的作用引起了语言教学研究者的注意，扩充词汇量也成了阅读教学的重要任务。

（1）阅读技能迁移说。随着二语习得研究学科的发展，由于外语学习技能训练的需要，从事第二语言教学的专家与学者开始注意探讨第二语言阅读教学的特点。在二语习得研究中，第一语言在二语习得中的作用问题一直是人们争论的焦点，由此引发的研究，如语言对比分析、偏误分析、习得的自然顺序说、普遍语法、文化适应模式、更为直接的语言迁移等，没有不联系到第一语言的。如果说语言对比分析、偏误分析更多地关注语言的负迁移，那么，在第二语言阅读研究中，母语阅读技能的正迁移则得到了相当的重视。Goodman（1971）就认为，二语阅读很大程度上依赖于第一语言阅读策略的运用。他说："总之，除了语言的书写形式与语法结构的略微差别以外，不同语言的阅读几乎一样。"（第140页）按此观点，二语知识与高效率的低层次加工就不那么重要了。这种认为二语阅读与母语阅读技能共享的观点也得到一些实验的支持。

（2）二语水平与阅读。Alderson（1984）提出："二语阅读是语言问题还是阅读问题？"这个问题后来在二语阅读研究领域引起了广泛的兴趣，也成为许多相关研究的缘起。Alderson认为，足够的专门的二语能力是母语阅读技能迁移的重要前提，并提出了"门槛假说"（linguistic threshold hypothesis）。这个假说认为，母语阅读技能的迁移必须以一定程度的二语知识为前提，二语知识未能到达某一程度（相当于门槛），母语阅读技能就不能应用于二语阅读中。与此相似的假说还有Clarke提出的"短路假说"（short circuit hypothesis）。这个假说认为，二语知识的不足会造成母语阅读技能迁移的短路。该假说提出后，出现了大量的实验研究（Brown 和 Haynes，1985；Bernhardt，1986；Bernhardt 和 Kamil，1995；Bossers，1991；Brisbois，1995；Carrel，1991；Hacquebord，1989；Lee 和 Schallert，1997；Schoonen 等，1998；Taillefer，1996；Yamashita，2002；Stevenson 等，2003）。许多研究结果显示，二语阅读与母语阅读相关，但是二语阅读与二语知识（主要是词汇与语法）的相关性更高，对于二语水平较低的读者来说更是如此。但由于其中各种其他相关变量，如语言环境、学习方式、二语水平、母语背景、变量控制、样本大小等的影响，这些结果并没有得出完全一致的结论。

笔者认为，在探讨第二语言阅读中的"阅读"与"语言"问题时，有两个因素非常关键，即母语背景、二语水平。早期的研究大多在欧美大陆进行，不管母语还是目的语，多为表音文字，如英语、法语、西班牙语、荷兰语等。这些语言在文字系统上差别很小，语言具有亲属关系。而实验研究的对象多为中学生、大学生。事实上，欧洲人学习英语从小都有语言环境（如电视等媒介），接触的时间很长，就英语阅读与母语（荷兰语、西班牙语、法语等）阅读，可能语言问题相对于母语为非拼音文字的学习者来说，就不十分明显。加之他们在文化上也比较接近，语言的问题相对弱化。

但是，如果采用日本、韩国、中国英语学习者为被试，情况可能会有很大的差别。当然，随着二语习得研究的发展、研究队伍的壮大，进行跨语言比较的研究正在增加，研究也越来越细致深入，已经有研究考察中国人学习英语与韩国人学习英语在认知方式上的差异（Wang 等，2003）。

（3）语言知识加工的自动化水平与阅读。一些学者从二语阅读能力构成的角度研究阅读学习，认为高效的自动的语言知识加工是成功的二语阅读的关键（Favreau 和 Segalowitz，1983；Koda，1996；Segalowitz，2000）。该理论与母语阅读的高效的低层次加工对成功阅读的重要作用的观点一致。事实上，这种观点与强调二语知识在阅读中的重要作用的观点是一致的。具体来说，该理论认为文字识别、单词识别、句法分析、语义分析在阅读中的作用重大。后来有研究结合阅读策略，提出了阅读内容加工过程中的"抑制假说"（inhibition hypothesis）（Horiba，1990）与"互补假说"（compensation hypothesis）（Carrel 等，1988；amashita，2002）。在阅读过程中，由于语言知识问题的出现，"内容导向策略"（content-oriented processing）此时是受到抑制，还是对语言知识的不足进行了弥补，目前尚无定论。

总之，国外的二语阅读学习研究集中在对以下 4 个方面问题的探讨：①二语水平的影响；②母语阅读技能的迁移；③母语及其文字的加工方式的影响；④高效自动的语言知识加工的重要作用。

2.3.2 对外汉语阅读教学研究

（1）阅读教学。与国外研究注重理论建构不同的是，目前国内的研究更关注实际教学的需要。研究主要包括阅读课的定性、定位、目标与内容、教材编写、练习设计等方面，也有对国外阅读理论的介绍以及在汉语阅读教学中的实施等，而关于阅读学习过程的研究则相对比较少。

教材是教学活动的重要依据，是教学理论的重要体现。其总体设计反映了教学目标、教学内容与教学原则，体现了语言教学的两个重要方面——教什么和如何教。因此，有关教材的研讨是应教材编写的需要，也是学科发展的重要方面。阅读教材的编写主要包括语料选择、生词处理、练习设计等方面。

在阅读教材语料的选取与难度控制方面，一些学者进行了调查研究并取得了一些可喜的成绩。有研究表明，阅读教材的趣味性受语言难度与学习者学习目的的影响，并认为教材选材最重要的原则是语言合适与内容合适且多样，其中又以语言合适更为关键（刘颂浩，2000）。张宁志（2000）就教材语料难度的测定问题进行了定量研究，提出了"平均每百字句数"与"每百字非常用词数"测定语料难度的两项标准。该研究为语料难度的确定提供了一个可操作的公式。生词量的确定与控制既是教材编写的重要方面，也是需要量化的研究。徐霄鹰（2001）对阅读教材的生词量的控制问题进行了探讨，提出了基准生词量和平均生词量的生词处理模式以及具体操作方法。

在阅读教材语料的长度、编排方式和专有名词的处理等方面，徐霄鹰、张世涛（2001）进行了调查，结果显示：单篇语料长度应限制在500字内，单课语篇以4篇为宜；最好在阅读材料中加行号，给专有名词加标识等。该研究在教材处理的形式上提供了重要参考。

关于阅读教材的练习设计，刘颂浩（2001、1999、1997、1996、1995）的研究最为突出。

（2）阅读学习。早期的应用语言学研究重在"教"，在国外出现了很多的外语教学法流派。20世纪五六十年代，国外应用语言学研究进入了第二个时期，其研究重点由"教"转向"学"（盛炎，1990）。对外汉语阅读教学研究尽管起步较晚，但也经历了同样的历程，因为教学的第一需要必然要解决"教什么"的问题。有关教学的研究也顺应了学科建设的发展规律。同时，"怎么学"引起了教育者的关注。因为只有对学习规律、学习过程深入了解，才能教得更好。下面我们从几个方面来讲。

第一，误读分析。刘颂浩（1999a）对9名中级、高级日本留学生朗读的误读分析是国内最早的关于留学生阅读过程的研究。该文对阅读过程中的省略、自我改正、替换、语音失误、插入等误读现象进行分析，第一次运用误读分析的研究方法研究留学生的阅读过程,并将中级、高级的情况进行比较。这在一定程度上促进了对留学生的朗读过程的认识。

第二,词义提取。语义的"形—音—义"与"形—义"通达问题在阅读研究中一直争论不休,而研究大多集中在第一语言。可喜的是,近年来,第二语言汉语阅读也出现了不少相关研究。

高立群、孟凌(2000)采用校对作业的方法,通过3个实验考察了汉语初学者、中级、高级、外国研究生与中国研究生等多个阅读水平的学生对音同别字与形似别字的辨认情况。结果表明,第二语言学习者对汉字的字形意识强于字音意识,并且不随汉语水平的提高而变化。该研究第一次考察了留学生汉语阅读中音、形信息对汉字辨认的影响。但此研究并没有区分被试不同母语背景的情况。季秀清(2000)也进行了类似的研究,从几个不同的角度对留学生的阅读心理和阅读习惯进行了初步的分析。

江新(2002)采用 Doctor 和 Coltheart(1980)的研究范式,即要求被试对句子的可接受性进行判断,记录反应时和错误率,来研究字形和字音在汉语作为第二语言阅读中的作用。该文以中级汉语水平的日、韩学生为研究对象,发现字形的作用大于字音。江新(2005)又采用校对阅读任务法,考察了中级欧美国家学生对音同别字与形似别字的辨认情况。结果表明,中级阶段欧美国家学生汉语阅读中形码和音码的作用没有明显差异。该作者在与日、韩学生对比后解释了这一现象:欧美国家学生母语的拼音文字背景使其形成一种依赖字音通达字义的策略,这一策略对汉语的加工产生了影响。结合该作者以前的研究结果(江新,2003)——初级欧美国家学生对汉语字词的加工主要依赖语音,可以预测,随着汉语阅读水平的提高,语音通路的作用逐步减弱,字形通路的作用逐渐增强,到高级阶段,欧美国家学生阅读时字形的作用会大于字音。此研究考察了欧美国家及韩、日汉语学习者在阅读中对音、形信息的利用情况。江新的上述研究注意到了不同母语背景在语义通达上的影响。

上述研究从第二语言汉语的角度增加了我们对汉语语义的形、音通路的了解。这些研究已经注意到了母语背景语言与汉语水平问题,但相同母语背景不同水平的纵向比较还有待进一步的研究。

第三,词语识别与学习。冯丽萍(2003)在汉语词汇结构识别方面做了开创性的研究工作。该研究通过启动试验范式,采用词汇判定的方法比较了欧美留学生和汉语母语者在中文合成词加工中词汇结构的作用,发现二者在词汇结构意识方面存在着量的而非质的差异,并对词汇结构意识与阅读能力的培养进行了讨论,认为:应该加强"从部件到句"的语言单位的教学;结构意识的培养应该从基础阶段开始;在阅读中要帮助学生利用词素信息来跨跃生词障碍。

对于阅读中的伴随性词汇学习,钱旭菁(2003)、朱勇和崔华山(2002)进行了实验研究。钱文以 28 名日本学生为考察对象,经过 3 次测试,结果显示,阅读的确能让学生学会一些本来不知道的词语。在此基础上,朱、崔二人对伴随性词汇学习中根据语境猜词做了进一步的探索。他们采用阅读前后测试的方法,通过测试前后成绩的对比分析,说明阅读时可以进行伴随性词汇学习。该文作者还进一步对语境(如有无、直接或间接、与目标词的位置等)、词的义项、汉字等相关因素进行了比较细致的分析。对于猜词的研究,刘颂浩(2001b)通过统计测试成绩的方法考察了留学生在语境中猜测词义的情况,结果显示,留学生的猜词成绩并不理想。该作者讨论了影响猜词结果的相关因素:上下文语境、词的内部构造、词的多义性等。钱旭菁(2005)采用个案分析的方法对一个日本学生的猜词过程及其所用的知识进行调查。其语料是 6 次有准备的访谈录音,结果发现,猜词主要运用了语内知识、语际知识与超语言知识 3 类知识。吴向华(2001)对同义词在阅读过程中的预测功能进行实验考察发现,等级较低的词对等级较高的同义词具有提示功能。

无论在第二语言英语阅读还是第二语言汉语阅读中,猜词都是重要的阅读技能。英语的相关研究已比较成熟,而汉语由于汉字的表意特点、汉语词的结构特点,猜词方式更为特殊、丰富,此类研究还有待于进一步细化。

第四,阅读策略。学习策略研究也是第二语言习得研究的重要内容。刘颂浩(2002)在采用"出声思考"的方法考察 20 名留学生阅读过程中的理解监控行为时发现:高水平的学生尽管对自己的困难有较明确的认识,但能够采用主动修补行为的并不多,能够进行检测的则更少,检测的质量也不高。同时还发现,母语背景对监控策略的运用也有一定的影响。文章提出策略训练的必要性。不过,该研究的不同母语背景的被试太少,考察对象的汉语水平太单一,缺乏对照。这些都是还可以改进的方面。此外,张辉(1999)对阅读理解策略训练的必要性、训练的内容和方法进行了探讨。

第五，阅读难点。李珠、王建勤（1987）采用课堂测试的方法对 55 名留学生的阅读理解失误进行了调查。结果表明，留学生的阅读理解失误主要反映在字词、语句、语段与篇章结构 3 个不同的层级上。他们还对失误的原因进行了分析。这是相对较早的一篇关于阅读学习偏误的研究论文。

吴门吉（2001）通过对留学生阅读试卷成绩的统计分析，讨论了语料难度、题干与选项的难易度、猜词线索、语篇结构等因素对留学生阅读理解的影响，发现留学生的阅读存在着国别差异，但不存在性别差异。后来，吴门吉、徐霄鹰（2004）继续采用测试的方法，通过对 4 次系统的阅读测试成绩的分析，试图发现留学生的阅读困难所在。结果显示，词语、句子结构理解等语言知识仍然是中级阶段留学生面临的主要困难。他们还就阅读课中的句子结构知识的讲解与训练提出了自己的看法。李绍林（1995）采用给定语料让留学生画生词的方法对高水平的汉语阅读难点词语进行调查。这些调查研究无疑有助于了解留学生的学习困难。以上研究结果可以直接用于阅读教学的各个方面，包括教材编写与课堂教学。

张莉（2002）通过采用 Saito、Horwitz 和 Garza（1999）使用的"外语阅读焦虑感量表"对 90 名欧美国家及韩、日学生就阅读焦虑感进行问卷调查发现，由于文字系统与文化背景的差异，日、韩学生与欧美国家学生在阅读焦虑感的分布上各有特点。该文针对其特点提出了相应的教学对策。

我们认为，无论是引进国外的关于阅读过程的研究方法，还是采用心理学的实验方法、调查方法，在对外汉语阅读研究方面，很多学者都做了大量创新性工作。

2.4 尚待解决的问题

第二语言汉语阅读无论在教学研究还是在学习研究方面，都有不少研究，取得了重要的进展。但同时也应该看到，在很多方面的研究还存在明显的不足。刘颂浩（2001a）曾从研究队伍与理论修养的角度讨论了存在的问题：研究人员数量少且不稳定，很多文章的作者都是偶一为之；比较坚实的研究成果少；研究者的理论水平有待提高；理论研究中还有很多空白亟待填补；等等。除此之外，我们认为在下面 4 个方面还有待加强：

（1）研究缺乏系统性。就教学研究来说，除了对某个具体方面进行探讨，还应该注意各个相关方向研究的结合。比如，阅读技能训练、词汇教学、语言知识学习等，如何在实验调查研究的基础上建构出一个完整的阅读教学模式，尚需系统性的研究。

（2）纵向考察不足。就学习研究来说，首先研究的数量少。从2.3.2节第（2）点有关对外汉语阅读学习研究的回顾可知，每个方面的研究都只有两项左右，因此，研究还处于初级的探索阶段。而且研究基本是静止的，缺乏对不同学习阶段的阅读能力的发展研究。

（3）对不同母语背景对阅读能力结构的影响重视不够。这表现在很多研究的研究对象为留学生群体，忽视了母语背景的作用；即使注意到这一点，很多研究也只区分拼音文字与非拼音文字背景，或者汉字圈与非汉字圈。当然，这样区分也不是没有道理，只是太过粗放，不便于研究变量的控制。比如，英语与韩语同为拼音文字，但事实上，这两种语言与汉语的关系是不同的，就书写系统来说，两者在排列方式上也存在着本质的差异。而日文与韩文也是完全不一样的。

（4）研究方法单调。在现有的阅读教学研究中，经验研究仍然占多数，实证研究的研究方法比较单一，由于受客观条件的限制，被试数目有限，致使研究的普遍性受到影响等。

第三章 词义推测与阅读能力

3.1 词义推测概述

词汇的学习与记忆一直是外语学习的重要内容，为此，种种词汇记忆术层出不穷。但无论词汇量多大，对于外语学习者而言，在外语阅读中遭遇生词，仍然不可避免。猜词作为阅读中跨跃词汇障碍的方法之一，为外语教学者所提倡。

词义推测，通常也称为"猜词"，是指读者在阅读过程中遇到生词时所采用的猜测词义的方法。这些方法是读者已有知识与文本知识的结合，所用知识常常包括文字学、词汇学、语法结构等语言知识，以及背景知识等。

词义推测在外语学习策略研究中属于认知策略范畴。一般认为，阅读过程中的策略使用是一种问题解决的过程，作为阅读策略的猜词自然也有助于阅读过程中问题的解决，即可利用读者已有的知识来解决生词问题。

3.1.1 二语英语阅读研究相关进展

猜词研究在英语第一语言的学习研究中很早就出现了。据 Dycus（1997），研究者在 20 世纪 40 年代就认识到猜词在阅读中的重要意义。它在第二语言英语学习中的推广是在 20 世纪 60 年代以后，并从此在外语教学界得到了广泛应用。"猜词"热点的出现，理论上基于两个因素。一是认知科学对语言学习研究的影响，尤其是图式理论在语言教学中的应用，拓展了语言学习研究的范围。研究者们认识到，语言学习不只是语言的问题，还包括背景知识等非语言因素。在这期间，以 Goodman（1967）为代表所建立的"自上而下"的阅读理解模式影响极大。二是外语教学理念的更新，20 世纪 70 年代中期以后，外语研究从以教学者为中心转向以学习者为中心。学习策略研究的热点随之出现。阅读策略是其中的一个分支,而猜词是阅读策略研究中的一个重要内容。

猜词作为阅读理解中跨越生词障碍的重要能力,教学者非常鼓励学习者使用这种方法来处理阅读中遭遇的生词,这是阅读技能训练的重要内容。首先,心理学的实验研究证明,词语识别存在语境效应,也就是说,语言环境有助于词义的理解,这为在语境中猜词提供了实验支持。其次,有学者(Brown,1972)认为,阅读时查词典会影响阅读理解的连贯性。最后,英语母语者平均使用的词语在两万个左右(Nation,1990)。如此大的词汇量,对于外语学习者来说,是很难企及的。因此,在阅读中,生词常常难以避免,采用猜词策略来帮助阅读理解也就非常有必要了。

英语的猜词通常是借助词形特征、上下文及背景知识。英语富于形态变化,词形特征可以帮助学习者识别其词性、语法功能。相关研究主要集中在比较猜词能力强弱与阅读理解的关系上,不少研究(Liu 和 Nation,1985;Barnett,1988;Deviliers 和 Pomerantz,1992;Hulstijn's,1992;Knight,1994;刘津开,1999)表明,猜词能力强的学习者阅读能力强,语言水平高,猜词成绩也更好。Hulstijn's(1992)还发现,较强的猜词能力有助于词汇学习,因此,与猜词能力弱的学生比,猜词能力强的学生的词汇量扩大更快。

Clarke 和 Nation(1980)总结出猜词的 5 个步骤:①确定词性;②寻找最近的上下文,分析其句法关系;③找出与大语境的关系(段内关系);④猜测词义;⑤进行检验。这些具体的方法很快就在英语阅读教材中得到了体现,并成为英语阅读训练的重要内容之一。这些成果也作为考点在像 TOEFL(托福)这样的考试中出现,成为衡量学习者阅读技能的指标之一。

20 世纪 80 年代中后期,有学者更进一步提出,猜词不仅是阅读中跨越词汇障碍的方法,也是词语学习的重要方法,称为"incidental learning"(Nagy 等,1985),中文一般译为"伴随性学习"(钱旭菁,2003),指通过语境学习词语。

但有学者指出,二语学习者一开始是"学习阅读",而不是"通过阅读来学习语言"(Eskey,1988)。20 世纪 90 年代后期,也有学者(Dycus,1997)质疑猜词策略在二语学习中的运用,一是因为一些研究表明学习者的猜词成绩并不理想,二是为了强调直接学习词语的重要性。这种观点的出现与外语教学界对词语学习研究的重视有关。

尽管学术界对猜词存在不同的意见，但是通过讨论，无疑把猜词研究引向了深入。学者们的关注点不只停留在先前的优等生与差生在使用猜词策略的差别上，而开始关注不同水平的二语学习者猜词成绩的差别。Barnett（1988）指出，可用的语境资源受读者词汇量的影响，对学习者来说，语境中生词的多少影响他们对语境的利用。词汇量大的学习者比词汇量小的学习者能更好地应用语境来猜测生词。初学者与高水平的学习者比中级水平的学习者更多地使用猜词策略。相关解释是初学者因为语言知识缺乏，所以猜测；高水平者则相反，因为有足够大的词汇量来猜测生词。Laufer（1996）强调已有词汇知识对语境中猜词的影响，以及对阅读理解的影响，并指出，学习者在母语中使用的一些元认知策略，也只有当拥有相当的二语知识时才能发生迁移。

总之，影响猜词的因素很多，初步的结论是：使用猜词策略比不使用的学习者阅读理解得更好；语言水平，或者说词汇量，对在语境中猜词有重大的影响；母语阅读策略的迁移要受二语水平的影响。

在国内的英语教学研究中，刘津开（2002）采用英汉对比、优差学生对比的实验方法研究了猜词策略的迁移问题。该研究以中国非英语专业的大学生为被试，结果发现，在英语阅读过程中存在两类母语策略迁移。一类为一般性的策略迁移，包括策略类型和基本推断能力的迁移。此类迁移优差学生无差异。另一类为策略使用模式的迁移。此类迁移优差学生有差异：优等生迁移的是任务调节性策略使用模式，差生迁移其固定性策略使用模式。该研究采用了统计定量的方法，数据较为详尽。但该研究在具体猜词策略分类及其相关策略归类上缺乏定性说明，同时，关于所使用的研究工具的具体情况论文中也没有示例。这样，读者就不清楚所猜词语与所用策略的控制情况。

3.1.2　二语汉语词义推测研究

国内对外汉语阅读猜词研究相对较少，笔者只查阅到刘颂浩（2001b）和钱旭菁（2005）这两项研究。

刘文分析了中级水平的汉语学习者对"发愁""即兴""正视"3个词的语境猜词成绩，结果显示，学生的猜词成绩并不理想。文章主要讨论了词的内部构造、一字多义、语境和学生水平等因素对猜词的影响，最后指出，猜词是一个受多种因素影响的复杂的过程，对这些因素的理解有助于提高猜词训练的水平。这是国内对外汉语教学界首次对猜词成绩进行调查研究。

钱文则是个案研究，采用访谈的方法，考察一名汉语水平较高的日本学生猜词的过程及其所用到的知识。结果显示，其猜测词义所用知识类型包括语内知识、语际知识和超语言知识。具体如下：

语内知识 { 句法知识 / 构词知识 / 词语知识

语际知识——L1（第一语言）和其他的 L2（第二语言）的知识

超语言知识——语言以外的知识

钱旭菁接着对这几类知识进行了说明，阐述了它们在猜词中的具体作用。钱文尽管只是一项个案研究，普遍性不足，但其采用的调查的方法和考察的内容很有启发性。从调查的方法上看，钱文注重的是阅读过程，而不是结果。从考察的内容上看，钱文所关心的不仅仅是猜词成绩的高低，而且注意到了猜词所涉及的知识。尽管在相关的阅读教材中也已涉及相关的知识，但还没有人进行实验调查研究。

刘颂浩和钱旭菁的研究引起了我们的思考：影响猜词的因素很多，但这些因素在阅读猜词中是如何影响学习者的猜词过程的？猜词涉及读者的知识结构，而这些知识与学习者的汉语水平（或者说不同的学习阶段）有什么关系？不同文字背景的学习者的猜词策略是否相同？不同的学习阶段的学习者在猜词策略的使用上有什么特点？这些问题尚有待我们进一步探讨。

3.2 词义推测策略类别

目前的相关研究表明，猜词能力与学习者的语言水平成正相关。优秀的学习者的猜词能力较强，较差（或者说语言水平较低）的学习者的猜词能力相对较弱。猜词能力可以分解为猜词策略，即猜词策略是猜词能力的具体化。因此，我们通过对猜词策略进行探讨，来分解猜词能力的构成。

猜词策略是指猜词所用的方法。前面提到，它包括文字知识、构词法知识、语法知识、背景知识等。关于汉语阅读猜词策略类型，周小兵（2004）进行了总结。在以技能训练为纲的对外汉语阅读教材中也有较为详细的分类（周小兵、张世涛，1999）。这里我们主要参考这两种文献，对猜词策略进行归类、解释、说明。

3.2.1 字形策略

字形策略，指通过分析汉字的字形来识别汉字的方法，包括部件策略、形旁策略等。汉字是一种表意文字，相对于很多国家使用的拼音文字来说，汉字由于不直接表音，学习起来的确比较困难。通常认为汉字难认、难学、难写，但是汉字具有以形表义或以形别义的特性，这为我们理解汉字的意义提供了极大的方便。

（1）部件策略。指对构成汉字的部件的识别。对汉字部件的识别是汉字阅读的开始，是认识汉字的过程之一。例如，"部"字能够分析出"立""口""阝"等部件。

（2）形旁策略。汉字的造字法包括象形、指事、会意、形声等。形声字是汉字中数量最多的字，据统计，在常用汉字中，它占90%左右。形声字是由形旁加声旁构成的。形旁又叫"义符"，表示该字的意义类别。比如，"氵"表示与水有关，"讠"表示和语言有关。

汉字作为世界上最古老的文字之一，经过几千年的发展演变，字形在这个过程中也发生了一些变化，尤其是在简化的过程中，一些形旁失去了它本来所表示的意义。但是这并不代表汉字的主体。据统计，汉字的形声字中，80%以上的形旁跟所表示的意义有联系（王宁，1997；康加深，1993）。因此，对形旁的辨识，对留学生识别汉字的意义有重要的帮助。这也是汉语教学界的共识，并在一些阅读教材，如《中级汉语阅读教程》（周小兵、张世涛，1999）、《初级汉语阅读教程》（张世涛、刘若云，2002）等中得到了体现。

形旁策略就是让学生掌握常用形旁所表示的意义类别，在遇到生词时，可以通过识别形旁的意义类别来推测生词的大致意义，从而达到跨越生词障碍的目的。

3.2.2 声旁策略

声旁策略，指通过汉字中形声字声旁的读音来联想汉字整字的读音从而猜测意义的方法，即通过字音来提取意义的方法。比如，"荷塘"，以拼音文字为背景的学习者在阅读学习的初级阶段可能会努力去念出该词的读音,希望通过声音的帮助来理解意义。

虽然我们认为声旁对汉字意义的理解帮助不大,但研究表明(江新,2004),习惯了形、声对应的学习者会对汉字的读音有很大的依赖性。因此,我们也把声旁策略列为一种猜词策略。

3.2.3　构词法策略

构词法策略包括语素策略。语素作为构词单位,是语言中最小的音义结合体。

汉语的语素多为单音节,通常也就是一个汉字。现代汉语的词以双音节为主,这些双音节词绝大多数由两个语素构成。也就是说,由两个单音节语素构成的复合式合成词是现代汉语词的主要形式。这种构成复合词的单音节语素就是我们通常说的词根。据统计(尹斌庸,1984),汉语中单音节语素数量有限,常用的可能更少。

汉语中的双音节复合词的构词方式的规律性很强,其内部结构包括联合式、偏正式、动宾式、动补式、主谓式。

语素猜词是指学习者可以根据双音节词中一个语素的意思来推测整个词的意思。尽管有研究认为,由于词的内部构造方式的区别,双音节词的两个语素在猜词上的作用可能不一样,但是,汉语的双音节复合词中,联合式与偏正式占绝大多数。因此,语素猜词是有一定汉字基础的留学生汉语阅读猜词的重要方法。

同时,对汉语复合式合成词构词方式的学习,增加了学生对汉语词的认识。汉语词的内部结构与短语结构的一致性,又巩固了学生的汉语句法结构知识。比如:

①星期天,他喜欢去公园玩,或者去商店<u>购买</u>东西。
②今年生意不好做,我们公司<u>盈利</u>也不多。
③他俩决定把结婚日期<u>推迟</u>半年。
④在一个<u>寂静</u>的夜里,他离开了生活了三十年的城市。

虽然学生可能不知道"购买""盈利""推迟""寂静"等词的意思,但可以根据其中已知的一个语素来推测整个词的大概意思。

3.2.4 语义策略

"语义策略"这个提法比较模糊,事实上,我们阅读就是意义理解。语义策略是指词语共现环境的意义关系是否具有客观一致性。这种关系可小可大,小到词语搭配,大到文章的结构之间的关系。下面我们讨论几种常用的语义关系。

(1) 语义搭配。这里的语义搭配是指前后词语在意义上的相互制约、相互选择的关系。词语间的语义关系是一种比较深层的关系。不同的语言在表达形式上各有特点,但语言是概念的表达形式,不同的民族在思维方式上可以存在不同,在表达客观事物或者人与客观事物的关系方面却存在共同之处。这也是语言可以翻译,不同国家的人可以沟通的原因。因此,对语义搭配限制的认识,有助于跨越生词障碍,是猜词的重要手段。例如:

⑤我尝了尝这里的农民吃的窝窝头,不甜又不咸,我不喜欢。
⑥张先生每天开着"神龙"去上班。
⑦我喜欢抽"天下秀"。
⑧王先生今天穿了一件"艾伦"。

"窝窝头"在"吃"的后面,我们可以知道是一种食物。同样,根据动词对后面的宾语在语义上的限制,我们不难猜出"神龙"是一种车的牌子,"天下秀"是一种烟的牌子,"艾伦"是一种衣服的牌子。

(2) 近语境。近语境是指生词所在句中相邻词语或单句在意义上的提示,通常表现为同义互释、反义相对或类比相似等,通过对生词前面或后面的词语意义的理解来帮助猜测生词。例如:

⑨这种说法完全是讹传,请不要相信。
⑩胜了不要骄傲,失败了也不要气馁。
⑪对于这个问题,我们的看法完全一样,没有任何分歧。
⑫他被解雇了,收拾东西离开了公司。
⑬这个苹果表面上很好,可里面全腐烂了。
⑭她有着像孩子一样纯洁的笑容,每个人都喜欢。

例⑨可以根据后面的"请不要相信"来猜生词"讹传"的意思。例⑩"气馁"与"骄傲"意思相反。例⑪可以根据生词前面的意思来推测"分歧"的意思。例⑫可以根据生词后面的意思来推测"解雇"的意思。例⑬"腐烂"的意思根据前面的意思不难猜出。例⑭"纯洁"前后的词语都有意义的提示。

3.2.5 句法策略

根据句法结构猜词，是指句式对词语在句法功能上的要求。尽管汉语缺乏形态变化，不能从词形上直接辨认出词性，但汉语中的虚词与语序可以帮助确定词语的句法功能。例如，"着""了""过"前面常常是动词，"的"是定语的标志，"地"是状语的标志，"得"后面跟补语，汉语的修饰语常常在动词之前，而构成定中关系与状中关系。另外，汉语有丰富的量词，量词后边跟名词。这些汉语的语法特点可以帮助我们猜测词义。请看下面的例子：

⑮妈妈告诉孩子不要<u>轻易</u>地相信不认识的人。
⑯有人开枪，大家快<u>趴</u>下去，别乱动！
⑰你看，树上还有一只<u>杜鹃</u>。
⑱刘芳是一个<u>心细</u>的姑娘，很少出差错。

例⑮，根据"地"我们可以知道"轻易"是修饰"相信"的，联系后面的词语，可以猜出大致的意思。例⑯，根据后面的趋向补语"下去"，可以知道"趴"是个向下的动作。例⑰的线索比较丰富，受数量词"一只"的修饰，"杜鹃"肯定是一个名词；根据形旁可以知道是鸟类。例⑱"心细"是名词"姑娘"的修饰语，说明这个姑娘是什么样的。

我们认为，句法结构主要是帮助读者弄清词语之间的关系，必须结合前后词语的意思才能进行猜词，但理清句法结构对理解比较复杂的句子帮助很大。

3.2.6 上下文语境

这里的上下文语境，是指整篇文章的语境，可以叫作"大语境"。利用上下文语境猜词是基于对上下文意思的整合来猜测所遇到的生词的意思，包括对语段中句子间逻辑关系的理解、文章结构的指示等。

利用上下文语境猜词要受到一些条件的限制，尤其是学习者的词汇量。如果一篇文章处处都是生词，猜词几乎是不可能的。

3.2.7 背景知识

背景知识，是指我们已有的关于客观世界的知识。背景知识对猜词的作用比较容易理解，学习者也常常能够自主地利用。例如：

⑲爸爸在河边钓鱼，妈妈在厨房煎鱼。

即便是初级班的学生，只要他们认识"河边"与"厨房"，就可以猜出"钓"与"煎"的大致意思，而不会弄反。

3.2.8 标题策略

标题策略，是指根据文章的标题的提示，在遇到生词时，推测生词可能的意义范围。

根据上述策略，我们不难归纳出猜词所用到的知识，包括文字、语言（词法、句法、语义、语篇）、背景知识等。

3.3 词义推测与阅读能力

词义推测能力反映学习者是否善于辨别、利用文本中的各种文字、词汇、语义、句法、语篇等所提供的线索，并与自己已有的知识建立相关链接，来解决理解中遇到的生词问题。掌握的猜词策略越多、越熟练，猜词能力就越强。国外的不少研究已表明，猜词能力强的读者阅读能力也很强。从猜词能力与阅读能力的分解来看，两者所涉及的知识结构是相同的。

目前阅读界比较流行的阅读能力成分说更清楚地反映了阅读能力的构成以及所涉及的知识，包括字词识别、句法知识、背景知识、语篇知识等。阅读能力成分说代表了一种非线性的阅读模式。在这方面，Just 和 Carpenter（1980）建构的模式较有代表性。该模式认为，阅读活动的每个步骤并不是单一的线性走向，而是都包括许多可以分离的步骤。也就是说，每个阅读过程是由很多不同的步骤组成的，而每个步骤又是一个多因素的组合。该模式说明，在阅读过程中所涉及的各种能力成分与猜词策略所用到的知识成分是一致的，即猜词所用到的策略反映了读者的阅读能力。阅读过程所涉及的知识与猜词所涉及的知识基本一致。猜词所用到的知识可以反映出学习者所掌握的相关知识的情况，从而可以反映出学习者相应的阅读能力结构。

分析不同阶段的学习者的猜词策略使用情况，可以看出学习者的阅读能力在各个发展阶段的情况，即学习者能够用什么方法来猜词，反映了他当时的阅读能力，表明他已掌握了什么知识或技能。有鉴于此，通过对不同水平的学习者猜词策略的调查，可以考察学习者猜词能力的纵向发展过程，从而探讨学习者的阅读能力的发展过程。这正是我们研究的目的所在。

第四章 实验研究设计

在第三章，我们对国内外的词义推测研究现状进行了回顾。我们提到，相关的猜词研究主要集中在猜词能力与阅读能力的关系上，具体考察猜词成绩与阅读水平的关系。结论是，优秀的读者猜词能力强，而较差的读者猜词成绩相对较差。国内有学者（钱旭菁，2005）采用个案分析的方法考察了阅读猜词所用到的知识。朱勇、崔华山（2002）对伴随性词汇学习中根据语境猜词做了进一步的探索，采用阅读前后测试的方法，通过前后测试成绩的对比分析，说明阅读时可以进行伴随性词汇学习。他们还进一步对语境（如语境的有无、直接或间接、与目标词的相对位置等）、词的义项、汉字等因素对词义猜测的影响进行了深入细致的分析。但这些研究尚未从研究对象上进行区分，考察对象或为个别对象，或为包括欧美国家及韩国、日本、泰国等不同母语背景的留学生群体。但是汉字背景的有无对留学生的阅读猜词影响很大，汉语水平也是一个重要的变量。既考察母语背景又区分汉语水平的研究目前尚未见到。本研究也考察留学生的猜词情况，但与以往研究不同的是，猜词只是本研究的方法，而不是最终目的。把猜词作为研究阅读能力的切入点，这是本研究的一个特点。我们同时进行横向的国别比较与纵向的阅读能力发展过程的比较研究，希望将阅读能力研究引向深入。

4.1 研究思路

4.1.1 语言文字背景对阅读的影响

在第二章中，我们已经提到，阅读过程包括文字、语言与认知等知识与技能。因此，在第二语言阅读中，不同的文字背景、语言背景和认知方式等都会对第二语言阅读产生相应的影响。

世界上的文字主要有两种，即表音文字与表意文字。汉字是表意文字，它的特点是字形不直接表音，而有表意的特点，表意文字由此而得名。同时，它的排列方式是二维平面的。

英语等欧美国家的文字都是表音文字，其特点是形、音对应，见形可以知音。其排列方式是线性的，书写时分词连写。在视觉感知上，表音文字与汉字很不一样；在词义提取上，目前的一些研究也认为存在差别。经验也告诉我们，欧美学生在汉字学习上困难重重，因此，近年来出现了很多有关汉字学习的研究。但相关研究中对汉字的书写偏误分析稍多（江新、柳燕梅，2004；高立群，2001；肖奚强，2002；施正宇，2000；陈慧，2001；等等），而对汉字认读的研究较少。陈绂（1996）对12名英语背景学生的朗读错误进行了分析，通过对朗读错误进行分类归纳，探讨错误形成的原因。此项研究采用了定性而非定量的方法。关于汉字学习对阅读的影响，目前可以看到一些学者有关汉语词义提取的研究，但尚未见到相关的系统的研究。

日本学生由于有汉字背景，他们的汉字学习只是量的积累，与欧美国家学生应该存在显著的不同。日本学生基本掌握了汉字的正字法知识，而欧美国家的学生还要花费差不多两年的时间来掌握汉字的正字法知识（鹿士义，2002）。当然，日本学生在语音与语法方面仍然面临着各种各样的困难，因为日语与汉语毕竟是两种完全不同的语言。

韩国文字也是一种拼音文字，但它不是阿拉伯字母，其排列方式也不是线性的，而是跟汉字很相似，是二维平面的排列方式。因此，韩国文字也是可以见形知音的，这一点与汉字有着本质的差异。但是，与欧美国家学生不同的是，韩国由于是中国的近邻，韩国学生基本上都有不同程度的汉语学习经验，在中小学时接触过汉字。以前韩文中还借用了不少汉字，年纪较长的韩国学生还认识一些汉字；现在韩文中则几乎没有汉字，年轻的韩国人如果没有专门学习，就不认识汉字了。还有一点值得注意的是，受汉语的影响，韩语中存在大量的汉语词，这样，韩国学生在积累了一定的汉字和汉语词的知识后，就较容易与韩语中的汉语词建立语义关系，这可能会促进韩国学生的汉语学习。因此，他们与同为拼音文字背景的欧美国家学生相比，在汉语学习的过程中应该有很多自己的特点。但是，我们认为，韩国学生与日本学生在汉语学习上，尤其是在阅读学习上应该有所不同，因为现在韩文中已没有汉字。也就是说，有无汉字背景是韩国学生与日本学生的根本区别。因此，我们把韩国学生与日本学生作为两个不同的被试群体进行考察。

欧美国家及韩国、日本学生在文字语言等背景方面的差异几乎是众所周知的。日文中有汉字,因此,日本学生在学习汉语时,阅读水平相对较好,而听说能力相对较差。而欧美国家学生则听说较好,读写较差。以前韩文中也有汉字,很多学者便将韩国学生与日本学生作为同样的研究对象群,称之为"汉字圈的学习者",由此在汉语教学界有了汉字圈与非汉字圈的说法。但是,目前对欧美国家及韩国、日本等不同母语背景的汉语学习者在汉语学习上的具体差异性(比如,日本的汉字背景对日本学生的汉语阅读学习帮助程度如何?欧美国家等拼音文字背景的学习者与汉字背景的日本学生的汉语阅读学习差距有多大?在读写教学方面,对他们能否在同一起点上教学,教学进度能否一致?韩国学生的汉字背景跟日本学生的汉字背景对韩、日学生学习汉语是否有相似的帮助?)尚缺乏深入系统的定量研究。这是本研究的缘起。

4.1.2 二语水平的影响

在第二章中我们了解到,第二语言水平是阅读学习的一个重要变量,它直接影响到相关阅读技能的应用。有关的"语言门槛""语言上限""短路假说"就是典型的关于二语水平对阅读理解产生影响的理论。因此,我们拟通过对不同水平的学习者的猜词策略进行考察,探讨其阅读能力的纵向发展过程。

简单来说,本研究的思路是通过对不同母语背景的学习者的猜词策略的调查,横向研究影响留学生阅读学习的语言文字和认知因素;通过对不同阶段的学习者的猜词策略的调查,纵向考察留学生的阅读能力发展过程。母语、文字背景和二语水平为研究的重要变量。

4.2 研究假设

根据第二章的文献研究与第三章关于阅读能力的论述,我们做出如下假定:①汉字背景的有无将导致学习者汉语阅读能力结构的根本不同;②文字背景的差异会影响汉语阅读的单词识别方式;③受汉语水平的限制,低水平的学习者更多地依赖于字词策略等低水平加工,以内容为导向的宏观阅读策略的使用受到语言能力的制约;④母语与目的语关系的亲疏会影响学习者阅读能力的发展进程；⑤欧美国家及韩国、日本 3 种不同母语文字背景的汉语学习者的汉语阅读能力发展过程具有特殊性。

4.3　研究设计

本书以阅读猜词策略调查为切入点研究欧美国家及韩国、日本等不同母语背景的汉语学习者阅读能力的发展过程。猜词不是研究的目的，而是要通过重点考察猜词策略使用的分布情况，从而反映学习者的阅读能力发展过程，以及不同母语背景的学习者在汉语阅读能力结构上的特殊性。具体采用口头报告、纸笔测试与问卷调查等研究方法，以弥补单一研究方法之不足。

口头报告调查不同母语背景的汉语学习者在不同学习阶段猜词策略的使用情况，目的是进行定性分析和定量描述。

口头报告研究之后，在定性分析的基础上，进一步进行纸笔测试实验，以便更客观地了解学习者的阅读猜词水平，并同时结合策略使用自评，用不同的方法探讨策略使用的分布情况及其与猜词成绩的关系。

在口头报告的基础上，通过问卷调查进行规模的定量考察。口头报告的调查对象有限，而问卷调查能够弥补数量上的不足。有鉴于此，我们采用问卷调查，进一步对考察对象猜词策略的使用情况进行定量分析，以提高研究的普遍性。

在以上几项实验研究的基础上，考察分析欧美国家及韩国、日本汉语学习者的阅读能力发展过程，并探讨相应的教学设计。

本书把猜词策略看作一个研究的"点"，而把不同母语背景的留学生的汉语阅读能力发展作为考察的"面"，目的是"以点带面"。

第五章 口头报告研究

阅读猜词研究，从内容上看，主要研究猜词成绩及影响成绩的相关因素（刘颂浩，1999b），或者研究伴随性词语学习中的语境等相关因素对词义猜测的影响（朱勇、崔华山，2005），或者研究猜词过程中所用到的知识（钱旭菁，2005）。从研究方法上看，或者采用测试的方法，或者采用访谈的方法。

本研究在上述学者研究的基础上，用口头报告研究猜词成绩、猜词策略及其相互关系。从方法上看，与钱旭菁的研究有相似之处，都进行口头报告录音、转写，不同的是，考察的内容不同，考察的目的不同，并且对考察的对象与语料等都进行了控制。

本章为实验研究之一。具体调查3个水平的欧美国家及韩国、日本3种母语背景的68位留学生的猜词策略使用情况，以及猜词策略的使用与猜词成绩的关系。考察的对象包括3种背景、3种水平。3种水平包括初级下（在中国学习汉语半年到一年）、中级一（中级的第一个学期）、中级二（中级的第二个学期）。受学生水平的限制，我们采用了不同的猜词材料。我们按不同的水平分为3次调查，每次调查为一个相对独立的实验。本章共包括3个实验，下面我们分别讨论。

5.1 初级组

5.1.1 调查方法

采用被试口头报告的方法。在调查之前，与初级班的老师确认测试词为没有学过的生词，并让初级组中不参加调查的学生确认是否是生词。

具体做法是，先给出指导，告诉学生怎么做。测试时，先看句子，念出画线的词（如果可以的话），然后猜猜画线词语的意思，而后说出猜词的理由：为什么你觉得是这个意思？

调查时，主试让被试知道，所做的一切调查只用于研究，答案不存在好与不好的分别，主试给被试制造一种较轻松的氛围。同时，预先让被试知道主试要对被试的报告进行录音。被试可以用汉语或英语报告。被试进行口头报告时，主试不做任何提示。每一位被试报告完成后，填写一份被试基本情况表，以便进行相关因素分析。

口头报告后，主试进行录音转写，作为研究的文本材料。

5.1.2 调查工具

我们采用语境中猜词的方法来考察被试的猜词策略使用情况。考虑到学生的汉语水平较低，在严格控制语料难度的条件下，我们采用句内猜词与语段中猜词相结合的方法。一共有 6 个句子，每个句子猜一个词，语段《中国真丝出口》中包括 3 个测试词，共 9 个测试词。由于语段中的 3 个测试词日语中都有，因此，我们用了另一段语料《旅伴》调查日本学生，其中包括 6 个测试词，加上句子中的 6 个测试词，日本学生共猜测 12 个词。所用材料请参看附录一（A）。

5.1.3 被试

中山大学国际交流学院汉语进修班初级 3A、3B 班与初级 4A、4B 班的部分留学生 29 人，按母语背景的不同分为欧美国家及韩国、日本 3 组，欧美组包括英语背景以及其他印欧语系语言背景的学生。初级 3 班、初级 4 班为初级汉语的第二个学期，包括已在我国学习汉语半年以上，或者在国外已学过一年以上汉语，但水平不到中级的学习者（依据中山大学的分班测试成绩）。A、B 为同一年级的平行班，3 班与 4 班的区分很小，均使用《初级汉语》第二册作为教材，在起点上略有差别，相差 8 课左右。选择被试时以随机与自愿相结合为原则。年龄基本控制在 20～30 岁。被试的具体资料在分组讨论时有详细的展示。

5.1.4 材料分析

录音转写后，首先，我们分析出被试所采用的猜词方式。这些方式包括：

（1）形旁策略。指根据汉字的形旁猜测汉字所表示的相应的意义类别。例如，根据"衤"，猜与衣服有关系。

(2) 声旁策略。指根据汉字的声旁念出不认识的汉字的读音的方法。例如,"榴",看"留"而念出其读音。

(3) 语素策略。指根据合成词中的一个语素来猜测整个词的策略。例如,"真丝",根据"丝"而知道这个词可能是指一种丝绸。

(4) 语义搭配(这里指常规搭配)。指句子中的词语在意义上的相互选择、相互制约的关系。例如,"吃榴莲","吃"通常要求后面跟可以吃的东西;"穿棉袄","穿"后面通常跟可以穿的东西。

(5) 句法结构。指句子中的词语选择受到句法结构的限制。例如,"着""了""过"前面常常是动词,"的"是定语的标志,"地"是状语的标志,"得"后面跟补语,等等。

(6) 生活常识。例如:"……里有很多小鸟",猜"巢";做菜常常是在厨房进行。

(7) 近语境。指根据生词前面或后面词语的意思来猜词。

(8) 与母语对照。指在母语(主要指日文与韩文)中与汉语相对应的汉字或汉语词。

然后,计算出猜词正确率。记分方式为:完全正确记 1 分,部分正确记 0.5 分,放弃或错误都记 0 分。

5.1.5 结果

(1) 初级欧美组。为了便于了解猜词策略、猜词成绩与被试学习时间、地点等因素的关系,我们对被试的基本资料进行了统计(见表 5-1)。

从表 5-1 可知,该组被试的平均年龄为 23 岁,学汉语的时间多为半年,但也有已在国外学过两年汉语,刚到中国 3 个星期的,根据分班考试成绩编入了初级班学习,包括 6 女 5 男。

表 5-1 欧美初级组被试基本资料

被试	性别	年龄	母语	受教育程度	专业	学汉语时间	中国背景时间
O_1	女	23 岁	英语	本科	国际关系研究、亚洲研究	2 年(澳大利亚)	3 个星期

续表 5-1

被试	性别	年龄	母语	受教育程度	专业	学汉语时间	中国背景时间
O_2	女	21岁	英语	本科	语言、汉语	2.5年（澳大利亚）	3个星期
O_3	女	23岁	德语	本科	语言、汉语	2年（德国）	3个星期
O_4	女	23岁	俄语	本科	语言	2年（俄罗斯）	3个星期
O_5	女	21岁	俄语	本科	政治	1.5年（俄罗斯）	3个星期
O_6	男	30岁	阿尔及利亚语	本科	建筑	6个月	6个月
O_7	女	22岁	瑞典语	本科	经济	6个月	6个月
O_8	男	21岁	瑞典语	本科	政治	6个月	6个月
O_9	男	23岁	法语	本科	管理、政治	6个月	1年
O_{10}	男	22岁	几内亚语	本科	经济	6个月	6个月
O_{11}	男	26岁	法语	本科	国际商务	6个月	18个月

在下面的猜词举例中，"J1"代表句子1，以此类推。句内要猜的6个词从J1到J6依次为"迷惑""榴莲""芦苇""棉袄""煎鱼""议论"。语段中的3个词为"真丝""透气""进口额"。"O"代表欧美国家学生。举例中的楷体字为被试的口头报告内容，括号中的黑体字为笔者归纳的策略类别。策略类别与猜词成绩分别计算，只要使用了某种策略，不论猜测正确与否，都记为使用了某种策略。举例中的画线部分为笔者所加的注释。具体猜词情况及策略使用情况举例如下。

O_1

J1　migan，可能，不知道。

J2　liu……是吃的东西（**语义搭配**），可能菜，因为"艹"（**形旁**）。读音因为"留学生"的"留"（**声旁**）。

J3　hu……（声旁），可能 bird nest，因为有很多小鸟。（生活常识）
J4　mian tian（声旁），不知道。
J5　qianyu（声旁），可能 cooking food，因为"鱼"知道，还有，妈妈在 kitchen，后面应该是做什么。（生活常识）
J6　yi……不明白，可能一个地方，因为"在……"。（句法）
真丝　可能是商品的名字。（句法）
透气　不知道。
进口额　Import price.

O_1 所用猜词策略：①看声旁念出读音；②看形旁猜出意义类别；③语义搭配（J2）；④句法结构（J6）；⑤生活常识（J3、J5）等。

O_2
J1　mihuo，可能 huo，因为"或"（声旁），不知道。
J2　liulian（声旁），不知道，"吃"的东西。（语义搭配）
J3　lu……河的旁边，有"艹"，草（形旁），可能河岸（生活常识）。
J4　mian, cotton, 知道（语素），可能是 cotton 的衣服，"厚的"，因为冷（近语境）。
J5　……yu，做鱼，因为"鱼"（语素），"香味儿"（近语境）。
J6　yilun，"讨论"的"论"，"议"看过，不明白一起的意思，商量、谈话，因为和"讨论"差不多。（语素）
真丝　silk，没学过，可能看过，"纟"知道。（形旁）
透气　……qi，可能不热，看上下文。不知道。"透"看过，但不是这个词，"糟透了"。（语素）
进口额　jinkou，ke（声旁）? 不知道。

O_2 所用猜词策略：①看声旁念出读音；②看形旁猜出意义类别；③语义搭配（J2）；④语素策略（J4、J6）；⑤生活常识（J3）；⑥上下文猜词。

O_3
J1　mihuo，可能跟秘密有关，是一个感觉（近语境），与心理有关系，有"心"（形旁），前边有"感"，与"感"相似。

J2 liulian，因为声旁（**声旁**），会念，不知道意义，可能一种菜，因为"艹"（**形旁**），有"木"，跟植物有关系，还有"吃"（**语义搭配**）。(主试问是否以前学过偏旁，回答说以前在德国学过偏旁，也有别的中国朋友告诉她。)"木"是比较常见的偏旁，所以知道。

J3 huwei（**声旁**）是树，因为有鸟，鸟住在树上（**生活常识**）。不是树，因为有"艹"（**形旁**），可能是低低的，觉得见过，瘦瘦的草。

J4 mian……可能跟"棉衣"差不多，"棉"认识（**语素**）。因为冷（**近语境**），还有"衤"（**形旁**）。

J5 ……yu，妈妈在厨房，可能她做鱼，做饭的动作，因为"在厨房"，后面是个动词。（**句法、生活常识**）

J6 yilun 关于"这个事情"说话，讨论讨论。这两个字我看过，"论"与说话有关系。（**语素**）

真丝 可能是动物的，因为自然，是中国的传统产品，可能绸子。（**句法、近语境**）

透气 qi 知道。这个词我看过（**语素**），但不知道。

进口额 进口与出口，我知道。"额"可能 ke（**声旁**），顾客？不知道。"亿"不知道，可能是很多很多。我觉得我知道，可是我不太清楚。

O_3 所用猜词策略：①看声旁念出读音；②看形旁猜出意义类别；③语义策略（J2）；④句法结构（J5）；⑤语素猜词（J4、J6）；⑥生活常识（J3）；⑦上下文猜词（"真丝"）。

从上面的描写可以看出，O_1、O_2、O_3 3人的猜词成绩比较好，使用的策略比较接近。他们3人虽然到中国才3个星期，但都已在本国的大学里学过2～3年的汉语，每周至少6课时。都学习过汉字形旁与声旁的知识，掌握较好。口头报告后，主试在与被试交谈中得知，他们在本国主要学习语法，知道的汉字不多，没有阅读课，只有一种教材，自己希望练习汉语，但不常有机会。归纳他们使用的策略为：①看声旁念出读音；②看形旁猜出意义类别；③语义搭配；④句法结构；⑤语素猜词；⑥生活常识；⑦近语境猜词。

O_4

J1 不知道。

J2　不知道。

J3　A place near the river, has got a lot of "xiaoji", maybe it's grass. (**生活常识**)

J4　"穿"，ya?"觉"，"睡觉"的"觉"。不知道。

J5　……yu，做鱼，因为"香"。(**近语境**)

J6　"论"知道。It's not a place. it's a verb. (**句法，但不知道是什么样的动词**)

真丝　不知道。"真"认识。

透气　不知道。"气"知道。

进口额　不知道。"进口"知道。

(注：不认识的汉字太多。)

O_4 所用猜词策略：①句法结构（J6）；②生活常识（J3）；③近语境（J5）。

值得注意的是，该被试有误读现象，"穿"与"芽"因形近而念错，"觉"为多音多义字，该生只知其一而不知其二。

O_5

J1　不知道，"感""底"不认识。

J2　菜，不知道什么菜，因为"吃"。(**语义搭配**)

J3　不知道，"河"不知道。

J4　Coat, warm coat, because of the cold. (**近语境**) "衤"旁（**形旁**）。

J5　Maybe "making fish", because of "kitchen" and "fish". (**生活常识**)

J6　"事情"不知道，"事"知道，"情"知道，放到一起不知道。

真丝　不知道。"真"认识。

透气　不知道。"气"知道。

进口额　不知道。"进口"知道，"额"不知道。

(注，很多汉字不认识。)

O_5 所用猜词策略：①语义搭配（J2）；②形旁（J4）；③生活常识（J5）；④近语境（J4）。

O_6
J1 "迟到"的"到"。
J2 菜,因为"吃"。(语义搭配)
J3 hu……(声旁),不知道。
J4 衣服,因为"穿",可能毛衣,很冷。(语义搭配、近语境)
J5 厨房,maybe kitchen。不知道,有几个字不认识。
J6 talking about,因为"这件事情"。(语义搭配)
真丝 不知道。"真"认识。中国的一种东西。(句法)
透气 不知道。"气"知道。
进口额 不知道。"进口"知道,"额"不知道。

O_6 所用猜词策略:①语义搭配(J2、J4);②句法结构(J6);③声旁;④近语境。

O_7
J1 不知道,也不会念。
J2 吃的东西,因为有"吃"。(语义搭配)
J3 不知道。
J4 衣服。因为"穿了……"(语义搭配),有"衤"(形旁)。可能外衣,因为冷(近语境)。
J5 "鱼"知道,但不知道。(注:"厨""闻"不认识。)
J6 一个地方,因为"在……"。(句法)
真丝 不知道。
透气 可以穿,后面有"穿着非常舒服"。(近语境)
进口额 不知道。

O_8
J1 Hard to do. 另有两个字不认识。
J2 liu……(声旁),"莲"是一种菜,有"艹"(形旁),还因为"吃"(语义搭配),所以是菜。
J3 cage(笼子),因为里边有很多小鸟。(生活常识)
J4 衣服,因为"穿"(语义搭配),暖和的衣服,因为冷(近语境)。

J5 "灬"，fire，可能是 fry the fish，因为"灬"。（形旁）
J6 "辶"，以为是 way，可能是一个大的楼，因为"在……"。（句法）
真丝 It's a product，maybe it's a kind of coat，textile. 因为"穿着非常舒服"。（近语境）
透气 不知道。
进口额 Import result.

O_9
J1 不知道，"底"不认识。
J2 liu……（声旁），一个菜，吃的东西（语义搭配）。
J3 hu……（声旁）farm，农场？因为"很多小鸟"。（生活常识）
J4 衣服，因为"穿"（语义搭配），还有"衤"（形旁），天冷穿的衣服（近语境）。
J5 qianyu，做鱼的方法，根据意思。（近语境）
J6 yilun，两个字都看过，但一起没看过，"论"是"讨论"的"论"，差不多"讨论"的意思。（语素）
真丝 不知道。（注，他不认识"商品"。）
透气 不知道。
进口额 "进口"知道，"额"不知道。

O_4、O_5、O_6 认为句中还有一些不认识的汉字，感到难度较大，猜词成绩不太好，使用策略较少。很少分析汉字，多用句法策略、语义策略与生活常识。

O_{10}不能读，太多汉字不认识。他说，如果是拼音就没问题。

O_{11}不能读，口语不错，但认识的汉字很少。他认为，欧美学生与日本、韩国学生在一起学习不公平。

O_{10}、O_{11}由于认识的汉字很少，连"喜欢"都不认识，所以不能阅读汉语材料。

为了便于总结并发现规律，我们对本组学生的策略使用情况进行数据统计，重复使用的策略只计一次。此外，我们对猜词成绩也进行了统计。策略使用与猜词正确率情况见表 5-2。

表 5-2　欧美初级组猜词成绩与策略使用对照

猜词成绩/%	所用策略							
	语义	形旁	声旁	句法	语素	生活常识	近语境	总计
72（O_3）	+	+	+	+	+	+	+	7
61（O_2）	+	+	+	−	+	+	+	6
56（O_8）	+	+	+	+	−	+	+	6
44（O_1）	+	+	+	+	−	+	−	5
44（O_9）	+	+	+	−	+	+	+	6
39（O_6）	+	−	+	+	−	−	+	4
33（O_5）	+	+	−	−	−	+	+	4
22（O_4）	−	−	−	−	−	+	+	3
22（O_7）	+	+	−	+	−	−	+	4
总计	8	7	6	6	3	7	8	

从表 5-2 可知：①不用做相关分析都可以看出，猜词成绩与策略使用数量相关；②使用最多的策略是语义搭配、近语境，其次是形旁、生活常识、声旁、句法，使用最少的是语素。

从图 5-1 中，我们可以更直观地看出策略使用的分布情况。

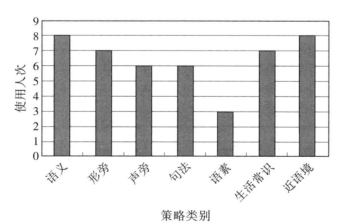

图 5-1　欧美初级组猜词策略分布

对照表 5-2 与表 5-1 可以发现，语素策略的使用可能与被试的汉语学习时间的长短，即汉语水平有关。O_3、O_2、O_1 3 位学生有国外汉语专业学习的经历，学习汉语的时间更长，因此，他们的策略使用较全面，猜词成绩也较好。通过事后访谈我们了解到，他们来中国之前，在学习汉语专业时专门学过汉字的形旁与声旁。值得注意的是，O_8 同学学习汉语才 6 个月，但他的猜词成绩排在第 3 位，使用策略也比较多，相对于其他同样学习时间较短的同学，他在形旁策略的使用上表现特别突出。通过访谈得知，他对汉字学习有兴趣，因此自学了一些有关汉字形旁的知识。

（2）初级韩国组。被试基本资料见表 5-3。

表 5-3　韩国初级组被试个人资料

被试	性别	年龄	受教育程度	专业	学汉语时间	中国背景时间
H_1	男	23 岁	本科	汉语	6 个月	1 个月
H_2	男	29 岁	本科	经济	6 个月	6 个月
H_3	男	23 岁	本科	汉语	8 个月	9 个月
H_4	女	19 岁	高中	—	6 个月	6 个月
H_5	女	27 岁	专科	电脑	6 个月	6 个月
H_6	女	21 岁	本科	统计学	6 个月	7 个月
H_7	男	30 岁	硕士	商学	6 个月	1 个月
H_8	男	40 岁	硕士	数学	6 个月	6 个月
H_9	女	20 岁	本科	中文、电脑	1.5 年（韩国）	1 个月
H_{10}	女	22 岁	本科	中文	2 年（韩国）	1 个月

从表 5-3 可知，该组韩国被试的平均年龄约 25 岁，学习汉语的时间多为 6~8 个月，有两个学生的学习时间较长，他们以前在韩国学习，刚到中国一个月，分班考试编入初级班学习。被试包括 5 男 5 女。

材料整理的方法与欧美组相同。以"H"表示韩国学生。在进行策略统计时，我们发现，韩国学生特别喜欢使用句法策略。J3 的测试词是"芦苇"，J6 的测试词是"议论"。现举例如下：

J3("芦苇") 附近,觉得是一个地方,因为后面有"里"。(句法)(H1)

J6("议论") "论",讨论。是一个地方,"在"后面有什么地方,发生什么样的事情。(句法)(H1)

J6 会议、讨论,这两个字都看到过,可能是谈话的房间。因为"在",后面一定会有 place。(句法)(H2)

J3 河的名字,因为"……里有很多小鸟"。"……里"表示地方。(句法)(H3)

J6 "讨论"的"论",是房间,大家一起讨论。因为"在……"后面是地方。(句法)(H3)

J3 有一个地方,"河边……里"。(句法)(H4)

J6 房间的地方,因为"在……"这件事情。(句法)(H5)

J3 河的地方的名字,因为"……里"有很多小鸟。(句法)(H8)

J3 地方,因为"河边的……",因为"有",动词,"小鸟",名词。(句法)(H9)

我们对该组学生的策略使用情况以及猜词成绩进行统计,结果见表5-4。

表5-4 韩国初级组猜词成绩与策略使用对照

猜词成绩/%	所用策略								
	语义	形旁	声旁	句法	语素	生活常识	近语境	与母语对照	总计
67（H_{10}）	+	−	+	+	+	+	+	+	7
56（H_6）	+	+	+	+	+	+	+	−	7
56（H_8）	+	−	−	+	−	+	+	−	4
50（H_2）	+	+	−	+	−	+	+	+	6
50（H_4）	+	−	+	+	+	+	+	−	6
50（H_9）	+	−	+	+	+	+	+	−	6

续表 5-4

猜词成绩/%	所用策略								
	语义	形旁	声旁	句法	语素	生活常识	近语境	与母语对照	总计
39（H_5）	+	−	−	+	+	+	+	−	5
33（H_7）	+	−	−	+	−	−	−	+	3
28（H_3）	+	−	−	−	−	−	+	−	3
22（H_1）	+	−	−	+	−	−	+	−	3
总计	10	2	4	10	5	7	9	3	

从表 5-4 可以看出：①与欧美组相同的是，猜词成绩与策略使用多少相关；②所有的被试都使用了语义与句法策略；③绝大部分被试使用了近语境策略、生活常识策略，5 位被试使用了语素策略；④与欧美组被试不同的是，只有两位被试使用形旁策略；⑤有 3 位被试使用了与母语对照策略。

韩国被试的策略使用分布情况如图 5-2 所示。

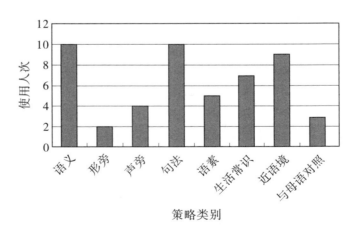

图 5-2 韩国初级组猜词策略分布

（3）初级日本组。被试的基本资料见表 5-5。

表 5-5　日本初级组被试基本资料

被试	性别	年龄	受教育程度	专业	学汉语时间	中国背景时间
R_1	女	28 岁	本科	社会科学	6 个月	1 个月
R_2	女	31 岁	专科	会计	6 个月	1 个月
R_3	男	27 岁	高中	公司工作	6 个月	7 个月
R_4	女	26 岁	本科	日本文学	6 年前在大学学了两年（外语）	1 个月
R_5	男	26 岁	专科	汽车	6 个月	7 个月
R_6	女	28 岁	本科	管理	3 年（日本周末班）	6 个月
R_7	女	21 岁	本科	汉语、英文	2 年（日本）	1 个月
R_8	女	20 岁	本科	汉语、国际语言	2 年（日本）	1 个月

从表 5-5 可知，该组日本被试的平均年龄约为 26 岁。学习汉语的时间长短情况比较复杂，选择被试时仍然主要根据他们现在入班的考试成绩。他们都为初级班的学生。

经考察，"迷惑""榴莲""芦苇""棉袄""煎鱼""议论" 6 个词中，"议论""煎鱼""棉"在日语中的意思与汉语一样。"迷惑"在日语中有同样的汉字，但意思不一样，日语的意思是"添麻烦"。"榴莲""芦苇"在日语中没有。日本学生都能辨认出其母语中已有的上述汉字。下面我们来看看日本学生对其中两个日语中没有的词的猜测情况。

R_1
榴莲　不知道。吃的东西，因为"吃"。（**语义搭配**）
芦苇　草做的小鸟的家，因为 experience。（**生活常识**）
R_2
榴莲　水果，因为在日本学过广东话。
芦苇　草或者树，因为有鸟，河边。（**生活常识**）
R_3
榴莲　不知道。吃的东西，因为前边有吃，可能是水果，因为

"木"。（**形旁**）

芦苇　可能是草，很多的草，长在河边，因为"河边""小鸟"，小鸟的家。（**生活常识**）

R$_4$

榴莲　水果，知道。

芦苇　河边的地方。（**句法**）

R$_5$

榴莲　大概水果。因为有"艹"和"木"。（**形旁**）

芦苇　可能是花（**形旁**），因为"河的旁边"，有很多小鸟（**生活常识**）。

R$_6$

榴莲　知道。

芦苇　河边的草，很高的。因为很多的小鸟，"河边的"。（**生活常识**）

R$_7$

榴莲　吃的东西，蔬菜，因为汉字"莲"。（**语素**）

芦苇　桥，因为有很多小鸟，河边。（**生活常识**）

R$_8$

榴莲　蔬菜，因为"莲"（**语素**），日语中的汉字一样。

芦苇　不知道。

从上面的描写可以看出，对没有看过的词，他们的猜词成绩也很好。所使用的策略包括语义搭配、生活常识、汉字形旁、语素猜词。

值得注意的是，"迷惑"虽然日语中有，但与汉语的意思不一样。所调查的学生无一例外都说知道，可他们说的都是日语中的意思，而非汉语中的意思。他们一看到熟悉的汉字，就不再看整个句子的意思，从而造成误读。

我们再来看他们在短文中的猜词及策略使用情况。由于"真丝""透气""进口额"这几个词日语中都有相应的字，所以给他们用了另一段短文《旅伴》［见附录一（A）］。要猜的词有"乞丐""洁癖""木头人""唠叨""狡猾""旅伴"。其中，"乞""癖""旅""伴"日语中都有相同的汉字，被试都能看出相应的字的意思。而"木头人""唠叨""狡猾"却没有一个人猜对，"唠叨"全都说不知道。R$_6$猜测"木头人"是"没有脑子"的意思。我们推想他以为"头"就是"脑子"的意思，没有看上下文。R_5认为,"木头人"就是用木片做的人,是玩的东西。R_2、R_5说"狡猾"日语中有,但意思不一样。下面我们对他们用到的猜词策略进行统计,结果见表5-6。

表5-6 日本初级组猜词策略使用分布

被试	猜词策略				
	与母语对照	语义搭配	语素	形旁	生活常识
R_1	+	+	−	+	+
R_2	+	+	−	+	+
R_3	+	+	−	+	+
R_4	+	+	−	+	+
R_5	+	+	−	+	+
R_6	+	+	−	+	+
R_7	+	+	+	−	+
R_8	+	−	−	−	−

从表5-6可以看出,日本学生在汉语学习的初级阶段,较常使用的猜词策略包括与母语对照、语义搭配、生活常识、汉字形旁。

我们在调查中发现,日本学生由于有汉字背景,猜词时表现出如下特点。①首先选用"与母语中的汉字对照"的方法。如果是日语中有的字,就完全照搬,不再考虑其他因素;如果组成该词的语素在日语中学过,他们也可以根据日语中对应汉字的意思来猜测,而不注意联系上下文,没有意识到该词在此处意思可能有所不同,如"木头人"。②如果是日语中没有的字,就不知其义,如"唠叨"。不关心上下文语境,会注意到简单的句内语境。③如果汉字与日语的字形相同,而意思不一样,就会造成误读,如上面提到的"迷惑"。

5.1.6 讨论

比较初级欧美、韩、日3组被试在猜词策略使用上的特点,可以归纳出其共同之处:①能综合使用多种策略的学生,猜词成绩相应更好;②普遍使用语义搭配、生活常识等策略。不同之处为:①欧美国家学生较多使用近语境、形旁、声旁策略，很少使用语素策略；②韩国学生较多使用句法策略、近语境策略，很少使用形旁策略；③日本学生完全依赖母语对照策略，很少关心句中前后词语的意思。

本次研究给我们如下一些启示。

语义关系的客观一致性有助于词义理解。不同母语的学习者很自然地选用该策略帮助猜词。目前，第二语言汉语学习者通常是成人。他们积累了关于客观世界的各方面的知识，至少已掌握一门语言。根据认知语言学的观点，全人类具有基本相同的客观世界，因而思维也大致相似，这正是操不同语言的人得以相互理解、不同的语言文字得以互译和理解的基础（王寅，2001）。可以说，客观世界决定了语义，语义决定了搭配。因此，通常情况下，语义搭配是跨语言的。Gass（1987）也认为，当第二语言学习者在语言信息处理中所使用的策略与其母语中所使用的策略发生冲突时，学习者会倾向于使用语义策略，并认为这是一个普遍性原则。

我们在调查中还发现，欧美国家、韩国的学生都能自动地运用近语境策略来猜词。我们在 3.2 节的策略分类中，把语义搭配、近语境策略都归入语义关系的下位策略。语义搭配较多地强调词语间语义的选择与限制、同现的可能性；近语境则主要考虑词语在语义场中的关系，如同义关系、反义关系、比较关系等。利用距离较近的前后词语的意思来推测生词的意思，当然也是语义关系策略的一种。可见，语义关系对学习者的阅读理解帮助很大。

考察结果也告诉我们，形旁有助于欧美国家学生识别汉字意义类别。我们在调查中发现，以拼音文字为背景的欧美国家学生中，能使用形旁猜词的被试猜词成绩较好。据李蕊（2005）研究，留学生在学习汉语 7～10 个月时还不能自动地利用形旁辨义，而到了 14～15 个月时，形旁运用就自动化了。我们的被试中有的学习时间已在 14 个月以上，学习时间长的都会用形旁猜词，这与李蕊的调查结果一致。值得注意的是，O_8、O_9 两位学生只学了 6 个月，但也能使用形旁猜词。访谈得知，他们已在汉字课中学过形旁知识，知道一些常见的形旁，并且自己也做了不少相关的练习。这给我们一个启示：形旁知识的积累，除了时间因素等，教育的作用也很重要。

除了形旁，声旁策略也是欧美国家学生喜欢使用的策略。这应该与他们的拼音文字背景有关。由于拼音文字形、音相关，见形知音，其语义通路被认为存在语音中介，因此，语音在拼音文字的意义理解中很重要。在早期的汉语阅读中，利用声旁线索来唤起意义可以看成母语策略的影响。从韩国组的策略使用数据中可以看出，这种现象在韩国学生中也存在，因为韩国文字也是拼音文字。

有汉字背景的日本被试，首选策略是与母语对照，这与欧美国家、韩国学生完全不同。但是，如果遇到的是没有见过的汉字，他们就不知所措，几乎放弃。

该调查还显示，不同母语背景的被试都能利用生活常识来帮助猜词。另外，值得注意的是，O_{10}、O_{11}由于认识的汉字很少，连"喜欢"都不认识，所以无法阅读汉语材料，完全不能进行猜词作业。O_1认为，由于文字背景不一样，让他们与日本、韩国学生一起学习、一起进步是不公平的。

需要说明的是，由于我们是以中山大学在读的班级水平来确定学生的水平，事实上，所调查对象的汉语学习时间并不完全一样，这可以从被试的基本资料中清楚地看到。尤其是欧美组，11位学生中有5位在本国已学习汉语一年半以上。韩国、日本组中也各有两位学生是这样的情况。

以上是初级组的猜词情况，下面我们来看中级一组的猜词情况。

5.2 中级一组

5.2.1 调查方法

调查方法与初级组基本一样，采用被试口头报告的方法，但由于学生水平的不同，具体操作稍有不同。猜词提供大的上下文语境。在调查之前，确认测试词为学生没有学过的生词，并让中级组中不参加调查的学生确认是否是生词。

具体做法是，先给出指导，告诉学生怎么做。统一培训被试，给出猜词过程的指导，先看一遍文章，然后猜猜画线词语的意思，而后说出猜词的理由：为什么你觉得是这个意思？

调查时，主试让被试知道，所做的一切调查只用于研究，答案不存在好与不好的分别，主试给被试制造一种较轻松的氛围。同时，预先让被试知道主试要对被试的报告进行录音。被试可以用汉语或英语报告。每一位被试报告完成后，填写一份被试基本情况表，以便进行相关因素分析。整个过程约半小时，前 10 分钟准备，后 20 分钟被试进行口头报告。报告时，主试不做任何提示。

口头报告后，主试进行录音转写，作为研究的文本材料。

5.2.2　调查工具

根据学生的水平，我们选用了《中级汉语阅读教程（Ⅰ）》的第 20 课《旁白》作为调查的材料。调查时，被试都没看过此文。该课文本来就是为猜词练习设计的。课文对语料难度、所猜词的难度以及猜词线索都有相应的控制。最重要的是，该文涉及的背景知识比较简单，对不同母语背景的被试应该是公平合理的。我们在进行猜词测试时，没有给出原文中的选项。另外，刘颂浩（2002）在考察汉语学习者阅读中的理解监控行为时也选用了这篇课文，并略有改动，例如，增加了"悻悻"一词。该词的难度较大，我们认为，改动后的文章更适合我们的研究目的，因此本次调查采用了刘颂浩改动后的文章，题目也沿用《看电影》。

5.2.3　被试

中山大学对外汉语系中级一水平的学生 25 人，被试的具体资料在分组讨论时有详细的展示。

5.2.4　材料分析

首先，我们按不同母语背景的分组对录音材料进行转写，然后根据转写的录音文本进行策略分析并归类，再进行成绩统计，成绩的计分方法与初级相同。

我们考察了被试对文中 10 个画线词的猜测情况。这 10 个词是"重映""全神贯注""咬耳朵""清晰""旁白""悻悻""嘀咕""恐惧感""袭""扳"。下面每个组分别用一个具体的测试词来说明我们归纳策略的方式。欧美组以"全神贯注"为例。举例中的楷体字是被试的口头报告内容，括号中的黑体字为笔者对被试所使用策略的归类。

神，god。（**语素**）（O_1）
按时间到，因为前面说很想看，根据语法。（**近语境**）（O_2）
完全的脑子注意，很认真地看，不受别的影响。因为有"全神"

"注"（语素）、后面的"欣赏"。（近语境）（O_3）

很注意地看，知道"全神"，"神"，精神。（语素）（O_4）

quanshenguanzhu，他们很想看，特别欣赏（句法结构），从汉字猜。（语素）（O_5）

quanshenguanzhu，"全"，都；"注"，注意。（语素）不知道。（O_6）

quanshenguanzhu，每个汉字都知道（语素），没看过这个词，猜很认真。（O_7）

下面我们再以"旁白"为例，看看韩国组对该词的猜测情况以及我们对策略的归纳情况。

特别的表示，女的不好的部分。（上下文）（H_1）

不知道。（H_2）

旁边，白色。（语素）旁边没有人，他觉得在那儿看电影时好像一个人，旁边的人不考虑。（背景知识）（H_3）

在旁边解释。（语素）看上下文。（上下文）（H_4）

不应该告诉的事情。上下文。（上下文）（H_5）

女的看过了，女的告诉男朋友，内容怎么怎么。韩国话有（与母语对照），阅读用语。（H_6）

周围的环境很安静，没有什么声音。只有她一个人说。韩语有"独白"。（与母语对照）（H_7）

本来在欣赏电影，每个人对电影的感觉不一样。（背景知识）前面的女孩子的感觉造成旁边人脑里的障碍。（上下文）（H_8）

前面、后面的文章猜猜（上下文），没有礼貌，没有道理。（H_9）

不太清楚，"她"做的事情（句法结构），好像是谈的事情（上下文）。（H_{10}）

为了避免重复，下面以"嘀咕"为例，看看日本组的猜词情况。

digu，可能是嘴的动作。（zeze……）因为"口"。（形旁）（R_1）

digu，说得很快，两个字都有"口"。（形旁）（R_2）

不知道。（R_3）

比较不好的动作，表示不愉快的感情，分句前面的"向"、后面的"一下"。（**形旁、句法**）（R_4）

说话小声，日语有一个一个的汉字。（**与母语对照**）（R_5）

digu，表示声音的（zeze……），因为"口"。（**形旁**）（R_6）

digu，用口的动作（zeze……），因为有"口"。（**形旁**）（R_7）

digu，小声说话。因为知道"嘀嘀咕咕"。（**学过**）（R_8）

我们以与上述举例同样的方式对所有被试的猜词策略及成绩进行了分析。在分析时，我们也与从事阅读课教学的老师进行了商讨。尽管如此，主观因素仍然无法难免，但我们后来发现这并不影响整体的数据分析。

5.2.5 结果

（1）中级一欧美组。尽管我们在分组调查时，希望被试水平尽可能一致，但事实上，差别还是难以避免的，加之中级水平以上的欧美国家学生数量有限，在学习时间上的差别较大，因此，我们只好以在学的汉语水平为基准。该组被试均为在中山大学国际交流学院汉语进修班中级的第一个学期学习的学生，也就是中级一。为了对相关的变量了解得更清楚，与初级组一样，我们收集了被试的相关基本资料，包括性别、年龄、母语背景、受教育程度等，具体情况见表5-7。

表5-7 中级一欧美组被试基本资料

被试	性别	年龄	母语	受教育程度	专业	学汉语时间	中国背景时间
O_1	女	22岁	瑞典语	本科	汉语	2年	6个月
O_2	女	23岁	印度语	本科	国际商贸	1.5年	1.5年
O_3	女	22岁	法语	本科	汉语	2年5个月	8个月
O_4	男	23岁	俄语	本科	汉语	3年	8个月
O_5	女	24岁	保加利亚语	本科	汉语	3年	1个月
O_6	女	42岁	英语	本科	语言、汉语	2年6个月	9个月
O_7	女	38岁	法语	本科	计算机	4年	2年

从表 5-7 可知，该组被试学习汉语的时间平均为两年半左右，中国背景时间并不长，超过一年的很少，只有 O_7 的学习时间、在中国居住时间较长。年龄多为 20 多岁，专业以汉语为主。

由于测试词较多，我们对被试的策略使用情况按词进行统计，7 名欧美国家的学生猜词所用的策略统计见表 5-8。

表 5-8 中级欧美一组猜词策略分布

测试词	猜词策略						
	语素	上下文	句义	形旁	背景知识	句法结构	声旁
重映	4	—	—	1	—	1	1
全神贯注	6	2	—	—	—	1	—
咬耳朵	3	6	—	—	—	—	—
清晰	1	—	6	—	—	—	—
旁白	4	3	—	—	—	—	—
悻悻	—	6	1	1	6	—	—
嘀咕	—	3	—	5	—	1	—
恐惧感	7	2	—	—	—	—	—
袭	—	—	—	—	—	5	1
扳	—	—	7	6	—	—	—
比率	28%	25%	16%	15%	7%	9%	2%

表 5-8 中，数字为 7 名被试该词某种策略使用的总数量，"—"表示没有使用该策略。比率是指某一种策略数占所用的总策略数的比例。策略使用比率从高到低依次为语素、上下文、句义、形旁、句法结构、背景知识、声旁。

接着，对我们对猜词成绩进行了统计。由于每个词的猜词线索不一样，因此，我们对每个词的猜词正确率以及每名被试的猜词正确率进行了统计，具体情况见表 5-9。

表 5-9　中级—欧美组猜词成绩及正确率

测试词	O_1	O_2	O_3	O_4	O_5	O_6	O_7	词正确率
重映	0	0	0	0	0	0	1	14%
全神贯注	0	0	1	1	0	0	1	43%
咬耳朵	1	0	1	1	0	0	1	57%
清晰	0	1	1	1	1	1	1	86%
旁白	0	0	0	1	1	0	0	29%
悻悻	1	1	1	0.5	0	0.5	0.5	64%
嘀咕	1	1	1	1	0	0	1	71%
恐惧感	0.5	1	1	0.5	0.5	0.5	1	71%
袭	0	0.5	0.5	0.5	0.5	0	0.5	36%
扳	1	1	1	1	1	1	1	100%
被试正确率	45%	55%	75%	75%	40%	20%	80%	

从表 5-9 可以看出，词正确率分数从高到低的排序为"扳""清晰""恐惧感""嘀咕""悻悻""咬耳朵""全神贯注""袭""旁白""重映"。被试个人正确率排序为 O_7、O_3、O_4、O_2、O_1、O_5、O_6，被试平均正确率为 56%。

（2）中级—韩国组。韩国被试的个人基本情况见表 5-10。

表 5-10　中级—韩国组被试基本资料

被试	性别	年龄	受教育程度	专业	学汉语时间	中国背景时间
H_1	女	20 岁	本科	汉语	1.5 年	1 个月
H_2	女	20 岁	本科	汉语	1.5 年	1 个月
H_3	女	20 岁	本科	汉语	1.5 年	1 个月
H_4	女	28 岁	本科	汉语	1.5 年	1 个月
H_5	男	27 岁	高中	贸易	1 年	1 年

续表 5-10

被试	性别	年龄	受教育程度	专业	学汉语时间	中国背景时间
H_6	女	25 岁	本科	汉语	4 年	1 个月
H_7	女	21 岁	本科	汉语	2 年	1 个月
H_8	女	39 岁	本科	韩文	1 年	1 年
H_9	女	38 岁	本科	日语	7 个月	1 年
H_{10}	男	23 岁	本科	电脑	1 年	1 年

从表 5-10 可知，韩国被试的平均汉语学习时间约为一年半，而多数被试在中国只学了一个月。平均年龄为 20 多岁。韩国被试猜词策略分布情况见表 5-11。

表 5-11 中级—韩国组猜词策略分布

测试词	猜词策略							
	语素	上下文	与母语对照	句义	形旁	背景知识	句法结构	回忆
重映	6	3	—	—	—	—	3	1
全神贯注	9	1	—	—	—	—	1	—
咬耳朵	9	7	—	—	—	5	—	—
清晰	—	1	—	8	—	1	1	—
旁白	2	6	2	—	—	2	1	—
悻悻	—	9	—	—	4	5	—	—
嘀咕	—	5	—	—	5	4	1	—
恐惧感	10	—	—	—	—	—	2	—
袭	—	1	—	5	—	—	1	—
扽	—	—	—	—	10	—	1	—
比率	27.0%	25.0%	1.5%	10.0%	14.4%	13.0%	8.3%	0.7%

统计方式同欧美组，比率为每种策略占总策略数的比例。策略使用从高到低依次为语素、上下文、形旁、背景知识、句义、句法结构、与母语对照、回忆。表5-12为各个测试词与每位被试的具体猜测成绩及其正确率。

表5-12 中级一韩国组猜词成绩及其正确率

测试词	H_1	H_2	H_3	H_4	H_5	H_6	H_7	H_8	H_9	H_{10}	词正确率
重映	0	0	0	0	1	1	1	0	1	0	40%
全神贯注	1	0	0.5	1	1	1	1	1	1	1	85%
咬耳朵	1	0	1	1	1	1	1	0	1	1	70%
清晰	1	0	1	1	1	0.5	0	1	1	1	75%
旁白	0	0	0	1	0.5	1	0.5	0.5	0	0.5	40%
悻悻	0.5	0.5	0.5	1	1	0	1	0.5	0	0.5	45%
嘀咕	1	0	1	1	1	1	1	0.5	0	1	65%
恐惧感	1	1	1	1	0.5	1	1	1	1	1	95%
袭	0	0	0.5	1	0	0.5	0.5	0	0.5	0.5	35%
扳	1	1	1	1	1	1	1	1	1	1	100%
被试正确率	65%	25%	45%	90%	70%	80%	65%	60%	65%	75%	

从表5-12可以看出，词正确率分数从高到低的排序为"扳""恐惧感""全神贯注""清晰""咬耳朵""嘀咕""悻悻""重映""旁白""袭"。被试正确率平均为64%。

（3）中级一日本组。日本组被试基本资料见表5-13。

表5-13 中级一日本组被试个人基本资料

被试	性别	年龄	受教育程度	专业/职业	学汉语时间	中国背景时间
R_1	女	21岁	本科	汉语	2年	1个月
R_2	女	19岁	本科	汉语	2年	1个月
R_3	女	37岁	本科	美术	1年	1年

续表 5-13

被试	性别	年龄	受教育程度	专业/职业	学汉语时间	中国背景时间
R_4	男	26 岁	本科	公务员	1.5 年	1 个月
R_5	男	20 岁	高中	—	1.5 年	6 个月
R_6	男	29 岁	本科	法律	1.5 年	1 年 3 个月
R_7	男	21 岁	本科	汉语	2.5 年	7 个月
R_8	女	24 岁	本科	中国当代文学	3 年	1 个月

从表 5-13 可知，日本被试的平均汉语学习时间约为两年，在中国学习的时间多为一个月，但也有个别超过一年。平均年龄为 20 多岁。日本被试猜词策略分布情况见表 5-14。

表 5-14　中级—日本组猜词策略分布

测试词	猜词策略					
	语素	上下文	与母语对照	句义	形旁	背景知识
重映	6	—	2	—	—	—
全神贯注	8	—	—	—	—	—
咬耳朵	4	4	—	—	3	—
清晰	8	—	2	—	—	—
旁白	4	4	1	—	—	—
悻悻	—	4	—	—	—	3
嘀咕	—	—	1	1	5	—
恐惧感	8	—	—	—	—	—
袭	—	—	1	5	—	—
扳	—	—	—	2	8	—
比率	45.0%	14.0%	8.0%	10.0%	19.0%	3.6%

从表 5-14 可知，语素策略在所用策略总数中约占一半，使用最为频繁，其次为形旁、上下文、句义等策略。

该组被试的猜词成绩与正确率见表 5-15。

表 5-15 中级一日本组猜词成绩及正确率

测试词	R_1	R_2	R_3	R_4	R_5	R_6	R_7	R_8	词正确率
重映	1	0	1	1	0	1	1	1	75%
全神贯注	0	0	1	1	1	1	1	1	75%
咬耳朵	1	0	1	0	1	0	0	1	50%
清晰	1	1	1	1	1	1	1	1	100%
旁白	0	0	0	0	0	1	1	1	38%
悻悻	0.5	0	0	0	0	0.5	0.5	0	19%
嘀咕	0	1	0	0	1	0.5	0	1	44%
恐惧感	1	1	1	1	1	1	1	1	100%
袭	0.5	0	0.5	0.5	0	0.5	0.5	1	44%
扳	1	1	1	1	1	1	1	1	100%
被试正确率	60%	40%	65%	55%	60%	80%	70%	90%	

从表 5-15 可以看出，词正确率分数从高到低的排序为"扳""恐惧感""清晰""全神贯注""重映""咬耳朵""嘀咕""袭""旁白""悻悻"。被试正确率平均为 65%。

（4）组间比较。前面我们分别对欧美、韩国、日本 3 组被试的猜词策略使用情况以及猜词成绩进行了统计描述，下面我们将 3 组被试的策略使用情况与测试词的猜词成绩进行横向比较。各组被试的策略使用分布情况见表 5-16。

表 5-16 中级一欧美、韩国、日本组猜词策略使用分布

被试	语素	上下文	形旁	句义	句法结构	背景知识	与母语对照
欧美	28%	25%	15%	16%	9%	7%	0
韩国	27%	25%	14%	10%	8%	13%	2%
日本	45%	14%	19%	10%	0	4%	8%

我们用图 5-3 来更直观地描述 3 组被试的主要策略使用情况。比较可知：日本被试在语素策略使用上占明显的优势；而欧美、韩国被试对上下文语境依赖更多；欧美、韩国被试借助句法结构的帮助，韩国被试比较注意对背景知识的应用；相较于欧美、韩国被试，日本被试更多使用与母语对照策略。

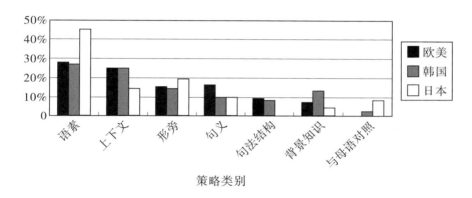

图 5-3　中级一组猜词策略分布

下面，我们对 3 组被试的猜词成绩进行比较。我们将每个测试词的猜词成绩列表（见表 5-17）。

表 5-17　中级一组欧美、韩、日学生猜词正确率

被试	重映	全神贯注	咬耳朵	清晰	旁白	悻悻	嘀咕	恐惧感	袭	扳
欧美	14%	43%	57%	86%	29%	64%	71%	71%	36%	100%
韩国	40%	85%	70%	75%	40%	45%	65%	95%	35%	100%
日本	75%	75%	50%	100%	38%	19%	44%	100%	44%	100%

从整体上看，"扳""恐惧感""清晰"的猜词成绩较好，尤其是"扳"，正确率为 100%，而"旁白""袭"的成绩相对较差。其他词的猜词成绩组间差异较大：对"重映"词义的猜测，日本组成绩特别好，而欧美组特别差，韩国组居中；"悻悻""嘀咕"都是欧美组最好，而日本

组最差,韩国组居中;"全神贯注""咬耳朵"都是韩国被试的分数最高,欧美组对"全神贯注"的猜词成绩相对较低。

5.2.6 讨论

第一,策略使用分布。

从表5-16与图5-3可以看出,欧美、韩国被试在策略使用分布上比较一致,特别是语素、上下文语境、形旁、句法结构等策略的使用,单看描述性数据,就可以看出几乎没有什么差别。但这两组被试在策略使用上与日本组的差别比较大,主要表现在语素猜词策略的使用上,日本组使用的语素策略数几乎为所使用的总策略数的一半。

语素猜词为主要策略。结果还显示,在所有的策略使用中,语素策略为最常用的策略(如图5-3所示)。与初级组相比,语素策略的运用有明显的增加,尤其是欧美、韩国组。可见,他们的汉字水平有所提高。

日本组没有用到句法结构策略,而较多使用语素策略与母语对照策略。相较于日本学生来说,欧美、韩国学生由于受汉字量不够大的影响,仍然更多地借助句法、语义等策略来猜词。

第二,猜词成绩与猜词线索。

与整字意义一致的形旁有助于词义猜测。从表5-17可知,猜词成绩最好的词是"扳",成绩为100%。而且被试都使用了形旁策略,很多被试注意到了主语——"一只手",有的被试注意到了"扳"后面的"过",识别出"扳"为与手有关的动作就不难了。同时,所在句子没有别的生词,因此,有的被试使用句义策略。可以说,该词的猜词线索直接而丰富,因此,正确率极高。

本身语义透明度高的词语有助于意义的猜测。"恐惧感""清晰"的猜词正确率也都在70%以上,这也是因为被试知道其中的个别语素,因此,猜词成绩好。而"悻悻""袭"的猜词成绩却比较差。分析可知,这两个词都为生词,语义透明度低,难度较大。

词的多义性影响对词义的猜测。例如,"重映""旁白"这两个词都存在多义语素,欧美、韩国被试大多不熟悉"重"表"重复"的义项,以及"白"表"说"的义项,这样,被试找不到直接的词内线索,只好借助于上下文。但是,被试受语言水平的限制,对上下文语境线索应用不够，造成总体猜词成绩不好。

值得注意的是，测试文章《看电影》的背景知识是人人都不陌生的，而且文章的故事性较强，但被试对这些线索的利用情况并不十分理想。

从以上分析可知，这个阶段的学习者比较善于运用词内线索或句内线索猜词，例如，形旁线索、语素线索、明晰的句义线索等。虽然可以借助较远的上下文语境猜词，但这种线索应用尚不普遍。

5.3 中级二组

5.3.1 调查方法

该组被试的调查方法完全同中级一组（请参看 5.2.1 节），这里不再赘述。

5.3.2 调查工具

学生的汉语水平越高，其词语掌握情况就越复杂。要找到对所有被试来说都是生词的测试材料相对不容易。我们经过多次比较，并向不参加调查的其他学生核查生词难度，最后选取了 2001 年全国高考语文试题中的一段阅读材料《门》，将其进行删减后作为我们的调查工具，具体考察其中的 10 个词。该文及其测试词请查看附录一（B）。

5.3.3 被试

该组被试都已学习汉语两年以上，都在中山大学国际交流学院汉语进修班 8 班或 9 班学习。原则上说，9 班是高级班，但由于调查时被试刚刚升入 9 班，也就是刚开学，因此，我们仍然把他们归入中级二水平，中级二也就是中级的最后一个阶段。虽然我们也希望能调查欧美、韩国、日本 3 个组，但终因欧美组被试太少而放弃了。最后，我们只调查了 20 多位被试，同时，去掉越南学生、印度尼西亚学生等。因此，我们这里只分析 13 位韩国、日本被试的调查情况。他们的具体资料在结果分析时一并给出。

5.3.4 结果

(1) 韩国组。韩国组被试的基本情况见表 5-18。

表 5-18 中级二韩国组被试基本资料

被试	性别	年龄	受教育程度	专业	学汉语时间	中国背景时间
H_1	女	22 岁	本科	中文	2.5 年	8 个月
H_2	男	25 岁	本科	中文	3 年	8 个月
H_3	女	23 岁	本科	中文	2 年	1 年
H_4	女	22 岁	本科	中文	2.5 年	1.5 年
H_5	女	22 岁	本科	中文	2.5 年	1.5 年
H_6	男	23 岁	本科	中文	2 年	1 年
H_7	女	21 岁	本科	中文	2 年	8 个月
H_8	女	21 岁	本科	中文	2.5 年	8 个月

从表 5-18 可知，该组被试的平均年龄约 22 岁，专业都是中文，学习汉语时间都为 2～3 年，比较整齐。

在对录音进行转写后，我们对文本材料进行了猜词策略分析。该组被试猜词策略使用情况见表 5-19。

表 5-19 中级二韩国组猜词策略使用情况

测试词	H_1	H_2	H_3	H_4	H_5	H_6	H_7	H_8
保障	对照	语素	对照	对照	对照	对照	语素	对照
谦逊	句义、背景知识	语素	语素	语素	词语互释	语素	句义	—
悬念	上下文	上下文	语素	回忆	—	上下文	形旁	形旁、句义
彬彬有礼	语素	语素	语素	语素	语素	上下文	回忆	—
静谧	语素、上下文	语素	语素、词语互释	语素	—	语素	词语互释	语素
拘束	对照	对照	对照	对照	对照	对照	语素	语素

续表 5-19

测试词	H_1	H_2	H_3	H_4	H_5	H_6	H_7	H_8
放牧	对照	对照	对照	对照	对照	对照	对照	对照
重聚	语素	语素	语素	语素	语素	语素	语素	对照
表白	对照	语素	语素	语素	语素	语素	语素	句义
音容犹在	语素	语素	语素	—	—	语素	—	语素

通过统计表 5-19 中用到的策略可知，语素策略占所用策略总数的 47%，对照策略占 29%，上下文、句义、形旁等策略共占 24%。下面，我们再来看他们的猜词成绩。

表 5-20　韩国中级二组猜词成绩

测试词	H_1	H_2	H_3	H_4	H_5	H_6	H_7	H_8	词正确率
保障	1	1	1	1	1	1	1	1	100%
谦逊	0	1	1	1	0	1	0	0	50%
悬念	1	1	1	0	0	1	0.5	0	57%
彬彬有礼	1	1	1	1	0	0	0.5	0	57%
静谧	1	1	1	1	0	1	0	1	75%
拘束	1	0.5	1	0.5	0.5	0.5	0.5	0	57%
放牧	1	1	1	1	1	1	0	1	88%
重聚	1	1	1	0.5	1	1	0.5	0.5	81%
表白	1	0	1	0.5	0	1	1	0	57%
音容犹在	0	1	0	0	0	0	0	0	13%

从词正确率可以看出，猜词成绩最差的是"音容犹在"，8 个被试中只有一人猜对；其次是"谦逊"，有一半人猜错；猜词成绩比较好的是"保障""放牧""重聚""静谧"。

比较猜词成绩与策略使用情况可知，"保障""放牧""拘束"为韩语中的汉语词，测试后在与被试的访谈中得知，这 3 个词的韩语发音也与汉语接近。但值得注意的是,"拘束"的猜词成绩并不理想,这是因为很多被试只注意到了"拘"在韩语中的意思,而忽略了"束"。他们一看到"拘"就想到"拘留"的意思,于是就认为是被剥夺了自由的意思。事实上,那只是"拘"的一个义项,而这里应该是"限制、约束"的意思。因此,要提醒日、韩学生,在使用与母语对照策略时,还要注意上下文语境,注意意思是否对应。

"音容犹在"的猜词成绩最差。我们在调查中发现,猜不出该词的意思,主要原因是不明白"犹"在这个词中的意思。多数被试都知道"犹"的"犹豫"义,而该词中的"犹"是"还"的意思,因此,如果理解成"犹豫",又不看上下文,就很难猜出该词的意思。可见,词语义项多是造成猜词失败的原因之一。

"谦逊"一词的猜词成绩也不太好。该词如果根据语素来猜,其实并不难,而好几个被试却根据后面的"容忍"来猜,于是认为意思与"容忍"一样。虽然连词"和"使这两个词构成了联合关系,但如果能结合语素的意思来猜,正确率可能会更高一些。

特别值得一提的是"重聚""表白"两个词,我们对中级一组的调查中,包括"重映""旁白"两个词,这两组词中都包括多义语素"重"与"白"。在中级一组中,欧美、韩国两组被试对这两个词的猜词情况都比较差。而这次的中级二组调查中,我们又特意找到了含有"重""白"这两个多义语素的词,结果发现在这两个词的理解上已有明显的进步。多数被试知道"重"在这儿念 chong,而非 zhong。有一半的被试知道"白"在这儿是"说、表达"的意思。我们将这 4 个词的具体猜词情况列举如下。

中级一组"重映"的猜词情况:

zhongyang,电视台的名字,修饰"广告"。(句法)(H_1)
"中间"的意思。"央",中央台。(声旁、语素)(H_2)
zhongying,重要的。(语素)(H_3)
比较大的广告,重要的。(语素、句法)(H_4)
chong……可能再一次演,根据后面句子的意思。"我和妻子早就想看这个片子,现在终于有机会。"(语素、上下文)(H_5)

zhongying,多次播放的。从电视上看到过。(回忆)(H_6)
zhongying,放映以后再放映。因为以前没看,现在有了机会。(上下文)(H_7)
zhongyang,重要的电影开始的广告。(语素、句法)(H_8)
chongying,放过的电影再放,看上下文。(上下文)(H_9)
zhongying,很大的印象。"映",印象。以前看过。(语素)(H_{10})

中级二组"重聚"的猜词情况:

chongju,很久没有见过的人再一次相聚,重逢。(语素)(H_1)
chongju,一起、团结、重新再。(语素)(H_2)
chong 还是 zhong?chong 吧,下次再见面,第二次见面。(语素)(H_3)
在一起,不太清楚。(语素)(H_4)
chongju,再见面,猜的。(语素)(H_5)
chong,再聚。(语素)(H_6)
zhongju 还是 chongju?zhongju,团结,因为"聚"是聚会。(语素)(H_7)
zhongju,韩语有接近的词。(与母语对照)(H_8)

比较可知,在读音上,中级二组较中级一组有显著的进步,中级二组只有 H_7、H_8 两人念为 zhong。

中级一组"旁白"的猜词情况:

特别的表示,女的不好的部分。(上下文)(H_1)
不知道。(H_2)
旁边,白色。(语素)旁边没有人,他觉得在那儿看电影时好像一个人,旁边的人不考虑。(背景知识)(H_3)
在旁边解释。(语素)看上下文。(上下文)(H_4)
不应该告诉的事情。上下文。(上下文)(H_5)
女的看过了,女的告诉男朋友,内容怎么怎么样。韩国话有(与母语对照),阅读用语。
周围的环境很安静,没有什么声音,只有她一个人说。韩语有"独

白"。(与母语对照)(H_7)

　　本来在欣赏电影,每个人对电影的感觉不一样。(背景知识)前面的女孩子的感觉造成旁边人脑里的障碍。(上下文)(H_8)
　　前面、后面的文章猜猜(上下文),没有礼貌,没有道理。(H_9)
　　不太清楚,"她"做的事情(句法结构),好像是谈的事情(上下文)。(H_{10})

　　中级二组"表白"的猜词情况:

　　表达自己的心情,白,说,韩语中有独白。(与母语对照)(H_1)
　　很干净的意思,公正,做洗衣粉广告等。(语素)(H_2)
　　感情的透露。"表",表示;"白",都说出来。(语素)(H_3)
　　表达。"白",干净、干脆的意思。(语素)(H_4)
　　学过,爱情的表白,在这儿不大明白。"白",漂白、白色。这儿是不是"公开"?(语素)(H_5)
　　表示。白,话、说话。(语素)(H_6)
　　表示。白,是说。(语素)(H_7)
　　很干脆的意思,句子的意思。(句义)(H_8)

　　可见,学习者对多音、多义词的理解能力会随着汉语水平的提高而提高。
　　(2)日本组。中级二日本组被试的基本情况见表5-21。

表5-21　中级二日本组被试基本情况

被试	性别	年龄	受教育程度	专业/职业	学汉语时间	中国背景时间
R_1	男	23岁	硕士	古汉语	4年多	4个月
R_2	女	32岁	本科	电视台	2年	1年
R_3	男	28岁	本科	公务员	2年	1年
R_4	女	22岁	本科	中文	2.5年	2.5年
R_5	女	29岁	本科	商业	3年	1年

从表 5-21 可知，该组被试的平均年龄接近 27 岁，汉语学习时间都在两年以上，都是大学生。他们的猜词策略使用情况见表 5-22。

表 5-22　中级二日本组猜词策略使用情况

测试词	R_1	R_2	R_3	R_4	R_5
保障	对照	对照	对照	对照	语素
谦逊	对照	对照	对照	语素	对照
悬念	对照	对照	对照	对照	对照
彬彬有礼	知道	上下文	上下文	语素	上下文
静谧	对照	对照	对照	语素	语素
拘束	对照	对照	对照	对照	对照
放牧	对照	对照	对照	对照	对照
重聚	语素	语素	语素	语素	语素
表白	语素	语素	语素	对照	对照
音容犹在	语素	语素	—	—	语素

从表 5-22 我们可以清楚地看出，对于日语中已有的词，该组被试几乎都可以辨认出来，并采用了对照策略。通过计算可知，该策略占总策略数的 60%。其他词中如果有与日语中相对应的语素，也可以采用语素对照的策略。该组被试除了用与母语对照策略，语素也是普遍使用的策略，占总策略数的 34%，其次是上下文策略，占总数的 6%。下面，我们再看看他们的猜词成绩（见表 5-23）。

表 5-23　中级二日本组猜词成绩

测试词	R_1	R_2	R_3	R_4	R_5
保障	1	1	1	1	1
谦逊	1	1	1	1	1
悬念	1	1	1	0.5	1
彬彬有礼	1	0.5	0.5	1	0.5
静谧	1	1	1	1	1

续表 5-23

测试词	R_1	R_2	R_3	R_4	R_5
拘束	1	1	1	1	1
放牧	1	1	1	1	1
重聚	0	1	1	1	1
表白	1	1	1	1	1
音容犹在	0	0	0	0	0

从表 5-23 可知,"谦逊""静谧""拘束""放牧""表白"由于日语中有同样的词,猜词正确率为 100%。而"音容犹在"却没有一个被试猜测正确,原因是,在按语素猜词时,他们都只注意到"犹"的"犹豫"义,而不知道"还"的义项。

另一个值得注意的词是"重聚"。本来日语中有"重",这个词对他们来说应该没有问题,但 R_1 被试理解为"再婚",很明显是对"聚"的误解。因为这位被试是学习古汉语的研究生,所以他这样理解就不奇怪了。不过,他反而忽略了"聚"的最常用的用法,也许是过度学习的结果。至于"彬彬有礼",几乎都可以根据"有礼"而理解为有礼貌的意思,但由于对"彬彬"二字不熟悉,因而影响了猜词成绩。

5.3.5 讨论

语素策略为猜词的主要策略。中级二韩国组语素策略的使用占所用策略总数的 47%,差不多占一半。而对照策略占 29%,上下文、句义、形旁等策略共占 24%。与中级一组相比,中级二组的策略使用相对集中,语素策略、与母语对照策略都比中级一组的使用比率增加了很多。

从调查后的访谈得知,H_8 认为,"学的词多了,学过的词愿意回忆它的意思。没学过的词,喜欢用韩语想"。H_7 也认为,"看过的词会根据当时的语境去回忆,没看过的词会根据上下文去想"。R_1、R_3、R_5 都认为,"汉语水平越高,日语中汉字的帮助越大;汉语水平越高,越会用母语来帮助"。R_5 说,"汉语难的,日语也难"。可见,学习者的汉语水平越高,在语义理解上越与母语靠近,母语语义系统的帮助也就越大。

从与母语对照上看,日本学生占绝对优势,汉语水平越高,对日语与汉语中的形近字的辨别能力越强。或者说，汉语水平越高，汉语的语义网络与母语的语义网络重叠越多。

中级二阶段对多音、多义词的辨识能力较中级一有所提高。本次调查表明，学习者随着汉语水平的提高，对一些较常用的多音、多义词的辨别能力较中级一有所提高，如对"重"与"白"的读音和意义的理解都有所改善。但多义词的一些使用频率较低的义项仍然是影响猜词的重要因素，如"音容犹在"的"犹"。同时也告诉我们，多音、多义词的义项受使用频率的影响，高频义项会先被掌握。因此，对多义词义项的掌握程度也反映出学习者阅读能力的强弱。

由于本次调查中，事先没有控制日语中有的汉语词，出现了较多日语中有的汉语词，因此，日本被试所用策略相应也较单调。

5.4 小结

本章采用口头报告的方法对初级二、中级一、中级二的欧美国家及韩国、日本3组不同母语背景的汉语学习者的猜词策略及其与猜词成绩的关系进行了调查研究。在统计分析实验数据的基础上，得出如下结论：

（1）语义搭配策略、背景知识策略为普遍策略。

（2）欧美被试在初级阶段对近语境策略、形旁策略、声旁策略使用较多，到了中级阶段，语素策略明显增加，上下文猜词策略也明显增加。

（3）韩国被试在初级阶段较多使用句法策略，到了中级一阶段，语素策略、形旁策略的使用明显增加，到了中级二阶段，语素、与母语对照策略也明显增加。

（4）日本被试由于有汉字背景，无论在初级还是中级阶段都首选与母语对照策略，以及语素策略。

从猜词成绩来看，强式的语义搭配关系有利于猜词；形旁与整字意义的一致性有利于猜词；语义透明度高的词有利于猜词；学习者对多音、多义词的辨识能力会随着学习水平的提高而提高。

第六章 纸笔测试研究

　　尽管口头报告在研究学习者策略使用方面是目前证明最好的方法之一，但也存在不足之处，那就是调查的语料数量受限。口头报告不仅需要学习者报告是什么，还要报告为什么。这对于被调查者来说，劳动强度很大，能量消耗也很多，因此，限制了调查内容的数量及调查的时间。

　　为了弥补口头报告所调查语料的局限，我们采用了测试的方法。此项实验是在口头报告调查之后进行的，吸收了口头报告的研究成果。对各项猜词策略的使用条件进行了控制，对所猜词都提供了明确的线索，并对语料难度进行了控制，除了测试词，其他词都限制为学过的初级词，尽可能保证猜词策略变量的纯粹性。目的是考察在生词等其他条件得到控制、猜词线索明确的情况下，学习者的猜词成绩以及对猜词策略的使用情况，从而分析影响猜词的相关因素以及不同水平、不同母语背景的学习者猜词策略使用分布情况。

　　在口头报告中，考虑到学习者的汉语水平，对不同水平的学习者选用了不同难度的语料。不足的是，不同的语料很难进行猜词难度的比较。因此，本章测试实验中的句内猜词对不同水平的学习者采用了相同的测试语料。本章的测试包括句内猜词与大的上下文语境猜词两类。

6.1　句内猜词

6.1.1　研究对象

　　中山大学国际交流学院汉语进修班学生共 61 人。初级二组 24 人，包括韩国 10 人、欧美国家 11 人、日本 3 人。中级组 37 人，包括韩国 19 人、日本 11 人、欧美国家 7 人。初级二为初级的第二个学期，该组学习者在中国学习汉语半年以上而不到一年。中级组包括中级一组与中级二组，该组学习者为在中国完成了初级阶段汉语学习任务的学习者，或者是在本国或其他国家学过汉语,进入中山大学时以分班考试成绩进入中级班的学习者。中级的第一学期为中级一组,中级的第二个学期为中级二组。调查对象年龄大部分都为 20 ～ 30 岁。在后面的分析中,我们以 R 代表日本学生,H 代表韩国学生,O 代表欧美国家学生。

6.1.2 研究工具

根据研究目的,我们考察学习者对汉字形旁、读音、语素、语义搭配、句法知识、测试词前面的词语、测试词后面的词语、生活常识、与母语对照、上下文等猜词策略的使用情况,同时考察这些因素对猜词成绩的影响。为此,我们设计了包括 28 个测试词的句子,控制非测试词的难度,同时控制所猜汉字为日文中没有的汉字,测试字的确定主要参考杜君燕(1994)所列的"日语中不包含的汉语次常用字"表。同时,力争使每一种猜词策略有 3 个测试词,但有的策略(如形旁)出现不止 3 次(因为考察别的策略的汉字也可能包括形旁线索),因此,学生在选择所使用策略时可以多选。用相同的测试题测试初、中级组,目的是便于比较。据我们的口头报告调查,初级组的学生基本不能阅读语段,因此,中级组的学生再做一项大的"上下文猜词"的测试,其中包括 6 个测试词。测试卷请参看附录一(C)。

为了保证测试的信度,避免看错题等情况发生,我们将试卷与答卷分开。试卷用 4 号楷体打印,测试词加粗并加下划线,使其凸显出来。答卷每题的格式都一样,每题由 3 个部分组成:①确认是否是生词,此项问题的答题方式为选择;②猜意思,可以用汉语或英语或拼音回答,只要求写出大致意思;③选策略,根据猜测的实际情况选择所用猜词策略,可以多选。猜词测试答卷格式请参看附录一(C)。

6.1.3 实施过程

课内测试,同一天完成。中级组 80 分钟(包括上下文语境猜词测试),初级组 50 分钟。教师指导[指导语请参看附录一(C)],举例说明 9 种猜词策略,在黑板上板书,要求学生独立完成,一定不能查词典。

6.1.4　材料分析

答卷收上来后,先是评分。评分由笔者与4位对外汉语教学专业的研究生共同完成。评分标准是:正确记1分,部分正确记0.5分,错误或没回答记0分。遇到难以定夺的情况,大家讨论确定。然后分组计算测试词的正确率,以便考察影响猜词的因素。计算个人正确率与小组平均正确率,统计个人策略使用次数,以便考察策略使用的分布情况。

6.1.5　结果与分析

6.1.5.1　词正确率

评分时发现,初级欧美组几乎不能阅读所给句子,他们觉得难度太大,不认识的汉字太多,有个别学生做了两三个词,大部分学生的答卷为空白,因此不进行成绩统计。访谈初级班的老师得知,这种现象完全是正常的,学了半年汉语的欧美国家学生并不认识多少汉字,进行汉语阅读几乎是不可能的。我们在口头报告调查中也发现,在中国学了半年汉语的欧美国家学生连"喜欢""吃"等常用汉字都不认识,自然不能阅读;可以阅读的欧美国家学生几乎都在来中国以前在本国学习汉语两年以上,已掌握基本的汉字知识与语法知识,只是到中国后,分班测试时仍然因汉语水平达不到中级班的标准而被编入初级班学习。这些学习者与在中国从零开始学习汉语的学习者在汉字、语法等能力方面都有极大的差别。

初级日本组只有3个学生,我们将其作为个别案例进行比较。初级韩国组有10个学生,我们将韩国组的猜词成绩及其排序进行统计,结果见表6-1。由于个别学生有几题没有做完,因此,我们只对前20题进行统计。统计得出平均正确率为37.75%。

表6-1　初级二韩国组猜词成绩与排序

排序	测试词	正确率/%
1	禀告	90
2	海棠	80
3	蓖麻	60

续表 6-1

排序	测试词	正确率/%
4	蜈蚣	50
4	瘟	50
4	杜鹃	50
4	潦草	50
8	噩耗	45
9	恬静	40
9	箫	40
9	憔悴	40
12	蹿	35
12	永久	35
14	蕴含	30
14	吊儿郎当	30
16	颓废	20
17	默契	10
18	呻吟	0
18	抒发	0
18	觊觎	0

我们分别对中级一组与中级二组的猜词成绩进行数据统计，结果发现中级一组与中级二组的句内猜词成绩非常接近，因此，将其合并为中级组进行统计。具体的猜词正确率见表6-2。

表6-2 中级组猜词正确率及排序比较

日本			韩国			欧美		
测试词	正确率/%	排序	测试词	正确率/%	排序	测试词	正确率/%	排序
恬静	100	1	蜈蚣	97	1	噩耗	78.6	1
呷	100		禀告	90	2	蹒	71	2
箫	100		呷	90		呷	71	
蜈蚣	92	4	潦草	85	4	蜈蚣	57	4
蓖麻	92		棘手	85		瘟	57	
棘手	92		瘟	79	6	禀告	57	
禀告	90	7	箫	79		潦草	57	
潦草	90		颓废	70	8	海棠	57	
噩耗	81	9	吊儿郎当	64	9	杜鹃	57	
颓废	79	10	恬静	63	10	默契	57	
镶嵌	76	11	窍门	62.8	11	棘手	57	
海棠	75	12	蓖麻	60	12	抒发	57	
凛冽	73	13	杜鹃	58	13	呼啸	50	13
蹒	68	14	蕴含	58		吊儿郎当	50	
呼啸	67.5	15	蹒	55	15	呻吟	43	15
觊觎	67.5		噩耗	55		捋	43	
瘟	61.7	17	煎熬	52	17	蓖麻	43	
窍门	61.7		呼啸	50	18	箫	43	
抒发	61.7		海棠	50		憔悴	43	
捋	57.5	20	呻吟	48	20	煎熬	43	
蕴含	55	21	凛冽	47	21	颓废	35.7	21

续表 6-2

日本			韩国			欧美		
测试词	正确率/%	排序	测试词	正确率/%	排序	测试词	正确率/%	排序
煎熬	52	22	拧	45	22	恬静	28.5	22
憔悴	49	23	抒发	45		蕴含	28.5	
默契	44	24	憔悴	40	24	凛冽	28.5	
永久	43	25	永久	40		镶嵌	21.4	25
吊儿郎当	36	26	默契	40		窍门	14.3	26
呻吟	35	27	觊觎	31	27	觊觎	14.3	
杜鹃	27	28	镶嵌	27	28	永久	14.3	

对中级组进行比较，整体上看，日本组成绩最好，平均正确率为68.8%；其次是韩国组，平均正确率为59%；欧美组人数较少，平均正确率为45.6%。

根据猜词正确率的数据，并结合被试的猜词回答，我们拟从形义的一致性、语义关系的明晰性、词义的具体与抽象、测试词本身的语义透明度、近语境线索的明确性、学习阶段、不同母语背景等方面来具体比较分析影响猜词的因素。

（1）汉字形义一致性。形义一致性的提法是借用了心理学中的"声旁一致性效应"的说法。这里是指形旁的表意与形旁所在汉字的整字表义一致的意思。例如，"说话"二字的"讠"，叫作"言字旁"。带"讠"的字通常跟说话、语言有关，而"说话"正好是这个意思。这样，形旁与形旁所在的整字的意思一致。这样的字猜词正确率高。学习者只要掌握了形旁的意思，就可以猜出形旁所在的整字的意思。我们的测试中这类字的正确率很高。例如：

①我很怕蜈蚣。
②王科长呷了一口茶，慢慢地说……

③春天来了,鸡瘟很多。
④火车呼啸着过去了。
⑤猫一下子蹿到树上去了。
⑥他爱好音乐,最喜欢吹箫。
⑦山上种了很多蓖麻。

这几个句子中的测试词的形旁与它们所在的整字的意义完全一致,因此,猜词的正确率较高。

特别值得一提的是,例⑥中的"箫",就其语境线索来看,可以猜出"箫"或是一种音乐,或是一种乐器。如果学习者知道形旁"⺮"的意思是与竹子有关,要猜出"箫"是一种乐器,就比较容易了。反之,如果学习者不知道形旁"⺮"的意思,就可能猜是一种音乐。在该词的测试中,日本中级组的正确率为100%,初级组的3位日本学生对测试词的猜测也全对。可见,他们已完全掌握了该形旁所表示的意义。我们再来看欧美中级组的学生,他们在该词上的正确率为43%。具体查看猜词情况可发现,7位欧美国家学生中,有3位猜对。其中O_4的回答是,"一种要吹的音乐instrument,用竹子做的";O_6的回答是,"音乐instrument,因为有'吹'和'⺮',bamboo is a material for 箫"。有意思的是,O_6还画出了一个乐器小号的图,这是他认为的"箫"的样子。可见,这两位学生都充分利用了语义与形旁这两条线索。O_1的回答是"一种乐器"。另有两位学生回答为"歌儿"和"音乐类",可见,这两位学生只看出了语义线索,而对形旁线索认识不够。还有两位学生回答"不知道"。需要说明的是,答对的3位欧美国家学生在来中国学习以前,都已在本国学过两年的汉语,接受过关于汉字形旁与声旁的专门训练。

我们再来看韩国组,初级韩国组在该词上的正确率为40%。查看试卷,发现10位学生中,有4人答对,有2人回答为"音乐的种类"和"kind of music",另外4人回答"不知道"。中级韩国组的19位学生中,有14人答对,有3人回答"一种音乐",有2人回答"不知道"。可见,即使到了中级,韩国学生的形旁意识仍然有待发展。

对该词的分析可以给我们一个启示,日本学生的汉字形旁意识很强,而韩国、欧美国家学生的形旁意识都还不成熟。比较起来,韩国初级组与欧美中级组对形旁的掌握情况比较接近,而韩国中级组的形旁意识也还没有完全成熟。

与形义一致相对的是形义关系不一致的情况。例如,"憔悴"是"忄",但意思是指面色不好看,结果猜词的成绩都不好。此外,"杜鹃"的情况也比较能够说明学习者对猜词线索的使用情况,下面我们具体分析。

"杜鹃"这个词本来有两个义项,一个义项是指一种鸟,另一个义项是指一种花。对于中国人来说,只要有语境,就不可能理解错。在测试中,我们给的句子是"那满山的红杜鹃开得好看极了"。应该说,线索已经是明晰的,但日本中级组的猜词正确率为27%,在所有测试词的排序中排名最后。11位学生中,只有3人答对,其他都答为"一种鸟",可见是受形旁"鸟"的影响。韩国初级组的正确率为50%,韩国中级组的正确率为58%,相对于日本组高出很多,而且在所有测试词的排序中排位靠前:初级排第4位,中级排第13位。有意思的是,韩国初级组比中级组的排位相对更好。查阅学生答卷发现,初级组答对的学生的猜词依据多为语法、后面词语的意思,答错的学生多数回答形旁、汉字策略。这从一个侧面可以看出,在初级阶段,由于韩国学生的形旁、汉字意识还不成熟,更多地借助语法或前后词语的意义关系来识别生词,因此,他们注意到了动词"开",从而猜出该词的意思。而日本学生由于形旁意识已完全成熟,因此,在他们认为形旁线索足够的情况下,就不再看上下文语境的线索了。

我们再来看看欧美国家学生对该词的猜测情况。他们的猜词正确率为57%,排在第4位,与初级韩国组排位正好一致。查看答卷发现,欧美国家学生多数都是根据前后词语的意思或意义关系猜测该词的意思为"一种花"或"一种树",猜"树"的是根据"杜"的形旁,因此,评分时判为"部分正确"。而只有一个学生注意到了鸟字旁。相对来说,木字旁更为常用。从这里我们也可以看出,欧美中级组学生汉字的形旁意识还在发展中,于是比较注意利用语义线索来猜测生词。

从上面的分析也可以了解到,我们所用的测试词除了汉字本身的线索,还有句内的语法和语义线索。通过测试,我们还发现句内词语间语义关系的明晰程度会影响猜词的正确率,这是我们接着要分析的问题。

(2)语义的选择限制关系。语义的选择限制关系也就是我们前面说的语义搭配。词语的语义限定越具体,猜词就越准确;反之,猜词的难度就越大。请看下面的例子：

⑧王科长呷了一口茶，慢慢地说……
⑨家里人听到这个噩耗，都哭了起来。
⑩她很喜欢吃榴莲，我不喜欢。（"口头报告"中的例子）
⑪今天很冷，我穿了棉袄，还觉得冷。（"口头报告"中的例子）

例⑧中的"呷"由于有口字旁，以及后面的宾语"茶"，从语义搭配上看，已经很明确，可以猜出是"喝"的意思，再加上宾语的数量定语"一口"，语义关系就更明确了。因此，该词的正确率在3个组中都非常高，排位为日本第一、韩国第二、欧美第二。

例⑨中的"噩耗"，前面的动词"听"对所跟宾语的意义已经有所限制，加上后面的语义线索"都哭了起来"，猜出"不好的消息"的难度相对不大。从各个组的猜词情况来看，排位都相对靠前，欧美组排在第一位。

例⑩与例⑪的"吃榴莲""穿棉袄"的语义搭配属于强式搭配（贾彦德，1999），这种搭配有着广泛的客观现实基础，在现实与情理上都具有普遍性，因此猜词的成绩都好。

反之，如果语义搭配存在多义性，就可能影响猜词成绩。请看下面两句：

⑫老人高兴地捋了一下胡子（beard），带着他心爱的小孙子上街去了。
⑬他听到不远处有人在呻吟。

例⑫中的"捋胡子"，从语义搭配上讲，"刮胡子"更常用。因为现代社会胡须长的人并不多见，而"刮胡子"却是男性日常活动之一。因此，在不认识"捋"时，猜"刮"就有了可能，因为刮胡须也要用到手。从我们的测试来看，该词的猜词成绩排位靠后：日本排第20位（57.5%），韩国排第22位（正确率45%），欧美排第15位（正确率43%）。都是中级组，不包括初级组，初级组后8个词没有统计，因为个别学生没有做完。

例⑬中的"呻吟"与前面的"听"搭配，也不是唯一的，有可能是

"听"到说话的声音，而说话也会用到嘴，因此，一部分学生猜"呻吟"为说话也就不奇怪了。

总之，结合第五章的口头报告调查，我们可以发现，强式的语义搭配关系对学习者的猜词帮助很大，这种关系由于其客观现实性，应该是学习者最容易掌握的猜词策略之一。

（3）语义透明度（semantic transparency）。语义透明度是指汉语复合式合成词中语素提供的词义线索的情况。有的合成词语素提供的线索明显，如"美丽""善良""寂静"等，这类词叫作"透明词"；而有的词，如"出色""果断""打量"等，无法从字面上看出词义，这类词叫作"不透明词"（徐彩华、李镗，2001）。实验表明，透明词对儿童的词汇学习有显著的易化作用（徐彩华、李镗，2001）。

我们的测试也反映出语义透明词对猜词的积极作用。请看下面的例子：

⑭我很喜欢恬静的农村风光。
⑮这件事要禀告父母后才能定下来。

从构成上看，"恬静""禀告"这两个词都为联合式，只要知道其中一个语素的意思，就可以知道整个词的意思。而"静""告"这两个语素都是留学生早就熟悉的汉字，如果生词所在句中没有别的生词，要猜出词义，难度或许不大。从学生的猜词成绩来看，对"禀告"的猜词成绩很好：韩国初级组排第 1 位，韩国中级组排第 2 位，日本中级组排第 7 位（90%），欧美中级组排第 4 位。

"恬静"的猜词成绩却存在差别：日本组排第 1 位（100%），韩国初级组排第 9 位、韩国中级组排第 10 位，欧美组排第 22 位。可以看出，不同母语背景的差别很大。通过查看答卷，发现答错的韩国初级组的学生多数根据语法关系来思考，他们或者回答"是个形容词"，或者说"修饰后面的词语"，或者说"不知道"。我们推测或许是他们不认识"农村"二字的缘故。欧美中级组有好几个学生没有回答该题，或许也是不认识"农村"二字的缘故。与"禀告"相比，"禀告"的句义更明确。

"海棠"一词的语义透明度比较低。该词的猜词成绩是，日本中级组排第 12 位，韩国初级组排第 2 位，韩国中级组排第 18 位，欧美中级组排第 4 位，日本初级组的 3 位学生（共 3 位）也都答对了。结果很不整齐，而且有意思的是，初级组成绩比中级组好，欧美中级组的成绩比日本、韩国中级组好。我们先看看该词所在的句子：

⑯公园里的那几棵<u>海棠</u>真漂亮。

可以看出，该句的语法线索是很清楚的，量词"棵"是用于修饰名词"树"等的。查看答卷发现，猜对的同学都注意到了量词"棵"，所用策略多为语法，或前面词语的意思、意义关系等。而猜错的同学的回答多是"在水里生活的一种植物""与'氵'有关""海里的植物""seeweed"等，可见是受语素"海"的干扰。

这也许是过度学习汉字的结果，太注意汉字线索，而忽视了别的语境线索。这种情况通常发生在汉字水平相对较高的学习者身上。或者可以说，是受语义不透明词的影响所致。

（4）词义的具体与抽象。从测试成绩来看，词义内容具体的词，猜词成绩好；而内容抽象的词，猜词难度较高，如"觊觎""默契""抒发""憔悴"等词意义抽象，猜词成绩整体上偏低。我们在上一章的口头报告调查中也发现了类似的情况，例如，中级一组猜词中的"悻悻"一词就是如此。

（5）近语境线索是否明确。这里我们考察的是句子语境下的猜词，因此，我们把这种语境线索看作一种近语境线索，以区别于语段、语篇中的上下文语境线索。从测试成绩可以看出，近语境线索的明确与否对通过词义猜词的成绩影响极大。我们先看例子：

⑰他写字很<u>潦草</u>，但他的妹妹写得很整齐。
⑱这件事不容易做，非常<u>棘手</u>。
⑲学语言没有什么<u>窍门</u>，只有努力才能学好。
⑳他俩非常<u>默契</u>，不说话也知道对方想做什么。
㉑家里人听到这个<u>噩耗</u>，都哭了起来。

查表 6-1、表 6-2 可知，这几个词中，"潦草""棘手""噩耗"的猜词成绩较好，排位靠前。"潦草"，从形旁、语义透明度来看，都不利于猜词，但猜词成绩相当好，我们认为是因为语境线索明确。首先，"他"与"他的妹妹"相对，"但"表转折，因此，不难猜测"潦草"与"整齐"的意义相反，并且，除了"潦草"，该句中其他的词都是学生非常熟悉的词。"棘手"，前面的语义也很明确。"噩耗"没有形旁与语素线索，前面我们在分析语义搭配线索时也讲到，该句中除了语义搭配线索，还有后语境线索"都哭了起来"，表示听到的不是好消息。

"窍门"与"默契"两个词的猜词成绩却不好。分析学生的答卷发现，对"窍门"的猜测，主要受否定词"没"的影响。有学生猜为"很难通过、进去"，正好理解反了，我们认为这是受前面的否定词影响的结果。加之后面的句子也是一个复句，相对增加了理解难度，个别学生放弃做这道题。再看"默契"，查看答卷发现，一部分日本学生过分注意"默"的意思，很多解释为"不用说话""关系非常好""亲密""不爱说话"等，因此，影响了对后面的语境线索的利用，或者是只注意到语素线索。另外，正如我们在前面所提到的，因为该词的词义比较抽象，所以猜词与表达的难度变大了。

我们认为，语境线索明确与否，对词义的猜测有重要的影响。同时，语境的难易度也是要考虑的重要因素。但猜词的确受多种因素的影响，正如我们前面分析的各种因素的影响。

从整体上看，通过以上分析，结合猜词正确率，我们认为：强式的语义搭配关系对猜词的作用很大，由于受汉字水平的限制较小，对能够阅读的各个水平的汉语学习者是一种普遍的策略；形旁与意义的一致性对猜词的帮助也很大，但该策略的应用受学习者形旁意识强弱的影响；语义透明度高的词相对容易猜测，但要以一定的汉字量为基础；对近语境线索的利用，除了语境线索本身明确与否，还受到读者语言水平，包括词汇量、句法知识等的限制。

（6）组间差异。在有关形义一致性分析以及语义透明度的分析中，有两个很有意思的现象：对测试词"杜鹃"与"海棠"的猜测，韩国初级组、欧美中级组的成绩反而比韩国中级组、日本中级组高（猜测的总平均成绩是日本高于韩国，韩国高于欧美）。从答卷中发现，韩国初级组与欧美中级组更多地使用语法和前、后词语策略，这两种策略在这两个词语的猜测中对他们的帮助很大。日本学生由于本身的汉字背景优势，多使用语素猜词策略，韩国中级组由于汉字的积累，也更多地使用形旁与语素策略猜词，反而忽视了对周围语境的利用。为了更全面地了解不同水平、不同背景的学习者的策略使用情况，我们对他们的策略使用情况进行了统计。

6.1.5.2 3种母语背景学习者猜词策略的阶段性分布

我们对不同组别的策略使用情况进行了相对独立的统计，各个小组的策略使用百分率见表6-3。计算方法是，先算出小组中各种具体策略的使用数，再计算小组策略使用的总数，百分比是指某一种具体策略数占小组策略总数的比例。

表6-3 不同背景、不同水平学习者的猜词策略使用分布

猜词策略	韩国			日本		欧美中级一组
	初级二组	中级一组	中级二组	中级一组	中级二组	
形旁	9.0%	24.8%	16.0%	25.7%	19.5%	11.0%
读音	4.7%	0.5%	1.3%	0.6%	0	0.7%
语素	12.0%	5.4%	15.2%	9.0%	17.0%	21.0%
意义	11.0%	16.4%	12.6%	10.0%	1.6%	26.6%
语法	11.5%	7.3%	7.7%	15.0%	4.4%	12.0%
前词	28.0%	21.0%	17.8%	15.0%	22.8%	15.8%
后词	17.7%	21.0%	23.5%	13.0%	28.0%	12.0%
背景	3.0%	0.5%	1.3%	0.6%	0.8%	0.7%
对照	2.6%	2.6%	2.0%	4.5%	4.0%	0
上下文	0	0	2.3%	6.0%	1.2%	0

从表6-3中，我们可以总结出如下特点：

(1) 读音策略的使用普遍比较少，比较起来，韩国初级组使用较多。

(2) 中级一组在形旁策略的使用上较初级组有明显的增加，尤其是韩国组与日本组使用的比例都超过了20%，说明这个阶段的学习者的形旁意识比较强。

(3) 中级二组语素策略的使用较中级一组明显增多，可以解释为汉字量的增加所致。

（4）相对说来，日本中级二组的语法策略使用较少，只占4.4%，其他组对句法策略的依赖相对较多，而日本中级二组却更多地使用形旁，语素，意义，前、后词等策略猜词。

（5）欧美中级一组的意义策略使用最多，如果再加上前词、后词策略，占总策略数的54.4%。

从整体上看，在中级一阶段，学习者的形旁意识变强了；到了中级二阶段，语素策略的使用明显增加，由于汉字量的增加，形旁使用相对较中级一阶段减少，因为如果认识整字，就不会再去考虑形旁了，因此，语素策略增加，形旁策略减少是理所当然的。

至于前词与后词策略，事实上，它们也属于意义关系策略，只是我们想知道前词与后词对目标词义的猜测是否有所区别。朱勇、崔华山（2002）认为，"语境线索在后面的目标词比语境线索在前面的目标词更容易被学习者猜测"。因此，我们对前语境线索与后语境线索进行了区分。我们用"前词"与"后词"分别表示前、后语境线索，目的是便于留学生理解。

本研究结果发现，在初级二与中级一阶段，使用前语境线索猜词的比率稍高，而中级二阶段确实是使用后面的语境线索更多。这应该说与朱、崔二人的调查有一致之处，因为他们调查的对象是中级以上水平。但到此为止，本调查还不能得出是前语境线索还是后语境线索更有利于词义猜测的结论。正如我们在前面所分析的，影响猜词的因素有很多，必须在其他因素得到完全控制的情况下，才能得出结论。就本研究的设计，目前还不能回答这一问题，仍有待于进一步研究。

因此，我们这里把目标词前后的语境线索归为近语境线索，可以说，近语境线索有利于目标词的猜测。本调查前面的分析已经表明，明确的近语境线索有利于目标词义的猜测，而且从策略分布上看，前词加后词策略多数超过40%。可见，无论初级还是中级，该策略均为猜词的主要策略之一。

意义关系策略是一个比较笼统的概念，我们本来的意思是要考察语义搭配策略，但担心学生不明白意思，因此，改成了意义关系策略。从比例来看，欧美组的学生使用最多，占总数的26.6%。虽然这个提法不够具体，但可以肯定是根据意义关系来猜测词义的策略。如果我们把该策略与前词、后词策略加起来，有意思的是，除了日本中级一组，其他组的使用率都在50%以上。可见，意义策略为猜词的重要策略。

6.2 上下文语境猜词

上一节我们分析讨论了句内猜词的猜词成绩及影响猜词成绩的相关因素，总结了不同母语背景与不同水平的学习者使用猜词策略的分布情况。这里讨论语段中猜词的情况，我们直接称之为"上下文语境猜词"。事实上，上下文语境猜词不可能与前面所讨论的句内猜词的猜词策略截然分开，上下文猜词策略包括句内猜词的所有策略，只是我们希望考察学习者对句子以外的、距离目标词更远的语境线索的利用情况，或者是否能够借助对目标词所在语段的意义的整合来理解目标词的情况。下面，我们首先分析本次测试中的上下文猜词情况，然后结合2003年期末测试中的上下文猜词情况，对中高级阶段留学生语境中猜词的能力进行探讨。

6.2.1 上下文语境猜词测试成绩分析之一

为了便于比较，我们对本次测试中韩国组与日本组学生的猜词成绩列表进行统计（见表6-4）[测试材料原文请参看附录一（C）第（二）部分]。由于中级欧美组的7位学生中，有4位学生认为太难，没有做此题，因此，我们没有进行统计。同样的测试材料我们曾在2003年下学期的期末测试中测试过，但测试词比本次少。当时测试的学生来自一个高级班，正好弥补了本次测试中没有高级班学生参加的不足。欧美、日本、韩国组学生的测试成绩见表6-5，但由于只有一个班，人数十分有限。

表6-4 中级组猜词正确率

测试词	韩国		日本	
	中级一组（10人）	中级二组（9人）	中级一组（5人）	中级二组（6人）
坤	20.0%	33.3%	20.0%	16.7%
歧视	10.0%	33.3%	20.0%	50.0%
瘾君子	60.0%	33.3%	0	41.7%
聋子	20.0%	39.0%	60.0%	83.3%

续表 6-4

测试词	韩国		日本	
	中级一组（10 人）	中级二组（9 人）	中级一组（5 人）	中级二组（6 人）
潇潇洒洒	30.0%	33.3%	80.0%	83.3%
贴心	40.0%	39.0%	40.0%	83.3%

表 6-5　高级组猜词正确率

测试词	欧美（5 人）	日本（2 人）	韩国（2 人）
坤	60%	100%	100%
瘾君子	100%	0	100%
贴心	60%	100%	100%
挖苦	40%	100%	50%

比较表 6-4 与表 6-5 可知，高级组的成绩明显比中级组好。中级组中，日本组的成绩整体上比韩国组好，尤其是日本中级二组比其他 3 个组都要好。值得注意的是，日本组对"瘾君子"的猜词成绩很不好。高级组的两位学生全错了，查看试卷发现，他们都猜为"男性"；再查看日本中级组学生的答卷，发现也是同样的问题，回答为"男性"或"男人"，还有一个学生写的是"'君子'＝人"。可见，他们主要受其中语素"君子"的影响，而忽视了上下文语境。事实上，该词的近语境线索是很清楚的，请看原文中的上下文语境：

汽车给了<u>瘾君子</u>吸烟的方便，在车上安装了点烟器，可女性很少吸烟。就算有的女性喜欢吸烟，爱干净的女性又怕点烟器产生的烟灰弄脏了汽车，所以点烟器成了<u>聋子</u>的耳朵，没有什么利用价值。

根据上下文，应该不难猜出"瘾君子"在这里是"很喜欢吸烟的人"的意思，欧美高级组的学生在这个词上的得分是满分。可见，日本学生只注意到了汉字，而忽视了上下文语境。

中级组的学生对"坤"的猜词成绩也很不好,而高级组的韩国、日本学生都是满分,欧美学生也有60%的成绩。该词的语境线索比较直接、明晰,为什么中级组却猜得不好?我们查看了学生的答卷,发现日本中级组11位学生中有5位学生没有回答,可能是觉得太难,不知道怎么回答。韩国学生除了没回答的,回答的学生的答案也五花八门,有说跟"土"有关的,有说"公平"的等。除了"瘾君子"一词,韩国中级组的其他词的成绩都在40%及以下。通过分析发现,"坤""歧视""瘾君子""聋子""潇潇洒洒""贴心"这几个词都很难从词形上猜测意义,词语本身的意义透明度也低,一部分词表示的意义也相对抽象,因此,理解难度较大,只能从语境中去寻找线索。这段话对处于中级第一个学期的学习者来说也许不太容易理解。

6.2.2 上下文语境猜词测试成绩分析之二

中级班与高级班使用同样的文本材料,我们会考虑到语料难度的问题,这也是影响阅读理解的一个重要因素,因为学习者可能掌握了某种策略,但由于生词太多而不能应用。因此,我们又考察了2004年上学期中级一水平两个平行班阅读期末考试中的上下文猜词成绩[原文请参看附录一(D)],以资参照。由于笔者一直比较关注影响留学生猜词的相关因素,因此每次阅读考试中都会给出一些相关的题目。这次阅读试题中有4个词是利用语境线索猜词,分散在两段阅读材料中,有一段中只有一个测试词——"随机",另一段中有3个测试词——"轻视""敬佩""践踏",其中只有"轻视"一词在日语中有相对应的汉语词。我们对这4个词的猜词成绩列表进行统计。(见表6-6)

表6-6 中级一期末考试猜词正确率

测试词	欧美(7人)	日本(2人)	韩国(11人)
随机	57%	100%	63.6%
轻视	57%	100%	54.5%
敬佩	14%	100%	45.5%
践踏	14%	100%	27.3%

从表 6-6 可以看出，欧美组与韩国组在"随机""轻视"的猜测上，成绩比较接近，而在"敬佩""践踏"的猜测上却有较大的不同。比较起来，"随机""轻视"的语义透明度高，构成这两个词的语素也相对常用；而"践踏"二字都是生字，难度较大。"敬佩"对很多学生来说，两个语素都是生字，因此，很难通过语素来猜词。欧美组有学生猜"'敬佩'可能跟草有关"，很明显是根据"敬"的"艹"来猜测。而多数学生放弃猜测。

下面是这几个词所在的句子，我们来看看这几个词的语境线索：

这时，校长告诉了老师们真相：这些学生并不是被特意选出的最聪明的学生，只不过是<u>随机</u>抽出来的。你们也不是被特意挑选出的全校最优秀的老师，也不过是罗森塔尔博士随机抽出来的老师罢了。

"可别<u>轻视</u>它，碰它一下，手要痛好几天的。"朋友认真地说，没有开玩笑的意思。

虽然被它咬了，但是我没有恨它，相反，还生出一种<u>敬佩</u>的心情来——这被人<u>践踏</u>的、可怜的小草，性格是这么坚强！它似乎要提醒我一些什么……

从上面的句子可以看出，"随机"的语境线索很直接，与前文、后文的"特意"相对，明白"特意"的意思，也就不难理解"随机"的意思了。"轻视"的语境线索也很清楚。"敬佩""践踏"没有直接的近语境线索，这也是这两个词难猜的原因之一。

从上面的分析可以看出，在语境中猜词要受到多种因素的影响。所猜测的词如果不能根据词内或近语境线索来猜测，那么，对于中级班的学习者来说，要利用远一些的线索，或者整合整段文章的意思来猜词，似乎还有很多问题，猜词成绩也并不理想。

6.2.3 上下文语境猜词测试成绩分析之三

为了进一步探讨高级班的学习者猜词时对上下文语境线索的利用情况，我们在 2004 年的下学期对高级班与本科三、四年级的学习者进行了一次语篇阅读猜词测试。测试形式为纸笔测试，测试文章选自《解读中国——中国文化阅读教程Ⅱ》（王海龙，2002）中的第 20 课《中国的现代化》一文。考虑到文章的篇幅太长，我们进行了适量的删减，最后文章有 2000 多字，考察学习者对文中 16 个词的猜测情况。由于高级班学习者词汇量的差异，我们要求被试猜测 16 个词中没有学过的生词的意义，并写出猜词的根据（即猜词的方式，在题目指导中说明猜词方式是什么），具体测试材料与试题形式请参看附录一（E）。测试方式是作为一次阅读课的单元测验，计入平时成绩。

由于一些学生知道其中的个别词，我们没有做完整的数据分析，只进行文字描述，为前面的测试数据提供一些佐证。

考察的 16 个测试词是"蒙受""萌芽""推崇""兜售""衰弱""称霸""殖民地""雪耻""积贫积弱""激进""师夷制夷""军阀""浴血""拯救""凌辱""扬眉吐气"。

参加测试的学生包括 2 个俄罗斯学生、4 个日本学生、7 个韩国学生，另外还有一些来自其他国家的在高级班就读的学生，年龄都在 20 岁左右。我们只探讨欧美国家及韩国、日本学生的猜词情况。

评分标准为：猜对记 1 分，部分正确记 0.5 分，错误与空白记 0 分。结果测试成绩普遍比较好，换成百分制后，所有学生的成绩都在 60 分以上，有一半学生在 80 分以上。

测试语料的主要内容是讲中国人民百年来向现代化努力与奋斗的历程，涉及较多的中国近现代历史知识。学习者如果对中国近现代历史了解较多，理解难度就会降低。不过，从文章的篇幅与词汇量来看，该文难度较大，但学生的测试成绩相当好。

我们再来看看测试词的难度。从构成词的汉字来看，难度较大；从词语本身的语义透明度看，这 16 个词中除了"扬眉吐气"是成语，用的是比喻义，其他 15 个词都是语义透明词，可以根据字面的意思来理解整个词的意思，从猜词的角度来说，语素猜词策略的帮助会很大。

再从上下文来看，几乎都有直接的语境线索。请看下面几个测试词所在的近语境（此处①②③的序号为笔者在此举例所加，原文没有）：

①中国传统文化<u>推崇</u>儒家思想，不注重工业和商业，也不关心科技的发展。

②西方想打开中国的市场、在中国<u>兜售</u>他们的产品的想法当然受到了中国统治者的反对。

③英国和其他西方国家开始打进中国,用武力使中国人屈服,占领了中国的一些市场,并且强行占领了香港,把它当成自己的<u>殖民地</u>。

从这些句子可以看出,测试词的语境线索很清楚。

总之,该文猜词的优势包括测试词的语义透明度高,语境线索充足,文章的组织以历史事件的发展阶段为线索,脉络清楚。因此,虽然测试词是非常用词,但猜词成绩比较好。

再来看学生对猜词策略的使用情况。由于本次测试没有对日语词进行控制,因此,日本学生多采用与母语对照策略,其次为语素猜词以及上下文策略。韩国学生基本都根据上下文或语素猜词(学生写"根据汉字"),或者两种策略都使用。两位俄罗斯学生的成绩是 60 分和 70 分,他们采用的策略主要是上下文以及背景知识。这里我们通过几个例子来看看俄罗斯学生的猜词情况:

萌芽:指发展的开端,因为西方文明年纪比中国小。
推崇:推进崇拜,因为儒家思想是中国文化不可分开的部分。
兜售:推销,因为不管中国(如何)反对开放,西方都把自己的产品在中国推销。
雪耻:耻辱很大,因为这是中国历史上第一次失败。

当然,也有猜得不好的词,如"激进""凌辱""军阀"等词的猜词成绩相对较差。

以上分析说明,高级阶段的汉语学习者对语素猜词、上下文语境猜词策略的使用已逐渐成熟,能够通过对构词语素意义的分析来理解词义,或者通过对文章内容的整体理解来帮助理解生词。

语境猜词还涉及语篇分析等方面的知识,本书研究的学习对象主要是初级、中级阶段的汉语学习者,对句内猜词、短篇的语段猜词涉及较多,大的上下文语境只是考察猜词结果及其策略使用的情况,未展开细致的探讨。

6.3 小结

本章主要通过对不同形式的猜词测试成绩进行分析，讨论了影响猜词成绩的相关因素，以及猜词策略的使用在不同水平、不同背景的学习者的分布情况，从而可以看出留学生猜词能力的纵向发展过程。

影响猜词的主要因素有6种：①汉字的形义一致性；②语义的选择限制关系；③词义本身的透明度；④词义的具体与抽象；⑤近语境线索是否明确；⑥对大的上下文语境线索的利用。

从整体上看，策略使用分布情况有如下特点：①初级二组由于形旁、汉字知识不足，韩国学习者对近语境、语义、语法等策略依赖较多；②中级一阶段形旁策略的使用明显增加，说明该阶段学习者的形旁意识比较强，其他策略的使用情况与初级二组相比变化不大；③中级二阶段语素策略的使用明显增加，可以解释为学习者的汉字量的增加所致，上下文语境策略的使用也有所增加；④高级阶段主要通过语素与上下文语境猜词。

国别差异：从猜词成绩来看，各种测试都显示，日本学生由于有汉字背景优势，成绩名列榜首，这是理所当然的。韩国组总是优于欧美组。在初级二阶段，欧美学生受限于汉字量，基本不能阅读所给的测试句子。从策略使用上看，韩国初级组与欧美中级一组由于汉字知识不足，更多地依赖语义、句法等策略。

第七章　问卷调查研究

测试能更好地保证研究的效度与信度，但我们仍然对测试对象的数量有限感到不足。被试样本的大小将直接影响研究的普遍性。猜词策略是一种"黑箱"工作，调查方法受到很多限制。为了提高研究的普遍性，我们希望通过规模问卷调查的方法，获取定量分析的数据。

学习策略常见的调查方法包括访谈、问卷调查、口头报告、观察等。观察与访谈通常用于假设建构阶段。口头报告既包括定性研究，也包括定量描写，其特点是可以获得学习者认知过程的相关信息，这是其他方法很难做到的。因此，该方法目前是学习策略研究中较为推崇的一种调查方法。但口头报告需要被试一个个进行，在数量上常常会受到限制。问卷调查能弥补数量上的不足。鉴于此，我们采用问卷调查的方法，目的是进一步扩大调查的规模，以期验证前期的调查结果，扩大调查范围。

7.1　问卷设计

先前的口头报告与测试研究总结了欧美、韩、日3组汉语学习者在初级与中级阶段使用的猜词策略及其与猜词成绩的关系。在此基础上，我们通过对问卷功能进行综合分析，设计了汉语猜词策略调查问卷（见附录二）。问卷由个人基本资料及问题两大部分组成。问题部分包括一小段汉语阅读材料，作为猜词策略的启动，接着是20个问题。其中，15个问题为猜词策略问题，另5个问题为相关因素题，为后续研究做准备。问题回答采用6点量表，给出两端说明：从不/总是。采用双数，以避免趋中效应。

问卷初稿完成后，经过一个多月多方征求意见并修订。同时，为了解决语言问题造成的障碍，问卷分别请相关语言专业人士译成英、韩、日3种语言，体例完全一致。我们于2004年10月中旬进行了20人范围的小试，就一些小问题进行了调整，于2004年11月下旬进行正式调查。

7.2 调查对象

为了达到扩大调查范围的目标,经过多方努力,我们调查了中国南方好几所大学学了半年以上汉语的欧美国家及韩国、日本留学生,调查对象具体来源与分布情况见表7-1。被试共计337人,调查对象均为高中以上文化程度,平均年龄为26.5岁。其中,女性197人,占总人数的58.5%;男性140人,占总数的41.5%。

表7-1 被试的来源与分布情况

被试来源	韩国/人	日本/人	欧美/人
武汉大学	28	21	14
四川大学	16	13	22
厦门大学	10	2	7
暨南大学	32	7	3
华南师范大学	0	14	0
西南师范大学（今西南大学）	0	3	11
中山大学	71	39	24
共计	157	99	81

7.3 实施过程

由于一所学校的欧美、日本留学生不能满足问卷样本的需要,因此,我们调查了好几所大学的留学生。每所大学均由一位老师负责发放并回收问卷,问卷回收率几乎为100%。在发放问卷的同时,给出问卷指导语。指导语包括被试母语背景、汉语水平、答题方法等方面。共收回问卷352份,其中有18份问卷为印度尼西亚留学生所答,剔除不合适的问卷,得到有效问卷337份。

7.4 数据处理

问卷数据运用 SPSS10.0 统计软件和 Excel 工作表进行数据统计和分析。

按学习汉语时间的长短，不同母语背景的学生又分为初级和中级两个水平。经过与老师等专家论证，把在中国学习一年以内定为初级，一年以上定为中级；在国外学习两年以内定为初级，两年以上定为中级。有30份韩国学生的问卷，由于从学习时间上很难归入中级或初级（在韩国学习一年多，又在中国学习一个月），因此，将这部分问卷抽出来单独分析。实际用于统计分析的问卷为307份。

7.5 结果

下面，我们从策略总分、组内具体策略、组间策略、策略使用排序等方面进行分析比较。

7.5.1 策略总分结果分析

首先，我们统计均值与标准差。统计对象分为3组（欧美、日本、韩国）、2个水平（初级、中级），其策略总分均值见表7-2，具体分布如图7-1所示。

表7-2 策略总分

国籍	汉语水平	均值	标准差	N
欧美	初级	45.0108	9.2135	35
	中级	50.0545	8.1116	46
	共计	47.8751	8.9112	81
日本	初级	54.2788	7.0114	55
	中级	57.4665	8.2392	44
	共计	55.6955	7.7077	99
韩国	初级	46.4510	8.7426	67
	中级	53.0333	7.6001	60
	共计	49.5607	8.8299	127

续表 7-2

国籍	汉语水平	均值	标准差	N
共计	初级	48.8721	9.1665	157
	中级	53.4202	8.4099	150
	共计	51.0943	9.0808	307

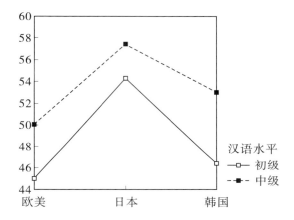

图 7-1 初级和中级汉语水平 3 组被试的策略总分

由表 7-2 可以看出，欧美初级水平被试的策略总分均值为 45.01，中级水平均值为 50.05；日本初级水平被试的策略总分均值为 54.28，中级水平均值为 57.47；韩国初级水平被试的策略总分均值为 46.45，中级水平均值为 53.03。

比较可知，日本被试策略总分明显高于韩国与欧美组，日本初级组不仅高于韩国初级组和欧美初级组，还高于韩国中级组和欧美中级组；韩国组的分值，初级组、中级组都高于欧美组。下面我们进行显著性检验。

主效应分析。采用 3×2 混合设计方差分析，结果显示，国籍主效应显著 [$F(2, 301) = 26.294$, $MSE = 66.024$, $p < 0.001$]。进一步的事后比较发现日本的策略总分显著高于韩国 [$t(224) = 5.475$, $p < 0.001$]，也显著高于欧美的策略总分 [$t(178) = 6.312$, $p < 0.001$]；韩国的策略总分高于欧美的策略总分，但是没有达到显著水平 [$t(206) = 1.338$, $p > 0.05$]。

汉语水平的主效应显著 [$F(1, 301) = 27.064$, $MSE = 66.024$, $p < 0.001$]，表示中级汉语水平被试的策略总分显著高于初级汉语水平被试

的策略总分。

交互作用分析。国籍与汉语水平两个因素的交互作用不显著［$F(2, 301) = 1.204$，$MSE = 66.024$，$p > 0.05$］，表明无论初级水平还是中级水平的被试，策略总分都呈现出相同的趋势，即日本高于韩国，韩国高于欧美国家（如图7-1所示）。

7.5.2 组内不同水平的具体策略比较

下面我们分别分析3组被试在不同水平的策略使用情况。我们将问卷中的相关策略问题还原为以下具体策略（括号内数字为原题号）：声旁（3）、形旁（4）、部件（5）、语素（6）、背景知识（7）、近语境（8）、词性意识（9）、句法结构（10）、语义搭配（11）、标题（12）、上下文（13）、回忆（14）、与母语对照（15）等。各组情况分别如图7-2、图7-3、图7-4所示。

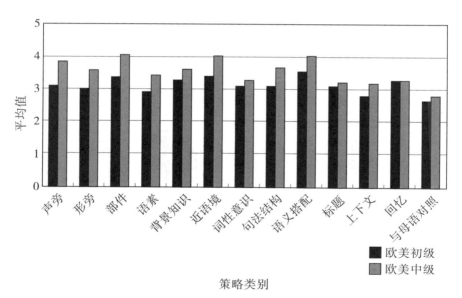

图7-2　欧美初、中级猜词策略使用对照

从图7-2可以直观地看出，欧美组从初级到中级，所有的策略使用都有进步。其中，以声旁、形旁、部件、语素、近语境、句法结构、语义搭配等策略的进步最为显著。

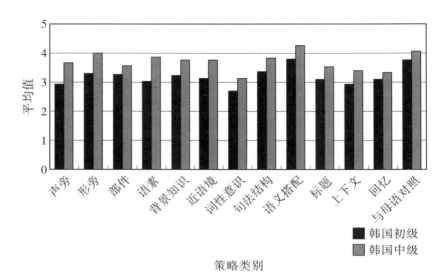

图7-3 韩国初、中级猜词策略使用对照

从图7-3可以看出，韩国组的所有策略使用都有明显的进步。其中，以声旁、形旁、语素、近语境、句法结构、语义搭配最为突出。与欧美组的进步类型基本相同，唯一不同的是部件策略使用较欧美组进步小。

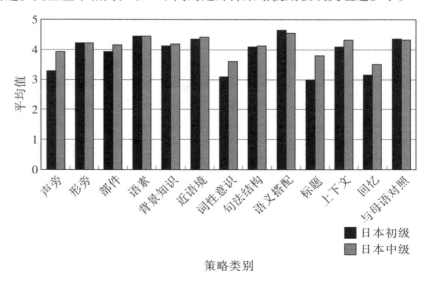

图7-4 日本初、中级猜词策略使用对照

与欧美组、韩国组不同的是，日本组在形旁、部件、语素、背景知识、句法结构、语义搭配、与母语对照等策略的使用上几乎没有改变，只是在声旁、标题、词性意识、回忆等策略的使用上有明显的进步。

7.5.3 组间策略使用平均值与标准差比较

为了全面了解各策略的具体使用情况，下面我们把不同水平的各个具体策略的平均分值与标准差列表进行分析（见表7-3、表7-4）。

表7-3 初级水平的策略使用平均值与标准差

策略类别	欧美		日本		韩国	
	平均值	标准差	平均值	标准差	平均值	标准差
声旁	3.09	1.04	3.29	1.36	2.95	1.22
形旁	3.00	1.31	4.23	1.10	3.31	1.06
部件意识	3.37	1.31	3.94	1.25	3.28	1.07
语素	2.91	1.17	4.45	0.88	3.04	0.91
背景知识	3.26	1.03	4.12	0.93	3.25	0.99
近语境	3.40	1.06	4.36	0.87	3.15	0.91
词性意识	3.09	1.25	3.10	1.37	2.70	1.13
句法结构	3.11	1.02	4.09	1.08	3.36	0.96
语义搭配	3.54	1.12	4.65	0.70	3.79	0.88
关键词	3.09	1.09	2.98	1.25	3.10	0.84
上下文语境	2.80	1.18	4.09	1.02	2.94	0.83
回忆	3.26	1.09	3.15	1.33	3.09	0.85
与母语对照	2.66	1.51	4.36	1.13	3.76	0.84

表7-4 中级水平的策略使用平均值与标准差

策略类别	欧美		日本		韩国	
	平均值	标准差	平均值	标准差	平均值	标准差
声旁	3.85	0.79	3.93	1.19	3.67	1.07
形旁	3.57	1.34	4.23	1.26	4.00	0.87
部件意识	4.04	0.94	4.16	1.16	3.58	1.29
语素	3.43	1.05	4.45	0.91	3.87	0.96
背景知识	3.59	1.00	4.20	0.93	3.43	0.89
近语境	4.02	0.86	4.41	0.79	3.77	0.79
词性意识	3.26	1.24	3.59	1.24	3.15	1.07
句法结构	3.67	1.12	4.13	1.09	3.83	0.96
语义搭配	4.02	0.9	4.54	0.70	4.27	0.69
关键词	3.20	1.02	3.80	1.14	3.53	0.79
上下文语境	3.17	1.06	4.32	0.83	3.40	0.79
回忆	3.28	1.07	3.52	1.19	3.33	1.04
与母语对照	2.80	1.51	4.33	1.07	4.08	0.85

表7-3与表7-4分别列出了欧美国家及韩国、日本3种不同母语背景的学生对各种不同猜词策略使用的平均分值与标准差,根据这两个数据我们可以比较各组间各种策略使用的情况。为了能够直观地看到组间的差异,我们用图来表示3种背景、2个水平的被试的策略使用的平均值(如图7-5到图7-15所示)。

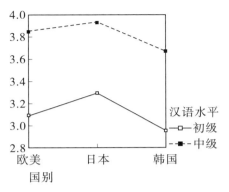

图7-5　声旁策略均值比较

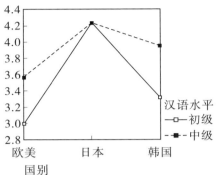

图7-6　形旁策略均值比较

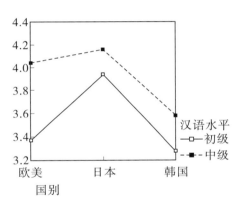

图7-7　部件策略均值比较

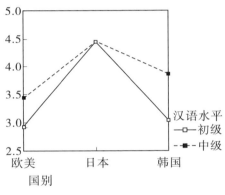

图7-8　语素策略均值比较

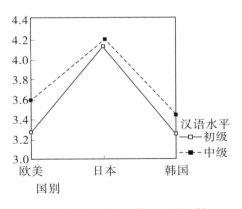

图7-9　背景知识策略均值比较

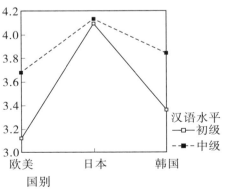

图7-10　句法结构策略均值比较

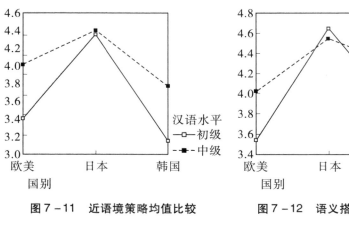

图7-11 近语境策略均值比较

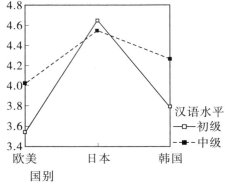

图7-12 语义搭配策略均值比较

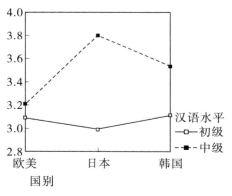

图7-13 标题策略均值比较

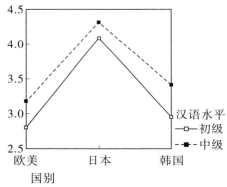

图7-14 大语境策略均值比较

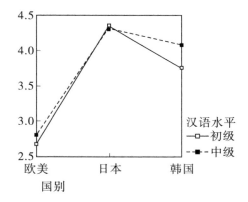

图7-15 与母语对照策略均值比较

图 7-5 到图 7-15 是各种具体猜词策略的不同背景与不同水平的差异比较。每一个图的横轴为欧美、日本、韩国 3 个变量，纵轴为问卷中该题的平均分值。图中的两种线形分别表示初级和中级两个水平。其中，实线表示初级水平，虚线表示中级水平。图上的"点位"表示国别与水平的关系。例如，图 7-15 表示欧美初级水平被试在该题上的得分为 2.6 分左右。从图上不同点间的距离可以看出相对应的国别与水平差异。

7.5.4 组间策略均值显著性检验

为了进一步了解国别的差异以及从初级到中级的进步程度，我们对上述数据进行方差分析，目的是将方差分析的结果与图结合起来以便看得更清楚。各种策略的方差分析的数据见表 7-5。

表 7-5 初、中级欧美、韩、日学生猜词策略方差分析

策略类别	国籍效应	水平效应	交互作用
声旁	$F_{(2, 301)} = 1.991$ $p > 0.05$	$F_{(2, 301)} = 28.308$ $p < 0.001^*$	$F_{(2, 301)} = 0.066$ $p > 0.05$
形旁	$F_{(2, 301)} = 15.938$ $p < 0.001^*$	$F_{(2, 301)} = 9.138$ $p < 0.01^*$	$F_{(2, 301)} = 2.412$ $p > 0.01$
部件	$F_{(2, 301)} = 7.656$ $p < 0.01^*$	$F_{(2, 301)} = 8.441$ $p < 0.01^*$	$F_{(2, 301)} = 0.910$ $p > 0.05$
语素	$F_{(2, 301)} = 44.952$ $p < 0.001^*$	$F_{(2, 301)} = 15.699$ $p < 0.001^*$	$F_{(2, 301)} = 5.056$ $p < 0.01^*$
背景知识	$F_{(2, 301)} = 22.704$ $p < 0.001^*$	$F_{(2, 301)} = 3.107$ $p > 0.05$	$F_{(2, 301)} = 0.340$ $p > 0.05$
近语境	$F_{(2, 301)} = 31.884$ $p < 0.001^*$	$F_{(2, 301)} = 17.555$ $p < 0.001^*$	$F_{(2, 301)} = 3.510$ $p < 0.05^*$
句法结构	$F_{(2, 301)} = 11.832$ $p < 0.001^*$	$F_{(2, 301)} = 8.794$ $p < 0.005^*$	$F_{(2, 301)} = 1.748$ $p > 0.05$
语义搭配	$F_{(2, 301)} = 23.697$ $p < 0.001^*$	$F_{(2, 301)} = 8.511$ $p < 0.005^*$	$F_{(2, 301)} = 4.163$ $p < 0.05^*$

续表 7-5

策略类别	国籍效应	水平效应	交互作用
标题	$F(2,301)=1.336$ $p>0.05$	$F(2,301)=14.532$ $p<0.001^*$	$F(2,301)=2.637$ $p>0.05$
大语境	$F(2,301)=46.667$ $p<0.001^*$	$F(2,301)=10.352$ $p<0.05^*$	$F(2,301)=0.432$ $p>0.05$
与母语对照	$F(2,301)=46.823$ $p<0.001^*$	$F(2,301)=1.130$ $p>0.05$	$F(2,301)=0.708$ $p>0.05$

注：表7-5中，带"*"的p值表示有显著性差别。

表 7-5 中，"国籍效应"表示欧美、韩国、日本 3 种母语背景的学习者在某种策略使用上的差异，"水平效应"是指初级水平与中级水平之间的差异，"交互作用"表示国籍与语言水平间的相互作用。

先看国籍差别。从表 7-5 中可以看出，只有声旁策略和标题策略国别间没有显著性差异，其他策略都有显著性差异。结合图 7-5 与图 7-13 可以更直观地看出国别之间的差异很小。而其他策略都是日本组显著高于欧美组与韩国组。其中，近语境策略欧美国家显著低于日本，但显著高于韩国组；与母语对照策略是日本组和韩国组显著高于欧美组。其他没有提到的策略，欧美组与韩国组无显著差别。

再看水平差异。从表 7-5 中不难发现，只有背景知识策略和与母语对照策略两个水平间的差异不显著，其他策略从初级到中级都有显著的进步。

交互作用一项中，有 3 种策略——语素、近语境、语义搭配存在交互作用。语素策略从初级到中级的情况是，韩国组的进步很大，欧美组次之，日本组被试几乎没有什么变化。近语境策略的情况是，欧美组与韩国组从初级到中级都有大幅度的提升，而日本组被试成绩的提高幅度不大。语义搭配策略更特别，欧美组与韩国组被试从初级到中级成绩都呈现上升趋势，而且提升的幅度大致一样，日本被试从初级到中级成绩却出现下降。

为了便于比较，下面我们根据问卷每题的平均值给策略使用的分布情况排序。将各组策略使用的前 5 位与后 3 位列举如图 7-16 与图 7-17 所示。

猜词策略前 5 位比较
- 欧美组
  - 初级：语义搭配、近语境、部件意识、背景知识、回忆
  - 中级：部件意识、语义搭配、近语境、声旁、背景知识
- 日本组
  - 初级：语义搭配、语素、近语境、与母语对照、形旁
  - 中级：语义搭配、语素、近语境、与母语对照、上下文语境
- 韩国组
  - 初级：语义搭配、与母语对照、句法结构、形旁、部件意识
  - 中级：语义搭配、与母语对照、形旁、语素、句法结构

图 7-16　不同水平的欧美、韩、日学习者猜词策略前 5 位比较

猜词策略后 3 位比较
- 欧美组
  - 初级：与母语对照、上下文语境、语素
  - 中级：与母语对照、上下文语境、标题
- 日本组
  - 初级：标题、词性意识、回忆
  - 中级：回忆、词性意识、标题
- 韩国组
  - 初级：词性意识、上下文语境、声旁
  - 中级：词性意识、回忆、上下文语境

图 7-17　不同水平的欧美、韩、日学习者猜词策略后 3 位比较（倒序）

7.6　讨论

从猜词策略总分来看，日本组显著高于欧美组、韩国组，而且日本初级组的策略使用平均值已高于欧美、韩国的中级组。下面我们具体从汉字策略、语义搭配策略、句法结构策略、背景知识策略、近语境策略、大的上下文语境策略、与母语对照策略、文章标题策略等方面分别进行讨论。

7.6.1　汉字策略

我们把汉字的部件、声旁、形旁意识以及语素猜词等策略都放在这里一起比较。显著性检验告诉我们，形旁策略与语素策略在国别与水平间的分布非常接近，图 7-6 和图 7-8 的线形也比较一致。国籍效应与水平效应都非常显著，交互作用也很显著，日本组显著高于欧美组、韩国组。欧美组、韩国组之间没有显著性差异。欧美中级组、韩国中级组比初级组有显著的进步，而日本组从初级到中级没有什么变化，且无论初级组还是中级组，语素策略都排在第 2 位，可见语素是日本学生常用的猜词策略之

一。这说明,日本学生对汉字的形旁表义的特点以及语素猜词已具备了相当成熟的知识。欧美、韩国学生却有一个从无到有的发展过程。日本学生的汉字背景优势使他们在使用汉字以形表义的策略上有明显的优势。韩国中级组在形旁与语素策略上的进步都很大,欧美组与韩国组尽管没有达到显著性差异,但从图中可以看出,它们之间的差别是存在的,即韩国组比欧美组好。

声旁策略,从图7-5可以看出,欧美、韩国、日本3组被试虽然在该策略的使用上没有显著的差别,但汉语水平表现出显著性的差别。中级组对该策略的使用显著高于初级,这说明这几组母语背景的被试对声旁的习得都有一个发展的过程。日本学生在形旁与语素策略的使用上都有绝对的优势,这是由于他们的汉字背景的帮助。日语、汉语的语音差别很大,日本学生在声旁的习得上没有明显的优势。对欧美学生来说,对提取意义只有间接作用的声旁却是阅读猜词时比较重要的策略,在欧美中级组中排在前4位。我们认为,这是因为欧美组的拼音文字背景的影响,拼音文字形、音相关,很多心理学家认为,拼音文字中语音在意义提取中具有关键性作用。不少实验研究证明,母语文字的认知加工方式会影响二语的认知加工方式。笔者认为,这是欧美学生重视声旁学习的原因,他们或许希望借助读音来理解意义。

在部件策略的使用上,韩国组的分值特别低。对欧美被试来说,无论是初级还是中级,部件策略都是排在前5位的策略。可见,汉字部件分析对欧美学生来说很重要。我们认为,对汉字进行形的切分对母语为拼音文字的学习者来说是非常重要的步骤。

7.6.2 语义搭配策略

从总体上看,语义搭配策略在各组的策略使用中几乎都排第一位,可见词语之间的语义选择限制关系为意义理解的普遍策略。很多研究都已指出,词语之间的语义选择是一种客观世界关系的反映,是语言与客观世界的接触点。因此,语义搭配策略的使用具有普遍性。但也应该看到,语义策略的使用频率仍然存在国别差异,日本显著高于欧美国家、韩国;也存在水平差异,欧美国家、韩国中级显著高于初级,日本组却不存在水平差异。这表明该策略的使用仍然受汉字量、汉语水平的影响,非汉字背景的汉语学习者随着汉字量的扩大和汉语水平的提高,第二语言的语义网络也随之发展。

7.6.3 句法结构策略

该策略的组间差异很大，日本组显著高于欧美组和韩国组。随着汉语水平的提高，欧美组和韩国组在该策略的使用上都有显著的增加。在组内的排列上，韩国组初级与中级都排在前5位。其他两组对该策略的使用排不到前5位。我们分析这可能与母语策略的迁移有关，因为韩语语法的格位很重要。

7.6.4 背景知识策略

特别值得注意的是，在此项策略的使用上，汉语水平没有明显的影响，即初级到中级的发展没有显著性差异。这说明背景知识由于是长期生活的积累，是关于客观世界的知识，属于非语言知识，不受语言水平的影响。相对于欧美、韩国被试来说，日本被试在该策略的使用上却高出很多。

7.6.5 近语境策略

在该项策略的使用上，日本被试显著高于欧美、韩国被试，而欧美被试又显著高于韩国被试，同时交互作用显著，欧美、韩国中级水平显著高于初级水平，日本被试的成绩却提高得很少。可见，近语境线索的利用仍然受汉语水平与汉字量的限制，汉语水平越高，目标词周围语境对猜词的帮助就越大，对阅读来说，这样才能利用近语境来帮助理解。

7.6.6 大的上下文语境策略

该策略的使用特点是，汉语水平的影响很大，3组背景的学习者中，中级的分值都显著高于初级。母语背景的影响也很大，日本组的使用分值显著高于欧美组和韩国组。而欧美组和韩国组没有显著差异。再从具体的分值来看，该策略只有日本中级组排在前5位，在其他两组中都属于不太常用的策略，可见其难度较大。

7.6.7 与母语对照策略

从图7-15可以明显地看出，在该策略的使用上，欧美组明显低于日本组、韩国组，而韩国组又明显低于日本组。再结合策略排序，日本组、韩国组都排在了前5位。可见，日语、韩语中的汉语词对他们的汉语阅读很有帮助。

7.6.8 文章标题策略

组间比较，国别之间差别不显著，但随着汉语水平的提高，中级与初级相比，进步显著。这说明该策略的使用受汉语水平的影响很大。在各组策略使用排序中发现，该策略为较不常使用的策略之一。

7.7 小结

通过以上分析，我们可以得出如下结论：

（1）日语中的汉字对日本学生的汉语阅读猜词有极大的帮助，表现在语义搭配、语素猜词、形旁猜词、与母语对照、近语境、大的上下文语境等一系列策略使用上具有显著优势。

（2）欧美国家学生由于其母语文字与汉字完全不同，语言没有亲属关系，初级阶段的学生在汉语阅读猜词策略的使用上更多地借助于语义搭配、背景知识、近语境等非直接字形策略。由于汉字知识的滞后与汉字量的局限，他们即使到了中级阶段，也仍然不能像日本学生那样依靠汉字的字形来帮助识别生词。

（3）韩国学生由于母语文字中没有汉字，在阅读猜词策略的使用上与日本学生存在本质的差异，总体上与欧美国家学生比较接近。但由于韩国与中国是近邻，在文化上很多方面受到中国的影响，如以前的韩文中也用一些汉字（现在已基本不用了），韩国学生在中小学阶段或多或少有汉语学习的经历，而且，更为直接的是，韩语中有大量的汉语词，因此，相对于欧美国家学生来说又存在相对的优势。到了中级阶段，形旁、语素等与汉字相关的策略进步非常显著，成为猜词的前5种策略之一。

（4）统计检验分析显示，背景知识策略、与母语对照策略相对独立于汉语水平，即随着汉语水平的提高，分数值没有显著性变化。而形旁、声旁、语素、部件、语义搭配、句法结构、近语境、大的上下文语境、文章标题等与语言文字相关的策略都与汉语水平存在显著相关，即随着汉语水平的提高而显著提高。但日本组相对特别，除了声旁、文章标题、大的上下文语境等策略到了中级有显著提升，其他策略在初级阶段就已相当成熟，初级、中级几乎没有任何变化。

（5）从各组策略排序中可知，大的上下文语境、文章标题等比较宏观的策略，各组被试使用都较少，而这恰好是母语中比较常用且对文章的意义建构很有帮助的策略。可见，即使到了中级阶段，二语水平仍然影响着学习者对以内容为导向的宏观阅读策略的使用。

第八章　二语汉语阅读能力发展过程分析

本研究的目的是通过不同的研究方法，探讨不同水平的欧美国家及韩国、日本汉语学习者语境词义推测能力与策略使用情况，以期了解他们二语汉语阅读能力的实际发展过程，从理论上增加对留学生汉语阅读能力结构及其发展过程的认识，在实践上为对外汉语阅读教学实践提供指导。下面我们对通过不同研究方法调查得到的结果进行归纳总结，以发现二语汉语阅读学习的内在规律性。我们先对影响词义推测的因素进行总结，然后总结不同水平的汉语学习者对阅读猜词策略的使用情况。基于此，我们对二语汉语阅读能力的建构进行了分析，最后讨论了二语汉语阅读能力的发展过程。

8.1　影响词义理解的因素

对影响词义理解的因素分析，本研究主要基于口头报告与测试研究中的结果归纳。我们发现以下几种因素会影响词义理解的成绩。

（1）形义一致性。指形旁表义类别与整字意义的一致性，一致的词容易识别，不一致的词识别难度会有所增加。如"扳""呷"，词义与形旁一致，词义推测的准确度很高；而"憔悴"在所给语境中是面色不好看的意思，由于形旁跟"心"相关，推测正确率低。

（2）语义搭配关系的强弱。强式的语义选择限制关系最利于词义理解。如"听到这个噩耗"中的"噩耗"、"吃榴莲"中的"榴莲"、"我穿了棉袄"中的"棉袄"，它们的推测正确率都非常高。

（3）语义透明度与汉字量。语义透明的词较语义不透明的词容易猜测。当然，该因素很大程度上受学习者所掌握的汉字量的影响。一个词即使语义透明度很高，如果学习者不认识，也会变成不透明词。

（4）近语境线索明晰与否。这里的近语境线索主要指句内的语义线索，包括词义的同义与反义互释等语义关系，是学习者普遍使用的策略之一，尤其是当学习者的汉字水平较低时，这成为意义理解的主要线索。

（5）词义的具体与抽象。词义具体的词较词义抽象的词容易理解。

（6）词的多义性。关于这一点，以前已有学者进行过探讨，我们的研究也表明词的多义性的确会影响学习者对词义的理解（参看"重映""旁白""重聚""表白""音容犹在"等词的猜词成绩）。同时，我们还发现，随着学习者水平的提高，这种情况会得到相应的改善，改善的程度受多义词义项使用频率的影响。

（7）对猜词策略掌握的程度。统计结果表明，能综合运用多种策略的学习者猜词成绩相对较好。

（8）汉语水平。汉语水平是影响猜词成绩的重要因素，尤其会影响上下文语境猜词策略的使用。事实证明，高级班的学习者基本能自主应用上下文语境策略，中级班的学习者对它的使用非常有限。

上述影响猜词的8种因素中，我们把前6种称为"微观因素"，它们局限在句内；把后两种称为"宏观因素"，它们超越了句子语境。下面我们总结词义推测策略在不同学习阶段的分布情况。

8.2 不同水平词义推测策略的使用情况

从总体上看，初级阶段（指初级下，学习者汉语学习时间为半年）多使用语义搭配、近语境、句法结构、生活常识等策略。中级一阶段，除了仍然使用初级阶段的策略，形旁与语素策略的使用明显增加；中级二阶段，语素策略的使用进一步增加，语义策略仍然为主要策略，形旁与句法策略的使用相对减少。到了高级阶段，学习者主要使用语素与上下文语境策略。（见表8-1）

表8-1 不同水平的学习者主要使用的词义推测策略

汉语水平	主要词义推测策略使用
初级	语义搭配、近语境、句法结构、生活常识
中级一	形旁、语素策略的使用有所增加
中级二	语素策略的使用进一步增加，以语义策略为主
高级	语素、上下文语境

根据表8-1，我们可以归纳不同水平汉语学习者词义推测策略的发展趋势：学习者汉语水平越高，使用策略越集中在词义的提取上。初级阶段由于汉字知识的缺乏，欧美、韩国学生多采用语义搭配、句法、近语境、生活常识等非汉字策略帮助推测词义。

到了中级一阶段，随着汉字知识的积累，学习者对汉字的结构有了进一步的认识，对形旁的认识逐渐成熟，同时也处于相对敏感期，因此，在可能的情况下，学习者会利用形旁的意义类别来推测生词词义。本书前面的口头报告数据与测试数据都很清楚地表现出了这一特点。同时，随着汉字量的积累，语素猜词策略的使用逐渐增多。本阶段对形旁猜词策略的使用较多，其他策略使用也较多。

中级二阶段，形旁猜词策略已经成熟而自动化，随着汉字量的进一步增加，语素猜词策略成为主要的猜词策略。形旁策略自动化后，汉字的整字识别成为学习者的主要目标。随着词汇量的积累，本阶段的学习者能够注意到远一点的上下文语境，因此，大的上下文语境猜词策略的使用有所增加。

高级阶段，学习者的汉字能力和汉语水平有所提高，语义、句法等策略逐渐自动化，在猜词上更多地使用语素与上下文语境猜词策略。

汉语二语学习者在阅读猜词策略使用上相对集中的发展趋势可以在日本学生的汉语阅读猜词策略的使用上得到进一步印证。

日本学生由于有汉字背景，已经掌握了相对成熟的汉字正字法知识，因此，在初级阶段猜词就表现出对形旁、语素策略的依赖，形旁、语素策略成为他们阅读猜词的主要方法。到了中级阶段，随着汉字量的进一步积累、语言水平的提高，对较高一级的上下文语境猜词策略的应用也比欧美、韩国学生更好。到了高级阶段，随着汉语水平的进一步提高，日本学生能更好地利用母语的语义系统与汉语语义系统的联系，发挥与母语对照策略的正迁移优势，同时，已能熟练地利用语素与上下文语境策略推测词义。

可以看出，语素猜词是汉语阅读猜词较为成熟且重要的策略，这是由汉字表意的特点决定的。该策略的使用受学习者汉字量的影响。语境猜词是对语言知识综合利用的策略，是不同语言共有的策略。在汉语学习的初、中级阶段，学习者对语境的利用主要是近距离的线索，本书称之为"近语境线索"。而对较远的上下文语境线索的使用受学习者汉语水平的制约，本研究发现，该策略要在中级二到高级阶段使用才逐渐增多。

值得注意的是，尽管我们采用不同的调查方法，最后得到的结论总体上非常一致。但由于语料难度对阅读理解的影响相当大，我们在口头报告中有关中级一阶段学习者的猜词策略分布研究，使用的语料是《看电影》，与后面的测试与问卷调查中个别策略的使用概率在数量上略有出入，调查语料的不同质、调查对象的差异都可能造成不一致的结果。

首先是在上下文语境策略的使用上有些不一致。中级一组的口头报告中，欧美组、韩国组对上下文语境策略的使用比日本组高。我们认为出现这种情况可能有3个方面的原因。①口头报告的文本材料的难度、语境线索的丰富与否。中级一组的调查文本是《看电影》，文章的故事性强，上下文线索丰富，同时，被试的相关背景知识丰富，因此，上下文猜词的策略使用较多。中级二组的调查文本《门》，表义隐晦，多为引申、比喻，且文章为议论文，难度较高，所以上下文语境策略使用较少。②教育因素的影响。口头报告调查的对象为中山大学留学生。中山大学国际交流学院汉语进修班中级班都有阅读技能训练课，初级班也有相关选修课，上下文语境策略使用较多也是可能的。而问卷调查的对象涵盖了7所不同学校的学生，经了解，有的学校没有开设专门的阅读课。③计算方法的影响。口头报告中，某一策略的比率计算是与别的策略相对的，比如，日本学生由于语素策略使用相当频繁，占的比率很大，别的策略相对比率就会减小。而问卷调查分数的计算是绝对的，每个策略是独立计算的，不受别的策略分值的影响。

其次是欧美学生在形旁、声旁、语素等与汉字相关的策略的使用上，口头报告比问卷调查的结果稍微超前，也就是说，初级组中的一些被试已经可以借助形旁、声旁猜词了。联系初级组中欧美被试的基本资料可知，口头报告的初级组被试都是中山大学国际交流学院汉语进修班初级第二个学期的汉语学习者，其中有5位被试已在本国语言学专业学习汉语两年左右，并学过汉字形旁、声旁等知识。这是其口头报告策略使用超前的原因。

中级一组中欧美被试在语素策略使用的表现上也有同样的因素。也就是说，口头报告中对汉语水平的控制依据中山大学国际交流学院汉语进修班的分班成绩，而不是完全按照汉语学习的时间来分组的。但由于问卷调查涵盖面广，因此完全按照学习汉语的时间来分组。这里的不完全一致，使被试在个别策略的使用上存在一些量的差别。

从整体上看，不同方法的调查结果非常一致。

8.3 汉语阅读能力结构分析

8.3.1 汉语阅读词义推测的重要策略——语义搭配、语素与上下文语境

通过对欧美国家及韩国、日本学习者猜词能力的细致考察，以及对影响猜词成绩的因素的分析，对猜词策略在不同学习阶段的发展趋势的研究，发现语义搭配、语素与上下文语境为汉语阅读猜词的重要策略，而语素与上下文语境为汉语阅读猜词较为成熟的策略。这两种策略的使用需要有一个发展的过程。

总体上看，语义搭配策略为普遍使用的策略，语素策略的使用必须以相应的汉字能力为基础，上下文语境策略的成功使用以相应的汉语水平为基础，汉语学习的初、中级阶段局限于近语境猜词，高级阶段对大的上下文语境线索利用较好。笔者认为，汉字水平是构成汉语阅读能力的首要因素，在此，我们提出汉语阅读的"汉字门槛"说。其次，语言水平影响学习者对上下文语境猜词策略的使用，也是影响汉语阅读的重要因素。语义理解是阅读理解的重要构成部分，包括对词义、句义、篇章等的理解。根据我们的调查，笔者认为，语义建构能力为阅读能力构成的一个重要因素。尽管语义建构能力也受语言水平的影响，但由于其对阅读理解具有特殊意义，我们把它单列为一种重要的阅读能力。下面我们分别对这3个方面进行论述。

8.3.2 汉语阅读必须跨越汉字"门槛"——汉字量的大小

汉语学习的汉字问题也许会被认为是不言而喻的问题，一点也不新鲜。的确，关于对外汉字的教学问题，近年来已有不少研究，相关研究成果多数集中在如何教学汉字、记忆汉字，以及汉字学习策略等方面（石定果、万业馨，1998；万业馨，2000；江新、赵果，2001；柳燕梅，2003；周健、尉万传，2004；王碧霞等，1994；姜丽萍，1998；程朝晖，1997；等等）。另外，对汉字的书写偏误分析的成果也比较丰富。但是，

从汉语阅读对汉字量的要求的角度而进行的统计研究、对汉字学习发展的阶段性的量的研究尚不多见。

认知心理学研究成果已经告诉我们，汉字存在笔画效应、部件效应。但相关的教学研究成果还很少见，我们需要弄清楚学习者是如何学习笔画与部件的，他们在认知上有什么特点，以探求顺应学习者学习规律的教学模式。可喜的是，笔画学习研究已出现一些成果（易洪川，1999、2001、2004；梁彦民，2004；等等），但部件的学习研究还比较欠缺。

我们面临的问题是，经过一个学期的汉语学习，欧美国家的学生并没有很好地掌握现有教材所提供的词语，认识的汉字很少，独立阅读基本上是不可能的。不跨越汉字"门槛"，汉语阅读将无从谈起。

前面的实验表明，汉字形旁与汉字整字意义的一致性对词义理解帮助很大。在汉字中，据统计，80%以上的形旁跟整字所表示的意义有联系（王宁，1997；康加深，1993），因此，汉字的字形分析能力与汉字量的积累为跨越汉字"门槛"的重要准备。对这两个方面的学习过程需要进行量化研究。也就是说，确定"门槛"的高度尚需进一步的汉字使用频率研究，从而研制出"汉字学习进阶"的学习材料，使学习者能够逐步积累汉字知识，从而跨越汉字"门槛"。

8.3.3 语义建构能力

字义提取是汉语阅读学习的第一步。我们在第一章里将阅读定义为对书面语言的意义的理解。意义理解是第二语言阅读的主要目的。从本研究的结果看，对各种语义单位的关系的理解是重要的猜词策略之一。因此，我们认为，对汉语语义关系的多层建构是汉语阅读能力的重要组成部分。语义关系的建构主要包括以下几种。

（1）语义搭配关系建构。在第三章中，我们对语义搭配策略进行了界定，它指句内词义的选择与限制（selectional restriction）。贾彦德（1999）称之为"义位的搭配"，也就是句子里的词语搭配。词语之间的搭配除了语义上的制约，还要受到社会、文化的影响，因此，一方面具有客观普遍性，另一方面，各种语言又存在各自的特殊性。贾彦德（1999）将句内的词语搭配情况分为3种：可以搭配的、不能搭配的、虽然能搭配但没有必要的。其中，可以搭配的又分为强式搭配、弱式搭配、修辞上的搭配等子类。

语义搭配关系中反映现实的客观普遍性的东西，学习者在早先的母语中已经建立，重要的是在汉语学习时要注意深层的语义通达，建立相应的汉语语义网络。对于汉语中的特殊搭配，要重新学习，建立新的语义搭配关系。

(2) 语义场（semantic field）关系建构。简单说来，语义场就是词义的分类，也就是根据词义的共同特点或关系划分出来的类，是客观世界的系统性在语义中的反映。语义场常常包括很多类型，常见的有同义义场、反义义场、分类义场、顺序义场等。对语义场中词语关系的掌握，有助于理解词义之间的关系，便于建构汉语整体的语义关系网络。

在外语阅读教学中，通过语义场来学习词语的现象已有学者注意到。陈贤纯（1998）提出，通过对语义场的词语的学习来进行集中强化的词汇教学。他的方案提倡的是一种强化训练，所以在教材中并没能得到实施。但我们认为，无论以什么样的形式出现，都应该考虑帮助学生建立语义场词语关系的网络。本书的实验已经表明，词语间的同义、反义等关系有助于意义的理解。

(3) 句义提取。句义提取是指对句子意义的理解。事实上，对句子意义的理解不可能离开句法分析。句义提取是通过句法分析达成对句子的深层理解。因此，句法知识的学习是句义理解的基础。但我们不能只停留在单纯的语法形式的学习上，还必须将句法与句义关系的理解结合起来学习。我们认为句义分析包括词义提取与句法分析两种直接的因素。（如图8－1所示）

图8－1　句义提取图示

图8－1反映了语言的基本构成部分：词汇与语法。词汇量与语法知识水平常常是衡量语言水平的重要指标。

8.3.4 语言水平

本来，语义分析也是语言水平的一个重要组成部分，只是在我们的调查中，语义关系对词义的理解显得特别重要，是不同母语背景、不同水平的学习者普遍选用的策略。因此，本书对语义建构能力进行了专门分析。不过，从问卷调查的定量分析中可以看出，语义策略的使用频率仍然随着语言水平的提高而提高，这表明语义分析能力也受语言水平影响。

语言水平主要指词汇能力与语法知识水平，与学习的时间相关。本书采用学习者的学习时间以及分班情况（中山大学每学期都通过分班考试确定学生的语言水平，然后将学生编入合适的班级学习）作为语言水平的判别标准。

本书研究结果表明：处于初级第二个学期的学习者还不能独立阅读语段，欧美国家的学生连阅读句子都有困难，句中猜词成绩明显不如中级阶段的学生，使用的猜词策略相对于中级组也很有限。到了中级阶段，学习者的句内猜词成绩有显著的提升，在控制语料难度的情况下，可以独立阅读语篇，但猜词成绩明显不如高级阶段的学生，而且对上下文语境策略的使用也很有限，局限于对直接的近语境线索的利用。到了高级阶段，在阅读难度较大的语篇中，学习者的上下文语境猜词能力显著提高，猜词正确率高。猜词策略相对集中在语素与上下文语境上。

上下文语境猜词相对于其他猜词策略难度较大。我们在问卷调查中发现，只有日本中级组学习者的上下文猜词策略排在了策略使用的第5位（居中偏前），而在欧美中级组、韩国中级组中，该策略都属于不常用的策略之一。测试成绩也证明了对该策略的使用受语言水平的制约。

与句内猜词不同的是，上下文语境猜词是以内容理解为前提的一种策略。也就是说，它是读者不再为句中的语言知识所困扰，通过对上下文意义的整合来解决个别生词问题的策略。因此，语言水平不够的读者自然很难使用这种策略。也就是说，语言知识不足会影响学习者在猜词时对上下文语境策略的使用，会影响阅读过程中对内容的理解。这个结果支持阅读内容加工过程的"抑制假说"（Horiba，1990），即由于语言水平的限制，学习者不能通过对文章整体意义的建构来解决阅读中的生词等语言问题，反而会影响对文章整体意义的把握。

归结起来，汉语阅读的能力结构可以概括为汉字能力（包括对汉字形旁、声旁的辨别能力与汉字量)、语义分析能力(词义、语义搭配关系、句义等)、语言水平等。本书没有讨论语篇分析对阅读的影响。

8.4 二语汉语阅读能力的发展过程分析

8.4.1 欧美国家学生的汉语阅读必须跨越汉字、汉语双重"门槛"

从上一节的阅读能力结构分析可知,欧美国家的汉语学习者首先必须跨越汉字"门槛"。本书的研究结果已证明,文字背景与语言背景的差异的确会造成汉语阅读能力的差异。相对于日本学生来说,欧美国家的学生必须从零开始系统地学习汉字,比日本学生要多一个汉字学习的过程。韩国学生在中学时或多或少有过汉语学习经验,对汉字并不完全陌生,甚至学过一些基础知识,因此,韩国学生学习汉字的历程会比欧美国家的学生短。而且韩语中的汉语词会帮助他们提升汉语词汇水平。从语言水平的角度讲,学习汉语韩国学生比欧美国家的学生有优势。

本书的研究结果也证明,欧美国家学生的阅读水平相对于日本、韩国学生来说,差距显著。

总之,欧美国家的学生阅读能力的发展必须跨越汉字、汉语的双重"门槛"。也就是说,欧美国家的学生首先必须培养一定的汉字识别能力,同时,还需要掌握词义提取能力、句法分析能力、语义分析能力等。因此,欧美国家学生汉语阅读能力的发展过程相对于韩国、日本学生来说,时间要长很多。

8.4.2 韩国学生的汉字、汉语"门槛"都较欧美国家的学生低

相对于欧美国家的学生来说,韩语中的汉语词对韩国学生的汉语阅读理解有帮助,但本书的调查发现,只有在学习者掌握了一定的汉字,完成初级阶段的汉语学习,进入中级阶段以后,韩国学生才渐渐能够利用母语中的汉语词来帮助理解,即到了中级阶段,韩国学生才可以利用与母语对照的策略来猜词,而且汉语水平越高,汉语词帮助就越大。

但是,与欧美国家的学生一样,韩国学生同样遭遇汉字"门槛",只是由于早先的汉语学习经验,以及对汉字的感性认识,其汉字"门槛"

比欧美国家的学生相对低一些。因此，相对于欧美国家的学生来说，韩国学生虽然也要跨越汉字、汉语的双重"门槛"，但这两个"门槛"都比欧美国家的学生低。韩国学生的阅读能力发展比欧美国家的学生快，尤其是跨过汉字"门槛"后，由于有汉语词的帮助，其阅读能力会发展较快。

8.4.3 日本学生几乎没有汉字"门槛"

众所周知，由于日文中有汉字，因此，日本学生汉语阅读较好。也就是说，对日本学生来说，他们早已跨过了汉字"门槛"。但这并不是说他们的汉字就没有问题了，而是说他们已基本掌握了汉字的正字法知识，汉字的学习只是量的积累。据统计，汉语词在日本书面语中占52%以上，笔画完全相同的汉字在1981年日本公布的《常用汉字表》的1945个汉字中占2/3以上（王顺洪、西川和男，1995），而且这些汉字中，同形同义的占大多数。因此，相对于欧美、韩国学生来说，日本学生的汉语阅读有绝对优势。

我们的调查也表明，无论口头报告还是测试实验、问卷调查，日本学生的分值都最高。当然，这并不是说，日本学生对汉语阅读就可以高枕无忧了。事实上，日语与汉语毕竟是两种不同的语言，日本学生的语音、语法问题是显而易见的。口头报告调查表明，日本初级学生仍然很难阅读汉语的语段，就是到了中级阶段，他们根据语境猜词虽然比欧美、韩国学生表现好，但成绩并不优秀。也就是说，日本学生仍然需要跨越语言"门槛"。

我们将欧美国家及韩国、日本的学生进行对比，目的是想说明不同母语背景的学习者，其汉语阅读能力的发展过程存在差异，应该对欧美国家及韩国、日本的学生在汉语阅读学习上的差异进行细致的研究，了解影响汉语阅读的相关因素，以提高汉语阅读教学的针对性。

8.4.4 假设验证

现在，我们对第四章中建构的研究理论假设进行检验，验证其是否得到试验的支持。先看前面的假设：①汉字背景的有无将导致学习者汉语阅读能力结构的根本不同；②文字背景的差异会影响汉语阅读的单词识别方式；③受汉语水平的限制，低水平的学习者更多依赖于字词策略等低水平加工，以内容为导向的宏观阅读策略的使用受到语言能力的制约；④母语与目的语的关系会影响学习者阅读能力的发展进程；⑤欧美国家及韩国、日本3种不同母语文字背景的汉语学习者的汉语阅读能力发展过程具有特殊性。对照8.4节的能力结构分析可知，我们不仅证明了文字背景、语言背景的差异对汉语阅读能力发展过程的影响，还发现了语义关系的建构对阅读能力的重要影响。但对于假设②，本书没有明显的结论。只是在初级阶段，欧美国家的学生对汉字的声旁策略的使用较韩国、日本学生多。但到中级阶段以后，在该策略的使用上，国别差异并不显著。因此，该假设还需要进一步的研究。

第九章　二语汉语阅读教学启示

根据第八章对二语汉语阅读能力发展过程分析研究的结果，阅读能力必须以相应的语言、文字知识为基础。下面拟从汉字教学、词语教学、语法教学、阅读技能训练的阶段目标、阅读教学的国别差异等方面谈谈本研究得到的启示。

9.1　重视汉字构形训练

我们知道，对于音、形相关的英语学习来说，读音的切分很重要，而对于表意的汉字来说，形的切分是学习的开始。美国汉学家黎天睦（1987）曾指出："辨认汉字的形体对母语为拼音文字的外国人来说是相当困难的事。"因此，首先应该帮助留学生分析辨别汉字形体，如汉字的笔画、部件等汉字的基本结构单位，帮助学习者学习看汉字、写汉字的方法。

我们通过问卷调查发现，欧美国家的学生对部件策略的评分较高，该策略在初级下学期排在第3位，到了中级就排在了第1位。可见，到了中级阶段，欧美国家学生的部件意识已经成熟。但事实上，部件还只是构成汉字的单位，它应该在学习汉字的第一个阶段完成，这样才能进一步学习汉字的形旁与声旁。调查发现，欧美国家学生的形旁、声旁意识发展相对比较滞后，到了中级第一个学期也还并不成熟。这表明，欧美国家学生对汉字的字形分析能力发展滞后。因此，教师在教学上应该给予充分的重视，应该编写从理论到实践都有步骤的汉字教学课本，对留学生进行系统的汉字教学。

这方面的教学可以吸取我国小学识字教学的一些经验，比如，生词表中的形旁用不同的颜色标出，以帮助学生辨识汉字的偏旁等。同时，我们还可以制作常用形旁及整字的挂图，挂在留学生的课室里，增加学习者对汉字的感性认识。

此外，声旁辨识也不容忽视。受对拼音文字的感知方式的影响，欧美国家等非汉字圈国家的学习者认为汉字的"见字不知音"是最初学习阅读时的最大困难，明确希望"重视声旁"教学（石定果、万业馨，1998）。在汉字学习的初级阶段，读音对此类学习者很重要。江新（2003）的研究显示，欧美初级学生的知音与知义相关。吴门吉（2006）的研究也显示，欧美初级学生的知音还与知形相关。因此，形、音、义三者不可偏废。

9.2　重视词语搭配关系教学

关于词语搭配关系在阅读理解中的作用，前面已讲了很多，这里我们谈如何教学。我们认为，可以从几个方面来增加留学生的词语搭配知识：①编写以动词为中心的词语搭配词典；②在阅读、精读教材中编写词语搭配的练习，练习中尤其要注意汉语中的特殊搭配关系，而所有语言中普遍的搭配关系就可以少练习；③在生词表中或词语注释中注出典型的搭配关系。

其实，词语搭配关系教学已不是一个新鲜的话题，有的教材也编写了相应的练习题。但受学生生词量的限制，此类练习还缺乏系统性。因此，教师在教授词语时给出相应的语义搭配关系，将有助于弥补教材的不足。

同时，还要启发学生将汉语与母语中相应的搭配关系进行对比，以通达深层的语义系统。记得有一次，在笔者教授"关注"一词时，一位阿根廷学生表示很难弄明白该词的用法，后来他知道是"keep an eye on…"的意思，就觉得清楚了。这看起来好像是翻译，但笔者认为，这是他在与自己已有的语义系统建立联系。这种让学习者通过自己的思考而建立语义关系的学习值得提倡。

9.3　置于语义场的词语教学

语义场是词语意义的分类，同一语义场的词语具有一种聚合关系，如词语的同义义场、反义义场等。语义场具有层次性，把词语放在语义场中教学，有助于厘清词语之间的相互关系，建构汉语语义系统。对韩国学生来说，这样有利于激活他们母语中的汉语词。

常见的教学方法是通过词语的联想来建构语义场。目前的教学对词语的同义与反义关系比较重视，相关的练习也较多，其他的语义场却没有得到重视。我们认为，教材可以分单元进行语义场词语的归纳，这样将有助于学生更准确地掌握词义，并建立汉语的词义网络，尽早激活韩国学生的汉语词资源。比如，在讲到"菜篮子工程"时，可以"菜篮子"为中心词，组成一个语义场。①

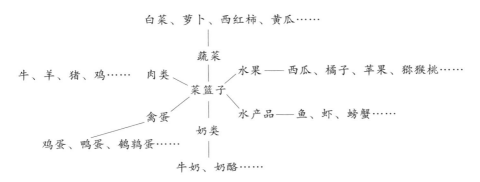

语义场中的词并不要求学生完全掌握，这些词可以要求学生再认，不必要求学生再现。这样就不会加重学生的学习负担。

9.4 循序渐进的技能训练

阅读能力是由一系列的微技能构成的，因此，我们既要注意阅读教学的系统性，同时也必须顺应学习发展的自然规律，分阶段教学，化整为零，螺旋上升。

9.4.1 初级阶段

结合本研究的结论，我们认为，初级阶段的阅读教学应以汉字偏旁学习、汉字分析与辨识为训练的重要内容，包括汉字形旁辨识、声旁辨识、字形比较，以及常用词语的搭配等字、词识别能力的培养。

---

① 该例子转引自戴雪梅《图式理论在对外汉语阅读教学中的应用》，载《汉语学习》2003年第2期，第51页。

下面以形旁训练为例,说明训练方式。
(1) 形旁辨识。例如,给出 4 个选项,让学生指出与别的选项在意义类别上不一致的一项。例如:

A. 花　　　B. 茅　　　C. 尘　　　D. 获
A. 棍　　　B. 槐　　　C. 檀　　　D. 撩

这种练习可以使学生深化对形旁的理解,并区别不同形旁的表意类别,分辨写法相似的形旁。
(2) 意义归类。例如,给出下面一组字,让学生按表示意义的不同进行归类:

诉　抱　悼　峨　访　情　菊　岳　茉　拳

平时可以有目的地多给学生一些练习,让学生在练习中熟悉汉字形旁的意义类别。
(3) 选择题。给出题干与选项。这种练习与前面两种比较,难度要大一些。《中级汉语阅读教程(Ⅰ)》(周小兵、张世涛,1999)中采用较多。例如:

①因为自己有缺点,做错了事情而感到不安。
A. 残酷　　　B. 回避　　　C. 减少　　　D. 惭愧
②他把掉在小洞里的一分钱抠了出来。
A. 用水冲　　B. 想办法　　C. 请别人拿　D. 用手挖

另外,我们也可以给出形旁,让学生写出包含这个形旁并与其意义相关的汉字;或者给出一些汉字,让学生讨论这些汉字可能是什么意思。例如:

袍　拦　柱　讥　怂　烘　唠叨　蛀　剃　氢

9.4.2 中级一阶段

在此阶段,要进一步巩固汉字知识,增加词汇和句法分析等语言知识的积累,加强汉语构词法知识的学习和词语的语义场关系建构(方法参见上一节)。

构词法丰富是汉语词汇系统的特点之一。汉语中有大量的词汇是由少量的语素构成的,并且这些语素大多具有独立的形、音、义,一个语素可通过不同的方式与其他语素结合,形成互相联系的一个词族,这是汉语区别于其他形态丰富的语言的重要特点。按照周有光先生的"汉字出现频率不平衡规律",在汉语中使用频度最高的 1000 字,其覆盖率约为 90%;此后每增加 1400 字,覆盖率约增加 1/10;掌握了 2400 个常用汉字,其书面语的覆盖率为 99% 以上。① 在我们的汉语教学中,如果能够结合汉语自身的特点,重视语素这一基本结构单位,了解汉语的基本构词法,对词汇的积累与阅读能力的提高将有极大的帮助。

不过,对构词法的学习,必须要讲究策略。在阅读训练中,我们把不同的构词方式分解成单一的技能来训练。② 比如,联合式、偏正式、动宾式、动补式、主谓式分别为一种技能。进行技能训练时,采用先给例子,再进行比较的方法比较好。如先给出下面一组词:

美丽　　光明　　明亮　　方圆　　黑板　　台灯

然后,让学生找出其中结构方式相异的一个词或几个词,并说明不同之处。学生不难发现"黑板""台灯"的结构方式与前面的词不一样。讨论之后,老师再出示概念:什么样的词是联合式或偏正式合成词。接着再进行练习,同伴讨论。这样学习起来也就容易掌握了。

也可以采用"异中求同"的方法进行练习,例如:

跟"京剧"同类的词是:剧院	越剧	剧烈	川剧	剧组
跟"铅笔"同类的词是:笔记	钢笔	毛笔	笔套	笔试
跟"啤酒"同类的词是:米酒	白酒	酒店	酒鬼	红酒
跟"西装"同类的词是:时装	古装	装修	装订	套装

---

① 该数据转引自冯丽萍《中级汉语水平留学生的词汇结构意识与阅读能力的培养》,载《世界汉语教学》2003 年第 2 期,第 70 页。

② 参见周小兵、张世涛《中级汉语阅读教程(Ⅰ)》,北京大学出版社 1999 年版。

或者找出某一类结构的词，如从下列词语中找出属于动宾结构的词：

思乡　考虑　表演　收拾　畏难　改变　提名　失恋　报告　担心
释义　要求　邀请　讲价　演讲　生长　扫盲　照顾　活动　伤心
听写　放手

同样的方法可以练习别的构词方式。

也可以通过猜测词义的方式来训练，即利用复合词中认识的字猜测整个词的意思，通常放在句子语境中来练习。例如：

我不想跟他争辩。
我只知道一点儿皮毛，不敢自称专家。
这个东西是锻铁做的。
茜草可以入药，也可以当染料。

还可以采用寻找句子主干的方法来进行句法分析的训练。①

9.4.3　中级二阶段

随着学习者词汇量的积累、语法系统的建构、语言水平的整体提高，可进一步培养学习者对句子以外的语段的逻辑关系的理解，进行大意归纳、概括等对语段意义整合的训练，鼓励学习者多利用上下文语境线索猜词。比如：抓关联词的训练，这是了解句子间逻辑关系的重要方法；区别文章中的事实与意见，知道什么是客观事实，什么是作者的主观态度；抓主词，找主句，了解文章的主要意思等。

9.4.4　高级阶段

根据本书的调查结果，在策略上，应不再局限于语言知识，而要着重培养学习者以理解文章的内容为目的的阅读理解能力，培养学习者语篇分析的能力以及为提取信息服务的高层次加工技能。

---

① 具体训练方法请参见张世涛、吴门吉《阶梯汉语·中级阅读》（第3册），华语教学出版社2004年版。

在本书的第二章中，我们对阅读能力的结构进行了分析，高层次加工指理解过程，包括文本模式理解、语篇理解、读者的背景知识、推理技能等。

9.5 结合语义的语法教学

语法教学一直是我们教学的重要内容。如果在教学语法时能同时注意相应的语义关系的教学，让学生不仅能记住相应的语法形式，还能理解该形式的深层意义，这将有助于学习者建立汉语的意义关系的表达方式。这可以通过教材编写来实现。现在的语法研究已经很注意与语义的结合了，只是希望能将具体的研究成果与对外汉语教材的编写结合起来，以达到将科研成果应用于教学实践的目的。另外，还可以编写相应的语法学习参考书，这对教师、学生都有较大的参考价值。

9.6 重视母语背景对汉语阅读学习时长的影响

目前，对外汉语教学模式仍然是"一刀切"，没有考虑语言、文字背景对学习者学习发展过程的影响。在汉语学习的初级阶段，主要是语音、语法的学习，也许学习者的国别差异还不太明显。一旦进入中级阶段，随着阅读量的增加，欧美、非洲等拼音文字背景的学习者因为汉字知识、词汇量等的不足，学习明显变得非常吃力。笔者在中级阅读教学中，以及在本书的调查过程中，已发现不少这样的问题。比如，有的欧美国家的学生在阅读课上根本不能跟上教学进度，但老师也不能不照顾大多数学生的学习进度，那部分跟不上的学生常常因此失去学习的积极性。这将造成学生的流失。在笔者调查中级一组的口头报告中，有一位来自澳大利亚的学生，他在本国曾是优秀的汉语学习者，但到中国学习后，由于学习进度跟不上同班来自日本、韩国、越南等国家的学习者，尤其是在阅读方面，他感到痛苦不堪。后来，笔者建议他去低一级的班学习，这样可能会合适一些。他采纳了笔者的建议，感觉轻松了很多。

事实上，学习者由于母语背景的差异而造成的学习过程的差异，已为很多教学者所注意。有学者提出分班上课，但因为受各种客观条件的限制，很难实行。其实，我们还可以有别的解决方法。我们认为，可以让欧美国家等拼音文字背景的学习者增加初级阶段的学习时间，以适应他们学习发展过程的需要。比如，日本、韩国等国的学生学一年的初级汉语课程，欧美国家的学生由于汉字学习的任务很重，我们可以增加初级班的层次，让他们的进度慢一些，可以学习一年半或者两年，以完成语音、基础语法以及汉字知识的系统学习，为中级阶段的大阅读量做好准备。

参 考 文 献

[1] 艾森克,基恩. 认知心理学 [M]. 高定国,肖晓云,译. 上海:华东师范大学出版社,2004.

[2] 陈绂. 谈对欧美留学生的字词教学 [J]. 语言教学与研究,1996(4):97-108.

[3] 陈绂. 日本学生书写汉语汉字的讹误及其产生原因 [J]. 世界汉语教学,2001(4):75-81.

[4] 陈慧. 外国学生识别形声字错误类型小析 [J]. 语言教学与研究,2001(2):16-20.

[5] 陈前瑞. 对外汉语研究的跨学科探索:汉语学习与认知国际学术研讨会论文述要 [J]. 世界汉语教学,2002(1):104-110.

[6] 陈贤纯. 外语阅读教学与心理学 [M]. 北京:北京语言文化大学出版社,1998.

[7] 程朝晖. 汉字的学与教 [J]. 世界汉语教学,1997(3):82-86.

[8] 储诚志. 知识图式、篇章构造与汉语阅读教学 [J]. 世界汉语教学,1994(2):51-57.

[9] 杜君燕. 日本汉语教学中的汉字问题 [J]. 世界汉语教学,1994(3):67-73.

[10] 冯丽萍. 中级汉语水平留学生的词汇结构意识与阅读能力的培养 [J]. 世界汉语教学,2003(2):66-71.

[11] 高立群. 外国留学生规则字偏误分析:基于中介语语料库的研究 [J]. 语言教学与研究,2001(5):55-62.

[12] 高立群,孟凌. 外国留学生汉语阅读中音、形信息对汉字辨认的影响 [J]. 世界汉语教学,2000(4):67-76.

[13] 桂诗春. 应用语言学 [M]. 长沙:湖南教育出版社,1988.

[14] 黄伯荣,廖序东. 现代汉语:上 [M]. 增订2版. 北京:高等教育出版社,1997.

[15] 季秀清. 外国留学生汉语阅读中字形与字音的作用初探 [M]//北京语言文化大学汉语学院. 语言文化教学研究集刊:第4辑. 北京:华语教学出版社,2000:96-102.

[16] 季秀清. 语篇分析模式与语篇整体阅读教学 [M]//北京语言文化大学汉

语学院. 语言文化教学研究集刊:第 1 辑. 北京:华语教学出版社,1997:98-106.

[17] 贾彦德. 汉语语义学 [M]. 北京:北京大学出版社,1999.

[18] 姜丽萍. 基础阶段留学生识记汉字的过程 [J]. 汉语学习,1998 (2):46-49.

[19] 江新,柳燕梅. 拼音文字背景的外国学生汉字书写错误研究 [J]. 世界汉语教学,2004 (1):60-70.

[20] 江新. 不同母语背景的外国学生汉字知音和知义之间关系的研究 [J]. 语言教学与研究,2003a (6):51-57.

[21] 江新. 中级阶段日韩学生汉语阅读中字形和字音的作用 [C] //《第七届国际汉语教学讨论会论文选》编辑委员会. 第七届国际汉语教学讨论会论文选. 北京:北京大学出版社,2004.

[22] 江新. 中级阶段欧美学生汉语阅读中字形和字音的作用 [M] //周小兵,宋永波. 对外汉语阅读研究. 北京:北京大学出版社,2005.

[23] 江新. 初学汉语的美国学生汉字正字法意识的实验研究 [M] //赵金铭. 对外汉语研究的跨学科探索:汉语学习与认知国际学术研讨会论文集. 北京:北京语言大学出版社,2003b:207-218.

[24] 江新,赵果. 初级阶段外国留学生汉字学习策略的调查研究 [J]. 语言教学与研究,2001 (4):10-17.

[25] 金立鑫. 阅读教学的层次、目标和方法 [Z]. 全国对外汉语阅读教学研讨会论文. 广州:中山大学,2001.

[26] 康加深. 现代汉语形声字形符研究 [M] //陈原. 现代汉语用字信息分析. 上海:上海教育出版社,1993.

[27] 李大农. 对韩国留学生汉语词汇教学中的几个问题 [C] //中国对外汉语教学学会. 中国对外汉语教学学会第六次学术讨论会论文选. 北京:华语教学出版社,1999:236-250.

[28] 李嘉郁. 海外华裔学生的课外阅读及读本编写 [Z]. 全国对外汉语阅读教学研讨会论文. 广州:中山大学,2001.

[29] 李绍林. 高水平汉语阅读难点词语调查及其有关问题 [J]. 语言文字应用,1995 (3):82-87.

[30] 李世之. 关于阅读教学的几点思考 [J]. 世界汉语教学,1997 (1):78-81.

[31] 李珠,王建勤. 关于学生阅读理解失误的调查报告 [J]. 语言教学与研究,1987 (2):111-118.

[32] 黎天睦. 现代外语教学法:理论与实践 [M]. 北京:北京语言学院出版社,1987.

[33] 梁彦民. 笔画层次的汉字区别特征初步分析 [C] //《第七届国际汉语教

学讨论会论文选》编辑委员会. 第七届国际汉语教学讨论会论文选. 北京：北京大学出版社，2004：35 – 41.

[34] 凌德祥. 语境法阅读教学 [Z]. 全国对外汉语阅读教学研讨会论文. 广州：中山大学，2001.

[35] 刘津开. 第二语言习得中的学习策略迁移 [J]. 现代外语，2002（3）：250 – 258.

[36] 刘谦功. 阅读技能训练理论与实践新探 [M] //北京语言文化大学汉语学院. 语言文化教学研究集刊：第3辑. 北京：华语教学出版社，1999：124 – 130.

[37] 刘颂浩. 汉语学习者阅读中的理解监控行为考察 [J]. 暨南大学华文学院学报，2002（3）：1 – 10.

[38] 刘颂浩. 对阅读教学的若干思考 [J]. Journal of Chinese Language Teachers' Association，2001a，36（2）：63 – 78.

[39] 刘颂浩. 关于在语境中猜测词义的调查 [J]. 汉语学习，2001b（1）：45 – 49.

[40] 刘颂浩. 论阅读教材的趣味性 [J]. 语言教学与研究，2000（3）：15 – 20.

[41] 刘颂浩. 对9名日本学生误读现象的分析 [J]. 语言教学与研究，1999a（2）：97 – 109.

[42] 刘颂浩. 阅读课上的词汇训练 [J]. 世界汉语教学，1999b（4）：12 – 23.

[43] 刘颂浩. 怎样训练阅读理解中的概括能力 [C] //中国对外汉语教学学会. 中国对外汉语教学学会第五次学术讨论会论文选. 北京：北京语言学院出版社，1996：216 – 227.

[44] 刘颂浩. 预设与阅读理解 [J]. 语言教学与研究，1995（3）：94 – 105.

[45] 柳燕梅，江新. 欧美学生汉字学习方法的实验研究：回忆默写法与重复抄写法的比较 [J]. 世界汉语教学，2003（1）：59 – 67.

[46] 刘正文. 阅读教学的适度性原则 [Z]. 全国对外汉语阅读教学研讨会论文. 广州：中山大学，2001.

[47] 陆庆和. 日本中国语检定与HSK阅读试题的对比 [Z]. 全国对外汉语阅读教学研讨会论文. 广州：中山大学，2001.

[48] 鹿士义. 母语为拼音文字的学习者汉字正字法意识发展的研究 [J]. 语言教学与研究，2002（3）：53 – 57.

[49] 骆惠珍，万维强. 图式理论与汉语阅读课教学 [J]. 语言与翻译（汉文），2003（3）：60 – 62.

[50] 吕必松. 对外汉语教学概论（讲义）（续十五）[J]. 世界汉语教学，1996（2）：71 – 78.

[51] 彭聃龄. 汉语认知研究 [M]. 济南：山东教育出版社，1997.

[52] 彭聃龄. 语言心理学 [M]. 北京：北京师范大学出版社，1991.

[53] 钱旭菁. 词义猜测的过程和猜测所用的知识：伴随性词语学习的个案研究[J]. 世界汉语教学，2005（1）：87－96.

[54] 钱旭菁. 汉语阅读中的伴随性词汇学习研究[J]. 北京大学学报（哲学社会科学版），2003（4）：135－142.

[55] 乔印伟. 汉语阅读教学任务及其量化分析[J]. 世界汉语教学，2001（2）：94－100.

[56] 盛炎. 语言教学原理[M]. 重庆：重庆出版社，1990.

[57] 史艳岚. 报刊阅读课的网上教学[M]//周小兵，宋永波. 对外汉语阅读研究. 北京：北京大学出版社，2005.

[58] 石定果，万业馨. 关于对外汉字教学的调查报告[J]. 语言教学与研究，1998（1）：36－48.

[59] 施正宇. 外国留学生汉字书写偏误分析[C]//《第六届国际汉语教学讨论会论文选》编辑委员会. 第六届国际汉语教学讨论会论文选. 北京：北京大学出版社，2000：268－276.

[60] 孙萍萍. 报刊阅读课中的文化教学[Z]. 全国对外汉语阅读教学研讨会论文. 广州：中山大学，2001.

[61] 万业馨. 略论形声字声旁与对外汉字教学[J]. 世界汉语教学，2000（1）：62－69.

[62] 王碧霞. 阅读过程与阅读能力：探讨基础阶段的汉语阅读课教学[M]//北京语言文化大学汉语学院. 语言文化教学研究集刊：第1辑. 北京：华语教学出版社，1997：40－50.

[63] 王碧霞，李宁，种国胜，等. 从留学生识记汉字的心理过程探讨基础阶段汉字教学[J]. 语言教学与研究，1994（3）：21－33.

[64] 王功平. 留学生汉语词汇学习策略的指导[Z]. 全国对外汉语阅读教学研讨会论文. 广州：中山大学，2001.

[65] 王海龙. 解读中国：中国文化阅读教程Ⅱ[M]. 北京：北京大学出版社，2002.

[66] 王辉. 图式理论启发下的对外汉语阅读教学策略[J]. 汉语学习，2004（2）：66－69.

[67] 王立非. 国外二语习得研究新进展[J]. 国外外语教学，2002（2）：1－8，封底.

[68] 王宁. 汉语字词的结构和意义[M]//彭聘龄. 汉语认知研究. 济南：山东教育出版社，1997：35－64.

[69] 王顺洪，西川和男. 中日汉字异同及其对日本人学习汉语之影响[J]. 世界汉语教学，1995（2）：60－65.

[70] 王小曼. 阅读课词汇教学 [Z]. 全国对外汉语阅读教学研讨会论文. 广州：中山大学，2001.

[71] 王寅. 语义理论与语言教学 [M]. 上海：上海外语教育出版社，2001.

[72] 韦旭升，许东振. 韩国语实用语法 [M]. 北京：外语教学与研究出版社，1995.

[73] 吴门吉. 影响留学生阅读因素的考察 [Z]. 全国对外汉语阅读教学研讨会论文. 广州：中山大学，2001.

[74] 吴门吉，高定国，肖晓云，等. 欧美韩日学生汉字认读与书写习得研究 [J]. 语言教学与研究，2006（6）：64-71.

[75] 吴门吉，徐霄鹰. 加强汉语阅读中句法结构知识的讲解和训练 [J]. 海外华文教育，2004（4）：12-18.

[76] 吴向华. 同义词在阅读过程中的预测功能 [Z]. 全国对外汉语阅读教学研讨会论文. 广州：中山大学，2001.

[77] 肖路. 汉语阅读教学中图式理论的运用 [Z]. 全国对外汉语阅读教学研讨会论文. 广州：中山大学，2001.

[78] 肖奚强. 外国学生汉字偏误分析 [J]. 世界汉语教学，2002（2）：79-85.

[79] 肖奚强，叶皖林. 高级阶段汉语教材中阅读部分的编写设想 [Z]. 全国对外汉语阅读教学研讨会论文. 广州：中山大学，2001.

[80] 熊云茜. 阅读模式与汉语阅读课教学思考 [J]. 云南师范大学学报（对外汉语教学与研究版），2003（5）：51-53.

[81] 徐彩华，李镗. 语义透明度影响儿童词汇学习的实验研究 [J]. 语言文字应用，2001（2）：53-59.

[82] 徐霄鹰. 改进中级阅读教材的设想 [J]. 语言教学与研究，2001（2）：21-26.

[83] 徐霄鹰，张世涛. 留学生对阅读教材的反应与要求 [Z]. 全国对外汉语阅读教学研讨会论文. 广州：中山大学，2001.

[84] 徐子亮. 对外汉语学习理论研究二十年 [J]. 世界汉语教学，2004（4）：63-73.

[85] 易洪川. 笔顺规范化问题研究 [J]. 语言教学与研究，1999（3）：49-56.

[86] 易洪川. 关于培养留学生的汉字观 [C] //国际汉语教学学术研讨会论文集.《语言研究》编辑部，2001：36-38.

[87] 易洪川. 折笔的研究与教学 [J]. 语言文字应用，2001b（4）：54-57.

[88] 易洪川. 从笔画研究看现代汉字字形研究的问题 [C] //赵金铭：汉语口语与书面语教学：2002年国际汉语教学学术研讨会论文集. 北京：北京大学出版社，2004：207-216.

[89] 尹斌庸. 汉语语素的定量研究 [J]. 中国语文, 1984 (5): 338 – 347.

[90] 余维. 日、汉语音对比分析与汉语语音教学 [J]. 语言教学与研究, 1995 (4): 123 – 141.

[91] 张辉. 对外汉语教学中阅读理解的策略训练 [M] //北京语言文化大学汉语学院. 语言文化教学研究集刊: 第 3 辑, 北京: 华语教学出版社, 1999: 102 – 111.

[92] 张莉. 留学生汉语阅读焦虑感研究 [J]. 语言文字应用, 2002 (4): 77 – 83.

[93] 张宁志. 汉语教材语料难度的定量分析 [J]. 世界汉语教学, 2000 (3): 83 – 88.

[94] 张世涛, 刘若云. 初级汉语阅读教程 [M]. 北京: 北京大学出版社, 2002.

[95] 赵金铭. 对外汉语研究的基本框架 [J]. 世界汉语教学, 2001 (3): 3 – 11.

[96] 赵金铭. 对外汉语教学与研究的现状与前瞻 [J]. 中国语文, 1996 (6): 447 – 453.

[97] 郑杰. 对日阅读教学中的几个问题 [Z]. 全国对外汉语阅读教学研讨会论文. 广州: 中山大学, 2001.

[98] 周健. 进一步探索汉语阅读的微技能 [J]. 广州华苑学术版·华文教学与研究, 1999 (3): 5 – 9.

[99] 周健, 尉万传. 研究学习策略 改进汉字教学 [J]. 暨南大学华文学院学报, 2004 (1): 1 – 9.

[100] 周小兵. 第二语言教学论 [M]. 石家庄: 河北教育出版社, 1996.

[101] 周小兵, 张世涛. 中级汉语阅读教程 [M]. 北京: 北京大学出版社, 1999.

[102] 周小兵. 猜词技能的训练: 教学与设计 [Z]. 讲稿. 2004.

[103] 周小兵, 宋永波. 对外汉语阅读的习得与教学研究（代序）[M] //周小兵, 宋永波. 对外汉语阅读研究. 北京: 北京大学出版社, 2005.

[104] 朱建中. 图式理论与留学生报刊阅读教学 [M] //北京语言文化大学汉语学院. 语言文化教学研究集刊: 第 1 辑. 北京: 华语教学出版社, 1997: 51 – 58.

[105] 朱建中. 对外报刊教学最佳阅读模式探讨 [M] //北京语言文化大学汉语学院. 语言文化教学研究集刊: 第 3 辑. 北京: 华语教学出版社, 1999: 131 – 141.

[106] 朱勇, 崔华山. 汉语阅读中的伴随性词汇学习再探 [Z]. 国际汉语教学学术研讨会. 北京: 北京师范大学, 2002.

[107] 朱志平, 哈丽娜. 波兰学生暨欧美学生汉字习得的考察、分析和思考 [J]. 北京师范大学学报（社会科学版）, 1999 (6): 88 – 94.

[108] AKAMATSU N. The effects of first language orthographic features on word recognition processing in English as a second language [J]. Reading and writing: an

interdisciplinary journal, 1999, 11 (4): 381 – 403.

[109] ALDERSON J C. Reading in a foreign language: a reading or a language problem? [M] //ALDERSON J C, URQUHART A H. Reading in a foreign language. London: Longman, 1984: 1 – 24.

[110] BARNETT M A. Teaching reading strategies: how methodology affects language course articulation [J]. Foreign language annals, 1988 (21): 109 – 119.

[111] BERENT I, PERFETTI C A. A rose is a REEZ: the two-cycles model of phonology assembly in reading English [J]. Psychological review, 1995, 102 (1): 146 – 184.

[112] BERNHARDT E B, KAMIL M L. Interpreting relationships between L1 and L2 reading: consolidating the linguistic threshold and the linguistic interdependence hypotheses [J]. Applied linguistics, 1995 (16): 15 – 34.

[113] BIRCH B M. English L2 reading: getting to the bottom [M]. Mahwah, NJ: Erlbaum, 2002.

[114] BLACHMAN B A. Phonological awareness: implications for prereading and early reading instruction [M]. //BRADY S A, SHANKWEILER D P. Phonological processing in literacy. Hillsdale, NJ: Lawrence Eribaum, 1991: 29 – 36.

[115] BOSSERS B. On thresholds, ceilings and short-circuits: the relation between L1 reading, L2 reading and L2 knowledge [J]. AILA review, 1991 (8): 45 – 60.

[116] BOWEY J A, FRANCIS J. Phonological analysis as a function of age and exposure to reading instruction [J]. Applied psycholinguistics, 1991 (12): 91 – 121.

[117] BRADLEY L. Rhyme recognition and reading and spelling in young children [M] //MASLAND R L, MASLAND M W. Pre-school prevention of reading failure. Parkton, MD: York Press, 1988: 143 – 152.

[118] BRISBOIS J I. Connections between first and second language reading [J]. Journal of reading behavior, 1995 (27): 565 – 584.

[119] BROWN H D. Cognitive pruning and second language acquisition [J]. Modern language journal, 1972, 56 (4): 218 – 222.

[120] BROWN T, HAYNES M. Literacy background and reading development in a second language [M] //CARR T. The development of reading skills. San Francisco: Jossey-Bass Inc., 1985.

[121] CARRELL P L. Second language reading: reading ability or language proficiency [J]. Applied linguistics, 1991 (12): 159 – 179.

[122] CARRELL P, DEVINE J, ESKEY D E. Interactive approaches to second language reading [M]. Cambridge: Cambridge University Press, 1988.

[123] CLARKE M. Reading in Spanish and English: evidence from adult ESL

students [J]. Language learning, 1979 (29): 121-150.

[124] CLARKE D F, NATION I S P. Guessing the meanings of words from context: strategy and techniques [J]. System, 1980 (8): 211-220.

[125] COADY J, HUCHIN T. Second language vocabulary acquisition: a rationale for pedagogy [M]. 上海: 上海外语教育出版社, 2001.

[126] COHEN A D. Strategies in learning and using a second language [M]. 北京: 外语教学与研究出版社, 2000.

[127] DYCUS D. Guessing word meaning from context: Should we encourage it? [EB/OL]. [2011-01-26]. http://www2.aasa.ac.jp/~dcdycus/LAC97/guessing.htm.

[128] FAVREAU M, SEGALOWITZ N. Automatic and controlled processes in the first- and second-language reading of fluent bilinguals [J]. Memory and cognition, 1983 (11): 565-574.

[129] FROST R. Phonetic recoding of print and its effect on the detection of concurrent speech in amplitude-modulated noise [J]. Cognition, 1991 (39): 195-214.

[130] GASS S M. The resolution of conflicts among competing systems: a bi-directional perspective [J]. Applied psycholinguistics, 1987 (8): 329-350.

[131] GIBSON E J, LEVIN H. On the perception of words: an application of some basic concepts [M] //GIBSON E J, LEVIN H. The psychology of reading. Cambridge, MA: The MIT Press, 1975.

[132] GOODMAN K S. Reading: a psycholinguistic guessinggame [J]. Journal of the reading specialist, 1967 (6): 126-135.

[133] GOODMAN K S. Psycholinguistic universals in the reading process [M] // PIMSLEUR P, QUINN T. The psychology of second language learning. Cambridge, England: Cambridge University Press, 1971: 135-142.

[134] GOUGH P, TUNMER W. Decoding, reading, and reading disability [J]. Remedial and special education, 1986 (7): 6-10.

[135] GRABE W. Current developments in second language reading research [J]. TESOL quarterly, 1991, 24 (3): 375-406.

[136] HACQUEBORD H I. Tekstbegrip van Turkse en Nederlandse leerlingen in het voortgezet onderwijs (Reading comprehension of Turkish and Dutch students in secondary schools) [M]. Dordrecht, the Netherlands: Foris, 1989.

[137] HULSTIJN J H. Retention of inferred and given word meanings: experiments in incidental vocabulary learning [M] //ARNAUD P J, BÉJOINT H. Vocabulary and applied linguistics. London: Macmillan, 1992: 113-125.

[138] JUST M A, CARPENTER P A. A theory of reading: from eye fixations to

comprehension [J]. Psychological review, 1980 (87): 329-354.

[139] KODA K. L2 word recognition research: a critical review [J]. The modern language journal, 1996 (80): 450-460.

[140] KODA K. Developing L2 intraword orthographic sensitivity and decoding skills [J]. The modern language journal, 1999, 83 (1): 51-64.

[141] KODA K. The role of phonemic awareness in second language reading [J]. Second language research, 1998, 14 (2): 194-215.

[142] KODA K. Effects of L1 orthographic representation on L2 phonological coding strategies [J]. Journal of psycholinguistic research, 1989 (18): 201-222.

[143] LAUFER B. The lexical threshold of second language reading comprehension: what it is and how it relates to L1 reading ability [J]. Jyvaskyla cross-language studies, 1996 (17): 55-62.

[144] LEE J, SCHALLERT D L. The relative contribution of L2 language proficiency and L1 reading ability to L2 reading performance: a test of the threshold hypothesis in an EFL context [J]. TESOL quarterly, 1997 (31): 713-739.

[145] LIBERMAN I Y, SHANKWELLER D, FISCHER F W, et al. Explicitly syllable and phone segmentation in the young child [J]. Journal of experimental child psychology, 1974 (18): 201-212.

[146] LIU N, NATION I S P. Factors affecting guessing vocabulary in context [J]. RELC journal, 1985 (16): 35-42.

[147] LUKATELA G, TURVEY M T. Visual lexical access is initially phonological: I. evidence from associative priming by words, homophones, and pseudohomophones [J]. Journal of experimental psychology: general, 1994, 123 (2): 107-128.

[148] NAGY W, HERMAN P, ANDERSON R. Learning words from context [J]. Reading research quarterly, 1985 (20): 233-253.

[149] NATION I S P. Teaching and learning vocabulary [M]. New York: Newbury House, 1990.

[150] NUTTALL C. Teaching reading skills in foreign language [M]. 上海: 上海外语教育出版社, 2002.

[151] PERFETTI C A. Reading ability [M]. New York: Oxford University Press, 1985.

[152] PERFETTI C A, BECK I, BELL L C, et al. Phonemic knowledge and learning to read are reciprocal: a longitudinal study of first grade childen [J]. Merrill-palmer quarterly 1987 (33): 283-319.

[153] PERFETTI C A, ZHANG S. Very early phonological activation in Chinese

reading [J]. Journal of experimental psychology: learning, memory, and cognition, 1995 (21): 24-33.

[154] RAYNER K, POLLATSEK A. The psychology of reading [M]. Englewood Cliffs, NJ: Prentice-Hall, 1989.

[155] SCHMITT N, MCCARTHY M. Vocabulary: description, acquisition and pedagogy [M]. 上海: 上海外语教育出版社, 2002.

[156] SCHOONEN R, HULSTIJN J, BOSSERS B. Language-dependent and language-independent knowledge in native and foreign language reading comprehension: an empirical study among Dutch students in grades 6, 8 and 10 [J]. Language learning, 1998 (48): 71-106.

[157] SCHOONEN R, VAN GELDEREN A, DE GLOPPER K, et al. First language and second language writing: the role of linguistic knowledge, speed of processing, and metacognitive knowledge [J]. Language learning, 2003 (53): 165-202.

[158] SEGALOWITZ N. Automaticity and attentional skill in fluent performance [M] //RIGGENBACH H. Perspectives on fluency. Ann Arbor: University of Michigan Press, 2000: 200-219.

[159] SEGALOWITZ N S, SEGALOWITZ S J. Skilled performance, practice, and the speed-up from automatization effects: evidence from second language word recognition [J]. Applied psycholinguistics, 1993 (14): 369-385.

[160] SHARE D. Phonological recoding and self-teaching: sine qua non of reading acquisition [J]. Cognition, 1995 (55): 151-218.

[161] STEVENSON M, SCHOONEN R, DE GLOPPER K. Inhibition or compensation? A multi-dimensional comparison of reading processes in Dutch and English [J]. Language learning, 2003 (53): 765-815.

[162] TAILLEFER G E. L2 reading ability: further insight into the short-circuit hypothesis [J]. Modern language journal, 1996 (80): 461-477.

[163] URQUHART A H, WEIR C J. Reading in a second language: process, praduct and practice [M]. London: Longman, 1998.

[164] VELLUTINO F R, SCANLON D M. Phonological coding, phonological awareness, and reading ability: evidence from a longitudinal and experimental study [J]. Merrill-palmer quarterly, 1987 (33): 321-363.

[165] WAI T S, PERFETTI C A, ZHEN J, et al. Biological abnormality of impaired reading is constrained by culture [J]. Nature, 2004, 431 (2).

[166] WALCZYK J J. The interplay between automatic and control processes in reading [J]. Reading research quarterly, 2000 (35): 554-566.

[167] WANG M, KODA K, PERFETTI C A. Alphabetic and nonalphabetic L1 effects in English word identification: a comparison of Korean and Chinese English L2 learners [J]. Cognition, 2003 (87): 129 - 149.

[168] YAMASHITA J. Reading strategies in L1 and L2: comparison of four groups of readers with different reading ability in L1 and L2 [J]. ITL review of applied linguistics, 2002: 135 - 136, 1 - 35.

附录一 测试材料

(A) 初级组口头报告阅读猜词语料（猜词的句子和语段）

①我感到很**迷惑**，不明白到底是什么意思。
②她很喜欢吃**榴莲**，我不喜欢。
③河边的**芦苇**里有很多小鸟。
④今天很冷，我穿了**棉袄**，还觉得冷。
⑤妈妈在厨房**煎鱼**，我在房间里都闻到了香味儿。
⑥大家都在**议论**这件事情。

中国真丝出口

真丝是中国传统的出口商品，它来自大自然，又轻又**透气**，穿着非常舒服，受到国际市场的欢迎。中国是世界上最大的真丝出口国，每年出口额在 10 亿美元左右，2000 年出口额为 8 亿美元。真丝的主要进口国是美国和日本，2001 年，美国进口额为 5 亿美元，日本**进口额**为 1.04 亿美元。

旅　伴

好的旅伴是不容易找到的，客厅里的好朋友不一定就是旅行的好伴侣。理想的伴侣必须要有很多条件：不能太脏，如果一个人十天半个月不洗澡，脏得像个在街边要饭的**乞丐**，那一定不好；一个人也不能太爱干净，如果一个人有**洁癖**，觉得这也不干净，那也脏，24 小时都在擦洗东西，那也太难受了。他不能太严肃，好像一个**木头人**；也不能太**唠叨**，一天到晚叽叽喳喳。他不能太**狡猾**，也不能太笨。他要有说有笑，有动有静，静的时候能一声不响地陪着你看云、听雨，动的时候能像一只兔子在草地上跳！这样的**旅伴**哪里去找呀？

(B) 请阅读下面的文章，猜猜画线词语的意思，并回答最后的问题

门

开门和关门是人生中含义最深的动作。在一扇扇门内，隐藏着怎样的奥秘！

没有人知道，当他打开一扇门时，有什么在等待着他，即使那是最熟悉的屋子。时钟滴答响着，天已傍晚，炉火正旺，也可能隐藏着令人惊讶的事情。也许是修管子的工人就在你外出之时已经来过，把漏水的龙头修好了。也许是女厨的忧郁症突然发作，向你要求得到<u>保障</u>。聪明的人总是怀着<u>谦逊</u>和容忍的精神来打开他的前门。

门有各种各样。有活板门、滑门、双层门、后台门、监狱门、玻璃门……然而，一扇门的象征和奥秘在于它那隐秘的性质。玻璃门根本不是门，而是一扇窗户。门的意义就是把隐藏在它内部的事物加以掩盖，给心儿造成<u>悬念</u>。

开门的方式也是多种多样的。当侍者用托盘端给你晚餐时，他欢快地用肘推开厨房的门。当你面对上门推销的书商或者小贩时，你把门打开了，但又带着猜疑和犹豫退回了门内。<u>彬彬有礼</u>、小心翼翼的仆役向后退着，敲开了属于大人物的壁垒般的橡木门。

门是隐秘、回避的象征，是心灵躲进极乐的<u>静谧</u>或悲伤的秘密搏斗的象征。没有门的屋子不是屋子，而是走廊。无论一个人在哪儿，只要他在一扇关着的门的后面，他就能使自己不受<u>拘束</u>。在关着的门内，头脑的工作最为有效。人不是在一起<u>放牧</u>的马群。

开门是一个神秘的动作：它包容着某种未知的情趣，某种进入新的时刻的感知和人类烦琐仪式的一种新的形式。它包含着人间极乐的最高闪现：<u>重聚</u>，和解，久别的恋人们的极大喜悦。即使在悲伤之际，一扇门的开启也许会带来安慰。然而，门的关闭要可怕得多，它是最终判决的<u>表白</u>。每一扇门的关闭就意味着一个结束。在门的关闭中有着不同程度的悲伤。一扇门猛然关上是一种软弱的自白。一扇门轻轻关上常常是生活中最具悲剧性的动作。每一个人都知道把门关上之后接踵而来的揪心之痛，尤其是当所爱的人<u>音容犹在</u>，而人已远去之时。

我们总是不断地怀着希望开门，又绝望地把门关上。

回答问题:作者开头说"开门和关门是人生中含义最深的动作",请根据文意写出"开门"与"关门"的含义。

(C) 测试题

【教师指导】

1. 请简要介绍以下几种猜词方法:①形旁,如"炒"与"火"有关;②读音,如"评"知道念"píng";③汉字(语素),如"茜草",因为"草",所以猜可能是"一种草";④意义关系,如"吃番薯",因为"吃",所以猜"番薯"可能是"一种食物";⑤语法,如"拄着一根棍子",因为"着","拄"可能是"一个手的动作";⑥前面词语的意思,如"这张票不能用了,作废了";⑦后面词语的意思,如"这种说法完全是讹传,请不要相信";⑧生活知识,如"星期天,爸爸喜欢去池塘钓鱼";⑨与母语对照,与自己母语中的词或字一样(主要对日、韩学生来说)。

2. 请讲讲如何答题:①确认知不知道这个词;②写出意思,大致意思就可以了;③确认方法,在你用到的方法上画"√"。

3. 可以用汉语或英语回答,不会写的字可以写拼音。

4. 堂内独立完成,一定不能查词典。

(一)请猜猜句中画线词语的意思。(初级、中级)

①春天来了,鸡<u>瘟</u>很多。
②我很怕<u>蜈蚣</u>。
③他听到不远处有人在<u>呻吟</u>。
④我很喜欢<u>恬静</u>的农村风光。
⑤这件事要<u>禀告</u>父母后才能定下来。
⑥她的话<u>蕴含</u>着很深的思想。
⑦虽然他只是一个工作人员,但他一直<u>觊觎</u>着经理的位置(position)。
⑧他每天喝酒、睡觉,过着<u>颓废</u>的生活。
⑨那满山的红<u>杜鹃</u>开得好看极了。
⑩猫一下子<u>蹿</u>到树上去了。
⑪她病了一个月,现在看起来很<u>憔悴</u>。

⑫他爱好音乐，最喜欢吹**箫**。
⑬公园里的那几棵**海棠**真漂亮。
⑭家里人听到这个**噩耗**，都哭了起来。
⑮他不认真工作，什么事情都很马虎，**吊儿郎当**的。
⑯他俩非常**默契**，不说话也知道对方想做什么。
⑰山上种了很多**蓖麻**。
⑱他写字很**潦草**，但他的妹妹写得很整齐。
⑲他每天都骑着"**永久**"去上班。
⑳这首诗写的是一个故事，同时也**抒发**了作者的感情。
㉑老人高兴地**捋**了一下胡子（beard），带着他心爱的小孙子上街去了。
㉒王科长**呷**了一口茶，慢慢地说……
㉓她的脸在**凛冽**的冷风中冻红了。
㉔这件事不容易做，非常**棘手**。
㉕火车**呼啸**着过去了。
㉖她本来只有三十多岁，生活的**煎熬**，使她看起来很老。
㉗学语言没有什么**窍门**，只有努力才能学好。
㉘她年轻时候的照片**镶嵌**在漂亮的镜框（picture frame）里。

（二）上下文猜词。（中级）

自行车有**坤车**，手表有坤表，但汽车业发展到今天，竟然没有专门为女性，特别是那些爱美的女性设计的汽车。汽车业的这种性别**歧视**，最近受到了德国妇女的强烈反对。德国妇女活动家克劳蒂·卡泽兰说，汽车给了**瘾君子**吸烟的方便，在车上安装了点烟器，可女性很少吸烟。就算有的女性喜欢吸烟，爱干净的女性又怕点烟器产生的烟灰弄脏了汽车，所以点烟器成了**聋子**的耳朵，没有什么利用价值。卡泽兰质问，难道就没有车商把点烟器改装一下：插上吹风机或卷发机什么的，让女性开车时也能修饰打扮一下，下车时漂漂亮亮，整整齐齐。爱漂亮的不只是女性，很多男人也很希望出门**潇潇洒洒**，有了这种**贴心**设计不是对大家都好吗？

①坤车
②歧视
③瘾君子
④聋子

⑤潇潇洒洒
⑥贴心

猜词测试答卷（举例）

国别_____　　性别_____　　班级_____　　年龄_____

（一）句内猜词。

A．知道　　　B．不知道

我猜意思是：_____。

我根据：①形旁　　②读音　　③汉字　　④意义关系　　⑤语法

（D）中级一上下文语境猜词测试题目（阅读理解）

谁是最优秀的

1969 年的一天，美国最有名的心理学家、哈佛大学的罗森塔尔博士和他的助手们来到加州的一个小学，说要在这里进行一项实验。

新学年开始时，罗森塔尔博士从全校 6 个年级的老师中选出 6 位老师，让校长对他们说："根据你们过去的教学表现，你们是被选出来的各年级中最优秀的老师，因此，我们特意从各年级中挑选了全校最聪明的学生组成 6 个班让你们教。这些学生的智商比其他孩子都高，希望你们能让他们取得更好的成绩。但是，我对你们还有一个要求，对待这些孩子，要像平常的孩子一样，不能让孩子或孩子的家长知道他们是被特意挑选出来的。"

6 位老师都很愉快地接受了任务，并表示一定尽力。然后，罗森塔尔和校长从每个年级中选出一些学生组成 6 个班，并把一份"最聪明的学生"的名单交给了有关的老师。

半年之后，学校考试，奇迹出现了：被选出的那 6 个班的学生，个个成绩有了非常大的进步，总成绩在整个学区排第一名，而且学生都比以前变得更加活泼开朗、自信心强。这时，校长告诉了老师们真相：这些学生并不是被特意选出的最聪明的学生，只不过是<u>随机</u>抽出来的。你们也不是被特意挑选出的全校最优秀的老师，也不过是罗森塔尔博士随机抽出来的老师罢了。

为什么会出现奇迹？这6位老师都认为自己是最优秀的，因此对教学工作充满信心，工作也特别努力；又因为认为学生都是高智商的，老师又把这一点用自己的语言和行动暗示给学生，使学生变得更加自信，因此各方面都取得了特别大的进步。

所以，当你或你的孩子面对困难、没有自信的时候，你应该告诉自己或孩子：你就是最优秀的。

对自己有信心的人一定是最优秀的，一定能成功。

（根据《新民晚报》2002年8月19日文章改写）

选择正确答案：

1. 第二段"智商"是一个（　　）。
   A. 动词　　　B. 名词　　　C. 形容词　　　D. 副词
2. 第三段"名单"是一个（　　）。
   A. 动词　　　B. 名词　　　C. 形容词　　　D. 副词
3. 罗森塔尔博士和他的助手们到这个小学做什么？（　　）
   A. 看学生　　B. 看校长　　C. 做实验　　　D. 卖东西
4. 校长告诉那6位老师，他们是（　　）。
   A. 最好的老师　　　　　　B. 最差的老师
   C. 随便选出来的老师　　　D. 最聪明的老师
5. 事实上，这6位老师是（　　）。
   A. 最好的老师　　　　　　B. 最差的老师
   C. 随便选出来的老师　　　D. 最聪明的老师
6. 这6位老师教的那6个班的学生是（　　）。
   A. 最好看的学生　　　　　B. 最差的学生
   C. 随便选出来的学生　　　D. 最聪明的学生
7. 半年以后，这6个班的学生（　　）。
   A. 跟以前一样，没有变化　B. 学习成绩进步很大
   C. 更加活泼开朗、自信心强 D. B 和 C
8. 这个实验说明（　　）。
   A. 有自信心的人能成功　　B. 没有自信心的人能成功
   C. 这6个老师很优秀　　　 D. 这6个班的学生很聪明
9. 猜猜文中"随机"一词的意思。

咬 人 草

在新疆，有一次到山里访问哈萨克牧人，很偶然地认识了一种奇怪的植物。

如果不是新疆朋友的介绍，我是不会注意它们的。那是在爬山的路上，前边的人突然大声叫起来："小心，咬人草！"

咬人草？草会咬人，我不太相信。这是长在路边的一种普普通通的植物，叶是暗绿色的，没有什么可怕的地方。

"可别**轻视**它，碰它一下，手要痛好几天的。"朋友认真地说，没有开玩笑的意思。

这更激起我的好奇心。我蹲在咬人草前边，仔细看了半天，除了发现叶子上有一些细小的刺以外，没有任何特别的地方。我拿出旅行剪刀，小心翼翼地剪下两片叶子，把它们夹在笔记本里。我要把它们带回上海去，让上海的朋友也看看这种奇怪的小草。

"算了吧，它会咬你的。"朋友笑着劝我。

"不怕。"我很自信地回答。

几天以后，我几乎忘记了这小草。一次，我打开笔记本准备写点儿东西，还来不及写一个字，只觉得手指一阵剧痛，就像被尖锐的牙齿咬了一口。我一下子把笔记本摔出老远，那咬人草的干叶从本子里掉了出来，掉到我的脚边——还是那样硬硬的，就像一双暗绿的眼睛，冷冷地嘲笑着我……

虽然被它咬了，但是我没有恨它，相反，还生出一种**敬佩**的心情来——这被人**践踏**的、可怜的小草，性格是这么坚强！它似乎要提醒我一些什么……

我没有再把草叶夹进笔记本，而是让它们在沙土中躺着，因为我知道，如果我带着它们，一定还会被咬的，我不可能改变它们的性格。

关于咬人草的故事，我是很难忘记的。

（根据《蒲公英读本》赵丽宏文章改写）

判断正误：

1. 咬人草样子很可怕。（　　）
2. 咬人草的叶瓣上长着一些很小的刺。（　　）

3. 手碰到咬人草要痛很多天。（　　）
4. 刚见到咬人草时作者想带两片叶瓣回上海。（　　）
5. 作者一共被咬人草"咬"了两次。（　　）
6. 作者被咬人草"咬"了，所以很恨咬人草。（　　）
7. 作者觉得咬人草性格坚强。（　　）
8. 作者最后决定把那两片咬人草叶瓣留在沙土里。（　　）
9. 咬人草给作者留下很深的印象。（　　）

猜猜文中画线词语的意思：
① 轻视
② 敬佩
③ 践踏

（E）高级班上下文语境猜词测试题

阅读下文，猜猜画线词语中生词的意思，请写出所猜词的意思与猜的原因（"原因"指猜的根据，如汉字的偏旁、汉字、上下文的意思、回忆、翻译等）。

中国的现代化

现代化是中国人的百年强国梦。

中国人为什么那么渴望现代化呢？熟悉中国历史的人都知道，中国曾经有过极为辉煌的历史；但是到了近代，中国却<u>蒙受</u>了史无前例的耻辱。中国的文明发达比较早，在人类文明的黎明时期，中华文化曾经是最耀眼的一颗启明星。在汉代和唐代，西方文明还处于<u>萌芽</u>阶段时，中国已经创造了人类文明史上的一个高峰。宋元时代，中华文明的声名仍然远播世界，那时候西方还仍然处在中世纪的黑暗时期。明朝和清朝，中国依然很强大，但是他们不知道，西方已经不是过去的西方了。

猜的意思与原因：

蒙受：

因为：

萌芽：

因为：

经历了文艺复兴和工业革命，欧洲的文明已经获得了飞速的发展，西方依靠工业和科技的帮助，已经很快赶上和超过了当时世界的先进水平。而当时的中国还是坚持着几千年老祖宗传下来的模式。中国传统文化**推崇**儒家思想，不注重工业和商业，也不关心科技的发展。中国的人口越来越多，国计民生成了一个很大的问题。社会发展了，西方进步了，可是中国还是几千年不变的老样子。这样，和不断前进的西方相比，中国显然落后了，可是骄傲的中国统治者并没有意识到这一点。

进步了的西方开始想扩大市场和影响范围，他们想和东方最大的国家打交道，利用他们的先进的工商业能力来打开中国的市场，获得利润。在清朝中期，西方国家开始不断地同中国政府接触，并希望同中国建立商贸关系。

中国文化向来认为自己是最优秀的，有一种看不起外来文化的传统。比如古时候中国人常常用含有贬义的词来称呼别的文化，把它们称作"胡""番""蛮""夷"等。西方想打开中国的市场、在中国**兜售**他们的产品的想法当然受到了中国统治者的反对。西方人在中国受到了挫折，可是他们没有死心。到了19世纪，西方国家开始越来越强大，中国开始越来越**衰弱**，特别是这时候西方在航海和军事上发展得很快，有了**称霸**的力量。用谈判的方式没法打开中国的市场，以英国为首的西方国家就开始用军事力量来打开中国市场。在19世纪中后期，英国和中国进行了两次鸦片战争，中国都失败了。英国和其他西方国家开始打进中国，用武力使中国人屈服，占领了中国的一些市场，并且强行占领了香港，把它当成自己的**殖民地**。

推崇：

因为：

兜售：

因为：

衰弱：

因为：

称霸：

因为：

殖民地：

因为：

中国人在历史上第一次真正惨痛地失败了。这是一个奇耻大辱，从皇帝到一般老百姓都感到痛心疾首，中国人要<u>雪耻</u>，要报仇。可是当时的中国<u>积贫积弱</u>，报仇谈何容易？看到了中国的落后，其他国家也都来侵略，日本跟中国进行了甲午战争，中国失败了，俄国也开始占领中国的土地。在清朝末年，中国开始节节败退，中华文化面临着被毁灭的危险。

在这样危机的情况下，中国的知识分子开始寻求救国的道路。有人认为中国之所以失败，是因为中国文化传统有问题，他们开始怀疑儒家的传统，批判历史，主张应该一切都学习西方，从头建设自己的国家。这样的观点被认为是"全盘西化"的观点。有人认为全盘西化的观点太<u>激进</u>，不应该全部抛弃中国的传统文化，中国传统文化是伟大的，但它太古老，已经不能够适应现代社会遇到的一切问题，我们应该革新和改造它。比如说，现在西方人的工业和科技比较发达，我们就可以学习西方的科技，但不必学习西方人的理念。我们应该"中学为体，西学为用"，<u>师夷制夷</u>，学会洋人的办法，用来对付洋人。另外，也有一些极端保守的人认为中国不应该改革，应该以不变应万变。在清朝的末期，一切进步的知识分子都看到了改革的必要，他们开始发动群众，号召老百姓关心国家大事，宣传"国家兴亡，匹夫有责"的口号。

这个时期，整个民族都开始关心中国的命运。开始引进西方的先进的民主与科学的思想，最终推翻了清朝封建的皇帝统治，建立了中华民国。中国人本来希望用新的民主政治的方式来重建自己的国家，可是中华民国建立起

<u>雪耻</u>：

因为：

<u>积贫积弱</u>：

因为：

<u>激进</u>：

因为：

<u>师夷制夷</u>：

因为：

来后，中国并没有得到真正的统一。那时候中国有很多**军阀**，他们整天打仗。当时中国的首要任务应该是使国家安定下来，然后才能谈建设，谈改革和现代化。中国的混乱局面还没有结束，日本人就开始侵略中国。后来，第二次世界大战爆发，日本人占领了中国，中华民族到了生死存亡的时期。经过了**浴血**奋战，中国人终于打败了日本侵略者，1949年，共产党建立了中华人民共和国。

新中国建立后，百废待兴。当然，最主要的一个任务是**拯救**灾难的中国，恢复中国人的民族自信心、实现现代化和中国人的强国梦。一百年来，中国人受尽了外国强权的**凌辱**，毛泽东在天安门上宣布："中国人民从此站起来了！"人们相信中国将不再受外国霸权的欺辱，毛泽东是中国人民的大救星。

但是，中国在改革、追求现代化和强国的梦想方面也走了很多的弯路。新中国成立后，中国人民开始增强了建设祖国、尽快实现现代化的信心。但是，由于缺乏经验、自然灾害和政治运动的影响，在走向现代化的道路上中国人民遭受了一次又一次的挫折，后来爆发了"文化大革命"。这十年"文革"使中国和世界先进科技水平之间的距离越来越大了。

"文革"结束后，中国政府发现了中国的根本问题，开始实行对外开放政策。中国人开始学习和引进西方的现代科技，同时接受西方的先进的思想理念。中国政府提出了实行"四个现代化"的口号。"四个现代化"即农业现代化、工业现代化、国防现代化和科学技术现代化。实现了这些现代化，中国就会真正富强起来，中国人也就真正会实现他们的强国梦，

军阀：

因为：

浴血：

因为：

拯救：

因为：

凌辱：

因为：

扬眉吐气。

改革开放以后的中国有了很大的进步。中国提出了"让中国走向世界,让世界走向中国"的口号。中国人怀着极大的热情拥抱新的科技和文明,同时也拥抱新的思想理念。现代化已经不再仅仅是一个口号,而是体现在中国走向世界的每一个步伐中,也体现在每一个中国人的实践的行为上。中国的现代化和强大已经是指日可待了,强大的中国应该是维护世界和平的一个重要的力量……

扬眉吐气:

因为:

国籍:＿＿＿＿＿＿　　性别:＿＿＿＿＿＿
姓名:＿＿＿＿＿＿　　学了多长时间汉语:＿＿＿＿＿＿(月)

附录二　调查问卷

亲爱的同学：
　　您好！我们正在进行阅读学习研究，这是一份关于阅读猜词方法的问卷调查，您的回答将完全用于科学研究，答案没有对错与好坏的分别。您的个人资料也是完全保密的，请放心。请按照您的真实感受回答问卷，非常感谢您的作答！

汉语猜词策略调查问卷

- **个人基本资料**（subject information）

1. 年龄（age）_____
2. 性别（gender）_____
3. 国籍（nationality）_____
4. 受教育程度（education level）（请在合适的答案上画"√"）。
   高中（high school）　　　大专（college）
   大学以上（university and above）
5. 专业（major in university before coming to China）_____
6. 职业（profession before coming to China）_____
7. 母语（first language）（请在合适的答案上画"√"）。
   ①韩语　　　　　　②日语　　　　　　③英语
   ④德语、法语、俄语、西班牙语、瑞典语、意大利语等
   ⑤ 其他，please specify _____
8. 学习中文的时间。（How long have you been learning Chinese?）
   ____年（years）____月（months），____小时（hours）/周（weeks）
9. 你是什么时候来中国的？（Have you ever been to China?）
   _____年_____月
10. 你在中国生活了多长时间？（How long have you been in China?）
    _____年_____月

11. 你是否学过其他语言？如果学过，学的是什么语言，学了多长时间？(Do you have any other language learning experience? If you have, please write down the name of the language, and specify how long you've learned.)

是_____ 否_____
学了_____年_____月

12. 按以下量表评价自己的母语阅读水平。[Self-rating of your first language reading level (fill in the appropriate number according to the following measuring scale).]

```
very poor                                              excellent
|------|------|------|------|------|
0      1      2      3      4      5
很不好                                                   很好
```

13. 按以下量表评价自己的汉语阅读水平。[Self-rating of your Chinese reading level (fill in the appropriate number according to the following measuring scale).]

```
very poor                                              excellent
|------|------|------|------|------|
0      1      2      3      4      5
很不好                                                   很好
```

● **问卷**（questionnaire）

Part 1 请阅读下面一段话，如果有生词，请猜猜它的意思。(**Please read the following passage and guess the words which you don't know.**)

北方人与南方人

北方人喜欢吃面，南方人喜欢吃米；北方人吃得粗，南方人吃得细；北方人爱吃咸，南方人爱吃淡；北方人大块吃肉，大碗喝汤，大口喝酒，吃得很简单；南方人喜欢把肉弄成细细的、瘦瘦的，盘子、碗也小，可他们蛇、虫、鸟、兽、老鼠，什么都吃，吃得很复杂又奇怪。

Part 2 选择题。请选出符合个人情况的说明,在合适的数字上画圈"○",请只选一个答案。(**Please circle the most appropriate number on the measuring scale for your own situation.**)

1. 看汉语时,常常会有生词,我常常会猜生词的意思。

```
   never                                              always
   |——————|——————|——————|——————|——————|
   0      1      2      3      4      5
   从不                                                总是
```

2. 看到生词时,我不猜,因为我认识的汉字太少,没法猜。

```
   never                                              always
   |——————|——————|——————|——————|——————|
   0      1      2      3      4      5
   从不                                                总是
```

3. 看到生词时,我会看汉字的声旁努力念出不认识的汉字的读音,如"榴",我会念"liu"。

```
   never                                              always
   |——————|——————|——————|——————|——————|
   0      1      2      3      4      5
   从不                                                总是
```

4. 我根据汉字的形旁猜不认识的汉字的意思。如"癌症",我知道是一种病,因为有"疒"。

```
   never                                              always
   |——————|——————|——————|——————|——————|
   0      1      2      3      4      5
   从不                                                总是
```

5. 看到汉字时,我能看出汉字的结构,如"渐",我知道是"氵"和"斩"。

```
   never                                              always
   |——————|——————|——————|——————|——————|
   0      1      2      3      4      5
   从不                                                总是
```

6. 一个词中，如果我知道一个汉字的意思，我会猜这个词的意思。如"逃避"，我知道"逃"的意思，所以我想"逃避"与"逃"有关系。

```
   never                                                    always
     0         1         2         3         4         5
   从不                                                      总是
```

7. 我会用生活中的知识来猜词，如"妈妈在厨房做饭"，我会根据生活常识猜出"厨房"的意思。

```
   never                                                    always
     0         1         2         3         4         5
   从不                                                      总是
```

8. 我会根据生词前面与后面的话的意思来猜词，如"他很慷慨，常常送礼物给朋友"，我们可以根据"常常送礼物给朋友"来猜"慷慨"的意思。

```
   never                                                    always
     0         1         2         3         4         5
   从不                                                      总是
```

9. 我会根据生词在句中的位置（如主语、谓语、宾语等）来猜它的词性（它是动词吗？是形容词吗？是名词吗？）。

```
   never                                                    always
     0         1         2         3         4         5
   从不                                                      总是
```

10. 我会根据它与前后词的语法关系来猜意思，如前面有"在"，后面可能是地方，后面有"着""了""过"的词是动词等。

```
   never                                                    always
     0         1         2         3         4         5
   从不                                                      总是
```

11. 我会根据生词与前后词语的意义关系来猜词，如"吃榴莲"，我知道"榴莲"是一种可以吃的东西。

```
     never                                              always
       0        1        2        3        4        5
     从不                                                总是
```

12. 如果有题目，我会根据文章的题目来猜文章中不认识的词可能跟什么有关系。

```
     never                                              always
       0        1        2        3        4        5
     从不                                                总是
```

13. 我会根据整篇文章的前面或后面部分的意思（上下文语境）来猜词。

```
     never                                              always
       0        1        2        3        4        5
     从不                                                总是
```

14. 我会想以前是不是看到过这个词，回想那时的情形。

```
     never                                              always
       0        1        2        3        4        5
     从不                                                总是
```

15. 我会想自己的母语中是不是有相同或相近的词或意思。

```
     never                                              always
       0        1        2        3        4        5
     从不                                                总是
```

16. 看到不认识的词，我一定要查词典。

```
     never                                              always
       0        1        2        3        4        5
     从不                                                总是
```

17. 看到多音字时，我常常不知道该怎么念，如"重聚"，我不知道念"zhongju"还是"chongju"。

```
   never                                              always
   0      1       2       3       4       5
   从不                                                总是
```

18. 看到多义词时，我常常不明白它到底是什么意思，如"白费"的"白"。

```
   never                                              always
   0      1       2       3       4       5
   从不                                                总是
```

19. 我以前学习过看汉字、阅读汉语的方法。

```
   never                                              always
   0      1       2       3       4       5
   从没                                                学过
```

20. 我猜词的技术很高。

```
   poor                                               excellent
   0      1       2       3       4       5
   低                                                  高
```

如果您认为上面的方法中没有您用的方法，请把您的方法写在下面的横线上。

_____

_____

_____

（完）　　再次感谢您的合作！

Dear Madam or Sir,

　　We are conducting a study on Chinese language reading. This is an investigation on Chinese word-guessing strategies. There are no correct or wrong answers. The data are for research purpose only and all your personal information will be kept safe and confidential. Please answer the questions carefully. Thank you very much for your cooperation.

Survey for Chinese word-guessing strategies

● 个人基本资料（subject information）

1. 年龄（age）_____
2. 性别（gender）_____
3. 国籍（nationality）_____
4. 受教育程度（education level）（请在合适的答案上画"√"）。
   高中（high school）　　　大专（college）
   大学以上（university and above）
5. 专业（major in university before coming to China）_____
6. 职业（profession before coming to China）_____
7. 母语（first language（请在合适的答案上画"√"）：
   ①韩语（Korean）　　　　②日语（Japanese）　　　　③English
   ④German, French, Russian, Spanish, Swedish, Italian, etc.
   ⑤Other languages, please specify _____
8. 学习中文的时间。（How long have you been learning Chinese?）
   _____年（years）_____月（months）_____小时（hours）/ 周（weeks）
9. 你是什么时候来中国的？（When did you come to China?）
   _____年（year）_____月（month）
10. 你在中国生活了多长时间？（How long have you been in China?）
    _____年（year）_____月（month）
11. 你是否学过其他语言？如果学过，学的是什么语言，学了多长时间？
    （Do you have any other language learning experience? If you have, please write down the name of the language, and specify how long you've

learned for.)
是（yes）_____ 否（no）_____
学了（have been learning）_____ 年（years）_____ 月（months）

12. 按以下量表评价自己的母语阅读水平。[Self-rating of your first language reading level (fill in the appropriate number according to the following measuring scale).]

```
very poor                                            excellent
|--------|--------|--------|--------|--------|
0        1        2        3        4        5
很不好                                                很好
```

13. 按以下量表评价自己的汉语阅读水平。[Self-rating of your Chinese reading level (fill in the appropriate number according to the following measuring scale).]

```
very poor                                            excellent
|--------|--------|--------|--------|--------|
0        1        2        3        4        5
很不好                                                很好
```

● 问卷（questionnaire）

Part 1 请阅读下面一段话，如果有生词，请猜猜它的意思。(**Please read the following passage and guess the words which you don't know.**)

北方人与南方人

北方人喜欢吃面，南方人喜欢吃米；北方人吃得粗，南方人吃得细；北方人爱吃咸，南方人爱吃淡；北方人大块吃肉，大碗喝汤，大口喝酒，吃得很简单；南方人喜欢把肉弄成细细的、瘦瘦的，盘子、碗也小，可他们蛇、虫、鸟、兽、老鼠，什么都吃，吃得很复杂又奇怪。

Part 2 选择题。请选出符合个人情况的说明,在合适的数字上画圈"○",请只选一个答案。(**Please circle the most appropriate number on the measuring scale for your own situation.**)

1. As I read Chinese, I often come across new words. I usually guess the meaning according to the character and its context.

   ```
   never                                                    always
   0       1       2       3       4       5
   ```

2. When I come across new words, I often fail to guess the meaning, because I know few Chinese characters. I don't know how to guess.

   ```
   never                                                    always
   0       1       2       3       4       5
   ```

3. I might pronounce the new character according to the pronunciation radical. For example, "榴", I may pronounce it as "liu".

   ```
   never                                                    always
   0       1       2       3       4       5
   ```

4. I might guess the word meaning according to the Chinese meaning radical. For example, "癌症", I know it's a kind of disease, because of the meaning radical "疒".

   ```
   never                                                    always
   0       1       2       3       4       5
   ```

5. Usually I can understand the structure of a character when I read it. For example, "渐", I know it is composed of "氵" and "斩".

   ```
   never                                                    always
   0       1       2       3       4       5
   ```

6. If I come across a new compound word and I know the meaning of a character, I might guess the meaning of the compound word. For example,

"逃避", I know the meaning of "逃", so I think the meaning of the compound word "逃避" is related to "逃".

```
never                                                      always
 |-------|-------|-------|-------|-------|
 0       1       2       3       4       5
```

7. I might guess the meaning of a word according to common knowledge; for example, cooking is usually done in the kitchen.

```
never                                                      always
 |-------|-------|-------|-------|-------|
 0       1       2       3       4       5
```

8. I might guess the meaning of a word according to the meaning of its preceding and following words, e. g. "他很慷慨，常常送礼物给朋友". We might guess the meaning of the word "慷慨" according to its following words "常常送礼物给朋友".

```
never                                                      always
 |-------|-------|-------|-------|-------|
 0       1       2       3       4       5
```

9. I might guess the part of speech of the word (Is it a noun, a verb, or an adjective?) according to its position in the sentence.

```
never                                                      always
 |-------|-------|-------|-------|-------|
 0       1       2       3       4       5
```

10. I might guess the meaning of a word according to its grammatical relation with its preceding or following words. For example, the word following "在" might be the name of a place; and the word preceding "着" "了" or "过" is a verb.

```
never                                                      always
 |-------|-------|-------|-------|-------|
 0       1       2       3       4       5
```

11. I might guess the meaning of a word according to its semantic collocation. For example, "吃榴莲", I know that "榴莲" must be a kind of food

because it follows the verb "eat".

```
never                                              always
|-----|-----|-----|-----|-----|
0     1     2     3     4     5
```

12. If I know the title of a text, I might think that the meaning of a word may be related to it.

```
never                                              always
|-----|-----|-----|-----|-----|
0     1     2     3     4     5
```

13. I might guess the meaning of a word according to its global context.

```
never                                              always
|-----|-----|-----|-----|-----|
0     1     2     3     4     5
```

14. I might recall my previous experience to retrieve the character's meaning.

```
never                                              always
|-----|-----|-----|-----|-----|
0     1     2     3     4     5
```

15. I might resort to my first language to match its meaning.

```
never                                              always
|-----|-----|-----|-----|-----|
0     1     2     3     4     5
```

16. If I come across a new word, I might need to consult the dictionary.

```
never                                              always
|-----|-----|-----|-----|-----|
0     1     2     3     4     5
```

17. I often don't know how to pronounce the word with multiple pronunciations. For example, "重聚". I don't know whether it is "zhongju" or "chongju".

```
never                                              always
|-----|-----|-----|-----|-----|
0     1     2     3     4     5
```

18. I often don't know how to pronounce the word with multiple meanings. For example, "白费".

```
never                                                          always
|--------|--------|--------|--------|--------|
0        1        2        3        4        5
```

19. I have received training on Chinese reading strategy.

```
never                                                          always
|--------|--------|--------|--------|--------|
0        1        2        3        4        5
```

20. I am very good at guessing Chinese words.

```
low                                                            high
|--------|--------|--------|--------|--------|
0        1        2        3        4        5
```

It has been our intention to be as thorough as possible with this questionnaire. However, if you think we have left out something important, please tell us by writing your thoughts on the following lines.

_____

_____

_____

Thank you. That's the end of the questionnaire.

日本人留学生の方々:

　　失礼ながら、私の研究の為ご協力をお願い致します。お手数ですが、下記の問題をお答えください。読解する時分からない言葉の意味を予想する手段を調査するアンケートですが、解答は科学研究に用いられることになります。また、御個人の資料は絶対秘密に致しますので、ご心配なく本当のことを記入するようにお願い致します。御協力心から感謝致します。

中国語の単語の意味を予想する手段についてのアンケート

- 個人資料 subject information

1. 年齢（age）＿＿＿＿＿＿＿＿＿＿＿＿
2. 性別（gender）＿＿＿＿＿＿＿＿＿＿
3. 国籍（nationality）＿＿＿＿＿＿＿＿＿
4. どの程度の教育を受けたか（education level）（请在合适的答案上画"√"）。
   高校（high school）　　専門学校（colleage）
   大学以上（university and abouve）
5. 専攻（major in university before coming to China）＿＿＿＿＿＿＿＿＿
6. 職業（profession before coming to China）＿＿＿＿＿＿＿＿
7. 自国語（first language）（请在合适的答案上画"√"）。
   ①韓国語　　　　　②日本語
   ③英語、ドイツ語、フランス語、ロシア語、スペイン語、スウェーデン語、イタリア語など
   ④その他, please specify ＿＿＿＿＿＿＿＿
8. 今まで中国語はどのぐらい習いましたか。（How long have you been learning Chinese?）
   ＿＿＿＿＿年間（years）＿＿＿＿＿カ月（months），＿＿＿＿＿時間（hours）/週（weeks）
9. いつ中国にいらしゃいましたか。（Have you ever been to China?）
   ＿＿＿＿＿年間＿＿＿＿＿カ月
10. 中国ではどのぐらい滞在なさいましたか。（How long have you been

in China?)

_____年間_____カ月

11. 何かほかの国の言葉を習ったことはありますか。あったら、その名前や学習期間を記入してください。(Do you have any other language learning experience? If you have, please write down the name of the language, and specify how long you've learned for.)

ある_____ない_____ _____年間勉強しました

12. 以下の基準によって自分の日本語の読解レベルを評価してください。[Self-rating of your first language reading level (fill in the appropriate number according to the following measuring scale).]

very poor					excellent
0	1	2	3	4	5
苦手					得意

13. 以下の基準によって自分の中国語の読解レベルを評価してください。[Self-rating of your Chinese reading level (fill in the appropriate number according to the measuring scale).]

very poor					excellent
0	1	2	3	4	5
とても下手					とても上手

● 問題 (questionnaire)

Part 1 次の文章を読んでください。分からない言葉があったらその意味を予想してください。(**please read the following passage and guess the words which you don't know**)

北方人与南方人

北方人喜欢吃面，南方人喜欢吃米；北方人吃得粗，南方人吃得细；北方人爱吃咸，南方人爱吃淡；北方人大块吃肉，大碗喝汤，大口喝酒，吃得很简单；南方人喜欢把肉弄成细细的、瘦瘦的，盘子、碗也小，可他们蛇、虫、鸟、兽、老鼠，什么都吃，吃得很复杂又奇怪。

Part 2 自分の情況に合ったものを○で一つだけ選んでください。(**Please circle the most appropriate number on the measuring scale for your own situation.**)

1. 中国語を読む時、分からない言葉があったら、いつもその意味を予想します。

   ```
   never                                          always
   |------|------|------|------|------|
   0      1      2      3      4      5
   全然予想しない                          いつも予想してみる
   ```

2. 分からない言葉があっても、予想しません。覚えた漢字が少ないため。

   ```
   never                                          always
   |------|------|------|------|------|
   0      1      2      3      4      5
   全然予想しない                          いつも予想してみる
   ```

3. 分からない漢字があったら、よくその発音を示す要素によってそれを読み出します。たとえば、"榴"の場合は"liu"と読むことにします。

   ```
   never                                          always
   |------|------|------|------|------|
   0      1      2      3      4      5
   全然そうはしない                          いつもそうする
   ```

4. よく漢字の意味を示す要素からその意味を予想します。たとえば、"癌症"の場合、"疒"偏があるので、ある病気の名前だと予想しみます。

   ```
   never                                          always
   |------|------|------|------|------|
   0      1      2      3      4      5
   全然そうしない                          いつもそうする
   ```

5. 漢字の意味が分からなくても、その構成がすぐにわかります。たとえば、"渐"の場合，"氵"と"斩"から成り立ったものだと思います。

   ```
   never                                          always
   |------|------|------|------|------|
   0      1      2      3      4      5
   全然そうはしない                          いつもそうする
   ```

6. 複合語については、その中の知っている一つの字によって単語全体の意味を当てます。たとえば、"逃避"ですが、その中の"逃"は知っているので，"逃避"は"逃"と関係ある言葉だと判断します。

```
         never                                            always
         ┝━━━━━━━━┿━━━━━━━━┿━━━━━━━━┿━━━━━━━━┿━━━━━━━━┥
         0        1        2        3        4        5
         全然そうはしない                          いつもそうする
```

7. 日常生活の知識を利用して当てます。たとえば、ご飯を作る場所は普通台所だと思う。

```
         never                                            always
         ┝━━━━━━━━┿━━━━━━━━┿━━━━━━━━┿━━━━━━━━┿━━━━━━━━┥
         0        1        2        3        4        5
         全然そうはしない                          いつもそうする
```

8. 文の前後の意味によって分からない言葉を予想します。たとえば、"他很慷慨，常常送礼物給朋友。"後ろの"常常送礼物給朋友"から"慷慨"という単語の意味を予想することにします。

```
         never                                            always
         ┝━━━━━━━━┿━━━━━━━━┿━━━━━━━━┿━━━━━━━━┿━━━━━━━━┥
         0        1        2        3        4        5
         全然そうしない                            いつもそうする
```

9. 文の成分（たとえば、主語か述語か、あるいは目的語）によって分からない言葉の品詞類（動詞、形容詞、名詞か）を当てます。

```
         never                                            always
         ┝━━━━━━━━┿━━━━━━━━┿━━━━━━━━┿━━━━━━━━┿━━━━━━━━┥
         0        1        2        3        4        5
         全然そうしない                            いつもそうする
```

10. ほかの言葉との前後位置によって予想します。たとえば、"在"の後ろにあるので，場所の名前だと判断したり、うしろに"着、了、过"がくっ付いているので動詞だと判断します。

```
         never                                            always
         ┝━━━━━━━━┿━━━━━━━━┿━━━━━━━━┿━━━━━━━━┿━━━━━━━━┥
         0        1        2        3        4        5
         全然そうしない                            いつもそうする
```

11. ほかの言葉との前後の意味関係によって当てます。たとえば、"吃榴莲"の場合，"榴莲"は一種の食べ物だと判断します。

```
       never                                            always
         0       1       2       3       4       5
       全然そうはしない                              いつもそうする
```

12. 文章のスタイルによって分からない言葉の種類を予想します。

```
       never                                            always
         0       1       2       3       4       5
       全然そうしない                                いつもそうする
```

13. 全文の文脈によって予想します。

```
       never                                            always
         0       1       2       3       4       5
       全然そうはしない                              いつもそうする
```

14. 以前その言葉を見た時の情況を思い出します。

```
       never                                            always
         0       1       2       3       4       5
       全然そうはしない                              いつもそうする
```

15. 母国語に同じ意味の言葉があるかどうかを考えます。

```
       never                                            always
         0       1       2       3       4       5
       全然そうしない                                いつもそうする
```

16. わからない言葉があったら、必ず辞書を引きます。

```
       never                                            always
         0       1       2       3       4       5
       全然そうしない                                いつもそうする
```

17. 二つ以上の発音を持つ字（多音字）の場合は、どう読めばいいか分からないことが多いです。たとえば、"重聚"は、"zhongju"と読むかそれとも"chongju"と読むか迷います。

```
       never                                              always
       |-------|-------|-------|-------|-------|
       0       1       2       3       4       5
       全然そうしない                            いつもそうする
```

18. 多義語については、意味の分からないことが多いです。たとえば、"白費"。

```
       never                                              always
       |-------|-------|-------|-------|-------|
       0       1       2       3       4       5
       全然違う                                  いつもそうだ
```

19. 以前に、漢字と漢文を読解する方法をならったことがあります。

```
       never                                              always
       |-------|-------|-------|-------|-------|
       0       1       2       3       4       5
       全然ない                                          ある
```

20. 分からない単語の意味を予想することが得意です。

```
       poor                                           excellent
       |-------|-------|-------|-------|-------|
       0       1       2       3       4       5
       苦手                                             得意
```

もし以上のほかに何か別の手段があれば、下に書いてください。

_____
_____
_____

　　　　（以上）　ご協力どうもありがとうございます。

학우 여러분, 안녕하세요!

우리는 지금 독해 학습에 관한 연구를 진행하고 있습니다, 이것은 독해 과정중에 발생하는 단어 추측방법의 조사에 관련된 문제 답안지 입니다, 여러분의 답안은 앞으로 과학적인 방법으로 연구 될 것이며, 맞고 틀리고 좋고、나쁜 어떠한 구분도 두지 않음을 먼저 말씀 드리고 싶습니다. 당신의 개인 자료역시 완벽하게 비밀 보장 됨을 말씀드리오니, 이점에 관해서는 안심하셔도 괜찮습니다. 여러분의 실제 상황에 입각하여 대답해 주시기 바랍니다, 여러분의 협조에 대단히 감사드립니다.

汉语猜词策略调查问卷(韩文版)

- 개인기본자료 subject information
1. 연령(age) _____
2. 성별(gender) _____
3. 국적(nationality) _____
4. 교육수준(education level)(알맞은 답안에 √를 표시하세요)
   고졸(high school)   대졸(college)   대졸이상(석, 박사)(university and above)
5. 전공(major in university before coming to China) _____
6. 직업(profession before coming to China) _____
7. 모국어(First language)(알맞은 답안에 √를 표시하세요).
   ①한국어   ②일본어
   ③영어, 독일어, 불어, 러시아어, 스페인어, 스웨덴어, 이탈리아어등등
   ④기타   please specify_____
8. 중국어 배운 기간。(How long have you been learning Chinese?)
   _____ 년(years) _____ 월(months), _____ 시간(hours) / 주(weeks)
9. 언제 중국에 왔습니까?(Have you ever been mainland china or Taiwan?)
   _____ 年_____月
10. 중국에서 생활한지 얼마나 됐습니까?(How long have you been in China?)
    _____ 年_____月
11. 다른 언어를 배워 본적이 있습니까? 어떤언어? 공부한지는 얼마나 됐습니까?(Do you have any other language learning experience? If you have, please write down the name of the language, and specify how long you've

learned for？）
네_____아니요_____어
공부한지 _____년_____개월

12. 자신의 모국어 독해 수준에 따라 적당한 숫자위에 O를 표시하세요
    [Self-rating of your first language reading level（fill in the appropriate number according to the following measuring scale）.]

    very poor   excellent
    ├──────────┼──────────┼──────────┼──────────┼──────────┤
    0   1   2   3   4   5
    매우 잘하지 못함   매우 잘함

13. 자신의 중국어 독해 수준을 따라 적당한 숫자위에 O를 표시하세요
    [Self-rating of your Chinese reading level（fill in the appropriate number according to the measuring scale）.]

    very poor   excellent
    ├──────────┼──────────┼──────────┼──────────┼──────────┤
    0   1   2   3   4   5
    매우 잘하지 못함   매우 잘함

● 问卷（questionnaire）

Part 1　다음 단락을 읽어 보시고, 새로운 단어가 있다면 그 뜻을 추측해 보세요.
　　　（请阅读下面一段话，如果有生词，请猜猜它的意思。please read the following passage and guess the words which you don't know．）

北方人与南方人

　　北方人喜欢吃面，南方人喜欢吃米；北方人吃得粗，南方人吃得细；北方人爱吃咸，南方人爱吃淡；北方人大块吃肉，大碗喝汤，大口喝酒，吃得很简单；南方人喜欢把肉弄成细细的、瘦瘦的，盘子、碗也小，可他们蛇、虫、鸟、兽、老鼠，什么都吃，吃得很复杂又奇怪。

Part 2 개인 상황에 일치되는 답을 선택하며 적당한 숫자위에 **O**를 표시하세요, 하나의 답만 선택할수 있습니다. (**Please circle the most appropriate number on the measuring scale for your own situation.**)

1. 중국어를 공부할때, 새로운 단어를 자주 보게 된다, 이때 나는 측을 통해 새로운 단어의 의미를 파악할 수 있다.

   never   always
   ├──────┼──────┼──────┼──────┼──────┤
   0   1   2   3   4   5
   전혀 그렇지 않다   언제나 그렇다

2. 새로운 단어를 보게 될때, 나는 추측하지 않는다, 왜냐하면 알고 있는 한자가 적어서 추측할 수가 없기 때문이다.

   never   always
   ├──────┼──────┼──────┼──────┼──────┤
   0   1   2   3   4   5
   전혀 그렇지 않다   언제나 그렇다

3. 새로운 단어를 볼때, 나는 한자의 声旁(한자의 구성에서 음을 나타내는 부분)를 보고 모르는 한자의 음을 읽으려 한다, 예를 들면,"榴"한자를 볼때 "liu" 라고 읽는다.

   never   always
   ├──────┼──────┼──────┼──────┼──────┤
   0   1   2   3   4   5
   전혀 그렇지 않다   언제나 그렇다

4. 한자의 形旁(한자에 뜻을 나타내는 부분)에 근거하여 모르는 한자의 의미를 추측 할 수 있다. 예를들면: 癌症 "疒" 形旁을 보고 질병과 관련된 단어라는 것을 추측을 할 수 있다.

   never   always
   ├──────┼──────┼──────┼──────┼──────┤
   0   1   2   3   4   5
   전혀 그렇지 않다   언제나 그렇다

5. 한자를 볼때, 한자의 구조를 볼수 있다 예를들어, "渐" 한자를 볼때 "氵"와 "斩"를 각각 분리해서 알 수 있다.

```
      never                                              always
        |----|----|----|----|----|----|----|----|----|----|
        0         1         2         3         4         5
    전혀 그렇지 않다                                    언제나 그렇다
```

6. 하나의 단어중, 만일 하나의 한자 의미를 알 때, 이 단어의 의미를 추측 할 수 있다. 예를들어, "逃避" 단어중 "逃" 의미를 알 때, "逃避" 단어가 "逃"의 의미와 관련된 단어라는 추측을 할 수 있게 된다.

```
      never                                              always
        |----|----|----|----|----|----|----|----|----|----|
        0         1         2         3         4         5
    전혀 그렇지 않다                                    언제나 그렇다
```

7. 생활상식을 통해 한자를 추측할 수 있다.

```
      never                                              always
        |----|----|----|----|----|----|----|----|----|----|
        0         1         2         3         4         5
    전혀 그렇지 않다                                    언제나 그렇다
```

8. 나는 새 단어 앞뒤 말의 의미에 근거하여 새 단어를 의미를 추측할수 있다. 예를 들어, "他很慷慨，常常送礼物给朋友". "常常送礼物给朋友"의 의미에 근거하여 "慷慨"의 의미를 추측할수 있다.

```
      never                                              always
        |----|----|----|----|----|----|----|----|----|----|
        0         1         2         3         4         5
    전혀 그렇지 않다                                    언제나 그렇다
```

9. 나는 새 낱말을 문장중의 위치에 근거하여(예를 들어 주어、술어、목적어등) 단어의 성질을 추측해 볼수 있다 (이 단어가 동사인지? 형용사인지? 명사인지?).

```
      never                                              always
        |----|----|----|----|----|----|----|----|----|----|
        0         1         2         3         4         5
    전혀 그렇지 않다                                    언제나 그렇다
```

10. 나는 새 낱말의 앞뒤 단어의 어법관계에 근거하여 의미를 추측할수 있다, 예를 들어, 앞에 "在" 라는 전치사가 있을때, 뒤에는 장소를 나타내는 명사가 올 것이라는 추측을 할수 있다 : 뒤에 "着、了、过"가 따라 오는 단어의 품사는 동사임을 추측할수 있다.

```
   never                                    always
   ├────┼────┼────┼────┼────┤
   0    1    2    3    4    5
   전혀 그렇지 않다              언제나 그렇다
```

11. 나는 새낱말 앞뒤 단어의 의미 관계에 근거하여 추측 할 수 있다, 예를들어, "吃榴莲" 문장에서 "榴莲"이 일종의 먹을 수 있는 식품이라는 것을 추측할 수 있다.

```
   never                                    always
   ├────┼────┼────┼────┼────┤
   0    1    2    3    4    5
   전혀 그렇지 않다              언제나 그렇다
```

12. 만일 제목이 있을 경우, 나는 문장의 제목에 근거하여 문장 중 모르는 단어가 어떠한 것과 관련이 있다는 것을 추측해 낼 수 있다.

```
   never                                    always
   ├────┼────┼────┼────┼────┤
   0    1    2    3    4    5
   전혀 그렇지 않다              언제나 그렇다
```

13. 나는 전 문장의 앞뒤부분의 의미에 근거하여 새단어를 추측 할 수 있다.

```
   never                                    always
   ├────┼────┼────┼────┼────┤
   0    1    2    3    4    5
   전혀 그렇지 않다              언제나 그렇다
```

14. 나는 이전에 이 단어를 봤는지 안 봤는지를 생각 해 낼 수 있다, 그때의 상황을 회상 할 수 있다.

```
   never                                    always
   ├────┼────┼────┼────┼────┤
   0    1    2    3    4    5
   전혀 그렇지 않다              언제나 그렇다
```

15. 나는 모국어 중 동일하거나 비슷한 단어 혹은 의미가 있는지 없는지 생각할수 있다.

```
      never                                                always
      |─────|─────|─────|─────|─────|
      0     1     2     3     4     5
      전혀 그렇 지않다                              언제나 그렇다
```

16. 모르는 단어를 보게 될 경우, 나는 반드시 사전을 찾는다.

```
      never                                                always
      |─────|─────|─────|─────|─────|
      0     1     2     3     4     5
      전혀 그렇지 않다                              언제나 그렇다
```

17. 나는 다음어를 볼때 나는 자주 이것을 어떻게 읽을찌 모른다, 예를 들어 "重聚", 라는 다음절어를 볼때 "zhongju"라고 읽지 않고 "chongju"라고 읽는다.

```
      never                                                always
      |─────|─────|─────|─────|─────|
      0     1     2     3     4     5
      전혀 그렇지 않다                              언제나 그렇다
```

18. 나는 다의어를 볼때, 자주 무슨 의미인지 이해 하지 못한다, 예를들어 "白费". 의 의미를 이해 하지 못한다.

```
      never                                                always
      |─────|─────|─────|─────|─────|
      0     1     2     3     4     5
      전혀 그렇지 않다                              언제나 그렇다
```

19. 나는 예전에 한자 보는 것과 중국어 읽는 방법을 배워 본 적이 있다.

```
      never                                                always
      |─────|─────|─────|─────|─────|
      0     1     2     3     4     5
      전혀 그렇지 않다                              배워 본 적이 있다
```

20. 나의 단어 추측수준은 매우 높다.

```
     poor                                                    excellent
     ┠─────┼─────┼─────┼─────┼─────┨
     0     1     2     3     4     5
     저                                                          고
```

만일 앞에서 언급한 猜词(단어 추측)방법중 여러분이 사용하고 있는 방법이 언급되지 않았다면, 지금 사용하고 있는 猜词방법을 아래에 서술하세요.

_____
_____
_____

여러분의 협조에 다시 한번 감사드립니다!

附录三 已发表的部分相关论文

欧美、韩、日学生汉字认读与书写习得研究①

【摘　要】 本文采用注音、听写、选词填空等实验方法，对 99 名欧美国家及韩国、日本学生的汉字认读与书写习得情况进行了调查，旨在考察不同文字背景对汉字学习的影响。结果显示：①欧美学生的汉字认读（声韵拼合）不如韩国学生；②与声韵拼合成绩相比，所有被试的声调成绩都不好，且并不随汉语水平的提高而改善；③欧美学生的汉字书写在初级阶段劣势明显，而中级阶段进步显著；④欧美国家、韩国学生字形书写错误突出，日本学生音近字错误较多；⑤欧美初级组学生的汉字认读与书写成绩存在显著的关联性。

【关键词】 第二语言汉语　汉字认读　声调　汉字书写　书写错误

1 引言

1.1 拼音文字学习研究

音位知识在拼音文字语言学习中的重要性，已得到英语界的普遍认同（Liberman 等，1974、1977、1989；Frost，1991；Lukatela 和 Turvey，1994；Perfetti，1995；Berent 和 Perfetti，1995；等等）。因此，儿童在学习阅读时，不仅要明白单词是由音位组成的，而且需要掌握单词内部的音位组合规则（Blachman，1991；Bradley，1988）。从书写形式中直接识读语音的

---

① 本研究得到国家社会科学基金项目（项目号为 01BYY003）的资助，谨致谢忱。本文原刊于《语言教学与研究》2006 年第 6 期。

能力被看成阅读习得的必备条件（Share D, 1995）。也就是说，阅读拼音文字，掌握音位与书写字母的匹配能力是非常重要的，而且被认为与阅读能力存在交互作用（Perfetti 等，1987；Bowey 和 Francis，1991；Vellutino 和 Scanlon, 1987）。

随着第二语言学习研究的深入，探讨不同的母语文字背景对第二语言学习过程的影响已成为目前第二语言学习研究的一个新的方向。拼音文字背景与非拼音文字背景的学习者学习英语的认知过程是否会因为母语背景经验的不同而有所不同？M. Wang 等（2003）采用语义归类与音位删除两种作业方式，考察母语为汉语（非拼音文字背景）的英语学习者与母语为韩语（拼音文字背景）的英语学习者在单词识别时对语音与字形的依赖程度时发现，相对于韩国学生，有汉语背景的英语学习者对语音信息的依赖较少，而对字形信息的依赖更多。因此，作者认为，不同的母语书写系统会影响第二语言学习的认知方式。相关研究还有 Koda（1999、1998、1989），Akamatsu（1999）等。

1.2 汉字学习研究

汉语作为第二语言的汉字认读研究比较少见，其中陈绂（1996）通过定性的方法对朗读错误进行分类归纳，探讨错误形成的原因。而对汉字书写的研究中，目前的一些成果（江新、柳燕梅，2004；鹿士义，2002；肖奚强，2002；施正宇，2000；陈慧，2001；高立群，2001；等等）主要集中在汉字偏误分析、拼音文字背景的外国学生在自然写作中出现的汉字书写的错误类型分析，以及对汉字正字法知识的形成和发展规律的探讨。

以上研究无疑深化了对拼音文字背景学生汉字学习过程的认识。但是，拼音文字背景的学生来源因接触汉文化程度的不同以及因拼音文字在空间排列上的区别而存在很大的分别。我们认为"拼音文字"的说法太宽泛，因此，本研究对不同学生来源分别进行考察，并与有汉字背景的日本学生进行对比，以比较不同母语背景的汉语学习者在汉字认读与书写上的特点。

我们假定不同文字背景的汉语学习者习得汉语认读与书写的过程会因为母语文字背景的不同而不同。本文采用注音、听写、选词填空等作业方式，从认读与书写两方面考察欧美国家及韩国、日本学生在不同学习阶段的汉字习得情况。具体探讨以下3个问题：①欧美国家的学生与韩国、日本学生在汉字认读上是否存在差异？②欧美国家及韩国、日本学生在汉字书写的错误类别上是否存在差异？其发展轨迹如何？③不同母语背景的学生的汉字认读与汉字书写有无关系？

2 方法

2.1 被试

中山大学对外汉语系进修班初级与中级班学生共 89 人。其中，初级班 55 人，包括欧美国家（美国、英国、加拿大、澳大利亚、法国、西班牙、瑞典、芬兰、俄罗斯、印度、毛里求斯等国家）① 17 人、韩国 21 人、日本 17 人；中级班 34 人，包括欧美国家 15 人、韩国 19 人。施测时，初级班学生已学习汉语 3～8 个月，中级班学生已学习汉语 1～2 年。

2.2 测量工具

测试由 3 部分组成。

2.2.1 汉字认读

从初级班所用课本《现代汉语教程·读写课本》第一册的前 40 课中选择 10 个双音节词，也就是 20 个汉字。选择词语时，保证每个词都是被试已经学过的。要求被试用拼音写出这 10 个词的读音。

2.2.2 选词填空

从《高等学校外国留学生汉语教学大纲》（国家汉办，2002）中的初级最常用词中选出 40 个词（包括个别初级次常用词）编成 20 个形似字辨认，20 个同音字辨认。同样，从中级词汇中选出 40 个词编成 20 个形似字辨认，20 个同音字辨认。选词时，同样保证每个词被试都已学过，均以选词填空的形式出现。

2.2.3 听写

从初级班所用课本《现代汉语教程·读写课本》第一册的前 40 课中选择 15 个词或词组进行听写。为了意义确定，有的为 4 个音节的词组，共包括 35 个汉字。每个汉字被试都已学过。

---

① 这里的欧美包括母语为印欧语系语言的国家，因此，不一定是在欧洲、美洲的国家。这样区分的目的是排除汉文化圈的影响。

2.3 施测过程

测试在课堂内进行,由任课教师主持。学生独立完成。

测试顺序为先做听写,听写收上来后,再做注音与选词填空。

计分方法:注音计分分声韵组合与声韵调组合两类。选词填空,错误与未选均不得分,一词计一分。听写按字计分,一字一分。错误分形似、音同、音近、音近形似、空白等类型分别计算。

3 结果

3.1 汉字认读

结果依不同母语背景与不同汉语水平留学生的注音正确率进行统计,由于中级班参加测试的日本学生人数不足以构成一个样本,因此,中级组只有欧美与韩国被试。汉字注音正确率平均值见表1。

表1 注音正确率平均值

类别	欧美		韩国		日本
	初级 ($n = 17$)	中级 ($n = 15$)	初级 ($n = 21$)	中级 ($n = 19$)	初级 ($n = 17$)
声韵组合	0.91	0.95	0.97	0.99	0.93
声韵调组合	0.68	0.65	0.81	0.90	0.75

采用2(国别)×2(类别)×2(汉语水平)混合设计方差分析,结果显示:①注音类别的主效应非常显著[$F(1, 71) = 88.909, p = 0.000$],说明声韵和声韵调正确率的差异很显著;②注音类型与国别的交互作用也很显著[$F(1, 71) = 12.806, p = 0.001$],说明欧美国家学生的注音类型与韩国学生的注音类型的成绩存在明显不同;③注音类型与汉语水平之间的交互作用不显著,从数据上看,随着汉语水平的提高,不同国别学生注音类型成绩的发展没有显著差异,说明声调存在固化现象。

也就是说,声韵调的正确率与声韵组合正确率存在显著差别,声调的成绩比较差。欧美国家的学生比韩国学生的注音成绩差。声调成绩并没有随着学生汉语水平的提高而改变。

上面的方差分析并没有包括初级日本组,对初级组(包括日本组)进行方差分析,结果显示,声韵组合存在显著性差异[$F(2, 51) = 3.472$, $p = 0.0390$],声韵调组合无显著性差异。多重比较显示,欧美组与韩国组存在显著性差异($p = 0.042$),日本组与其他两组均无显著性差异。

3.2 汉字听写

对汉字听写成绩按正确率及错误类型分布进行统计。正确率平均值见表2,错误类型分布见表3。

表2 听写正确率平均值

国别	初级	中级
欧美	0.48（$n = 17$）	0.71（$n = 15$）
韩国	0.75（$n = 21$）	0.87（$n = 19$）
日本	0.87（$n = 15$）	—

对初级组进行方差分析,结果显示,欧美、韩国、日本学生的正确率差异达到显著水平[$F(2, 52) = 26.559$, $p = 0.000$];多重比较表明,欧美国家的学生的正确率显著低于韩国与日本学生,韩国与日本学生之间不存在显著差异。

2（国别）×2（汉语水平）混合设计方差分析显示,国别的主效应显著[$F(1, 71) = 34.370$, $p = 0.000$],说明韩国组的听写正确率显著高于欧美组。汉语水平的主效应显著[$F(1, 71) = 23.491$, $p = 0.000$],即中级组的听写成绩显著高于初级组。国别与汉语水平的交互作用不显著[$F(1, 71) = 2.620$, $p = 0.110$]。

也就是说,在听写成绩方面,韩国组明显优于欧美组,中级组明显高于初级组。

我们将错误分为以下6种类型:形似错,包括字形相似的别字、错字;音同错,指声母和韵母都相同的别字;音近错,指读音相近的别字;音近形似错,指读音相近字形相似的别字;空白,指未能写出汉字;其他，包括不能归入以上 5 种错误的错误类别。各类错误分布情况见表 3。

表 3 听写错误类型分布

国别		形似	音同	音近	音近形似	空白	其他
欧美	初级	31.0%	13.0%	3.0%	0.3%	48.5%	4.2%
	中级	34.7%	21.3%	3.3%	2.7%	34.7%	3.3%
韩国	初级	29.0%	18.3%	6.5%	2.2%	40.0%	2.7%
	中级	40.0%	19.3%	3.4%	2.3%	29.5%	5.7%
日本	初级	21.0%	25.4%	22.5%	0	26.8%	4.2%

从表 3 可知，"空白"也就是没有写出汉字，在所有错误中所占比例很大，说明汉字书写难度较大。"其他"是指只写了一部分的字，或者由词语联想而产生的不属于前面任何一种类型的错字。由于欧美组、韩国组的音近类、音近形似类错字很少，我们对错误较多的形似、音同字进行统计推论分析。

采用 2（国别）×2（类别）×2（汉语水平）方差分析，结果显示：错误类型的主效应显著 $[F(2, 71) = 20.165, p = 0.000]$，但错误类型与国别、与汉语水平的交互作用都不显著（$p = 0.072$ 和 $p = 0.200$）。

值得注意的是，日本组的音同错与音近错特别多，加起来几乎占错字的 50%，与欧美组、韩国组存在显著的区别。

3.3 形似、音同字辨认

形似、音同字辨认的正确率见表 4。

表 4 形似、音同字辨认正确率比较

类别	欧美			韩国			日本
	初级 A	中级		初级 A	中级		初级 A
		A	B		A	B	
形似	70.0%	86.0%	72.3%	87.0%	93.0%	83.0%	93.8%
音同	63.0%	86.7%	79.3%	82.5%	94.7%	94.5%	90.0%

表 4 中的 A 组为常用初级词,所有的被试都做了测试。B 组为中级词,中级组的被试才做测试。这样,初级组的被试只做一组题目,而中级组的被试要做两组。从表 4 可以看出,不同母语背景、不同汉语水平的被试在形似与音同字的辨认上差别很小,比率相当接近。

3.4 认读与书写相关分析

将欧美国家及韩国、日本学生汉字的认读与书写成绩进行相关分析,结果见表 5。

表 5 欧美国家及韩国、日本学生汉字认读与书写成绩之间的相关性

国别	汉语水平	相关系数(r)	显著性(p)
欧美	初级($n=16$)	0.590	0.016
	中级($n=15$)	−0.150	0.595
韩国	初级($n=21$)	−0.123	0.596
	中级($n=19$)	0.170	0.487
日本	初级($n=15$)	0.223	0.390

从表 5 可以看出,欧美初级组的汉字认读与书写成绩存在显著相关,其他组都没有关系。

4 讨论

4.1 初级阶段必须加强声调学习

汉字认读实验结果显示,留学生的声韵拼合学习较好,而声调的习得明显较差。这个结果一方面说明声调的学习难度较声韵母拼合更高;另一方面也说明对留学生的声韵教学相对成功,而声调教学还有待加强。

值得注意的是,随着汉语水平的提高,留学生的声调成绩并没有改变。这说明由于初级阶段声调训练不够或方法不当,学生未能很好地把握声调学习的良好时机,而使声调偏误产生了固化。因此,尽管汉语水平已提高,但声调不好的状况并没有得到改善。

声调不好导致的结果是同音字（宽泛上讲，声韵相同）增加，从而给听与写带来更多的困扰。

因此，在汉语学习的初级阶段，在集中训练汉语的声、韵母时，应加强声调的训练，并注意加强对不同母语背景学生的声调偏误的研究，以增强声调教学的针对性，从而突破声调教学的难点。

4.2 欧美国家及韩国学生正字法知识不足，日本学生遭受音近字的困扰

汉字听写实验结果显示，欧美国家学生的汉字书写情况很不好，正确率较低。

从听写的错误类型分布来看，欧美国家与韩国学生的形似错字显著多于音同错字。这与江新、柳燕梅（2004）的结果部分一致，部分不一致。一致的是，学生的形似错多于音同错。结果表明，留学生的汉字书写中，字形的作用比字音的作用大得多。不一致的是，结果显示，随着识字量的增加，留学生汉字书写的字形错减少，而字音错增多。我们的方差分析并没有显示汉语水平的显著效应。这也许是由于两个研究收集数据方式的影响。江新、柳燕梅从留学生的作文中收集语料。作文时，学生有不会写的字可以问同学，可以翻书，不成字的形似错可能会减少，而音同错误学生常不能自知。听写时，学生知道某个字写得不正确，可是没有能力写出正确形式。因此，表现在数据上有所不同，形似错仍然显著多于音同错。

高立群、孟凌（2000）采用校对阅读的作业范式，探讨了阅读中音、形信息对汉字辨认的影响。结果发现，外国学生对形似别字的检出率显著低于音同别字，并且没有随着汉语水平的提高而出现变化，从而认为外国学生对汉字的字形意识强于对字音的意识。这与我们的结果殊途同归，与朱志平和哈丽娜（1999）、鹿士义（2002）等的研究也相一致。

因此，基于字形的汉字正字法知识的学习对非汉字背景的留学生来说是很重要的。汉字的正字法知识也就是关于汉字组合规则的知识，包括笔画、部件构成、整字结构等。不同的笔画或部件只有按照一定的规则组合起来，才能写出正确的汉字，从而帮助留学生减少字形方面的错误。

从表2可知，欧美国家和韩国学生的听写成绩由初级到中级都有显著的进步，尤其是欧美国家的学生进步非常大。这也许可以解释为，由于文

字背景的根本差异，欧美国家的学生在刚接触汉字时，由音而不能知形，见形而不能读音。这与自己的母语完全不同，因此，在认读上困难重重。在书写上更不知如何下手，很多欧美国家的学生都经历了画字的阶段。随着学习时间的增加、汉字正字法知识学习的深入，汉字书写能力得到了显著的提高。

日本初级组与欧美和韩国初级组对比，显著不同的是，日本学生的形似错为21%，音同错为25.4%，音近错为22.5%，将音同错与音近错加起来，比形似错多一倍多。这种现象一方面说明日本学生的汉字背景使他们与其他国家的学生在汉字书写上存在根本的不同，他们已经具备了部分的汉字的正字法知识，对汉字的笔画、结构等特征有所掌握；但另一方面，语音问题使他们遭受音近字的苦恼。余维（1995）的研究显示，日本学生在学习汉语语音时，普遍存在听力差、发音难等不利因素，原因是：①日语本身的语音因素要比汉语少得多；②日语与汉语相同的同位语音因素也极少。因此，日本学生学习汉语语音特别困难，由此也造成日本学生在汉字书写中的音同、音近错字较多。

陈绂（2001）通过对日本学生作文、作业以及日常听写中的错字的分析，也发现声音相同或相近造成的讹误占别字总数的72.2%还多。他把原因归为日本学生习惯于音与义的对应，而忽视了形与义的对应关系。我们认为，这还与日本学生开始学习汉语时的语音困难有关系。

可见，有针对性地加强对日本学生的语音教学，对发音相近的字进行辨识，可以减少音近字带给他们的困扰。

3.3节的形似、音同字辨认结果表明，同音字对欧美国家学生的影响并没有超过形似字的影响。对日本学生来说，形似错与音同错也没有构成显著性差异。这个结果比较出乎意料，似乎可以解释为汉字正字法知识在汉字学习的过程中起主要的作用。

4.3 认读与书写的关系

Share（1995）认为，从文字到语音的识读（phonological recoding）是学习拼音文字的重要技能，他称之为"自教机制"（self-teaching mechanism）。这种能力可以使读者独立识读没有学过的生词。他认为这种能力是阅读必备的条件。

拼音文字如此，但作为与拼音文字完全不同的汉字，见形不能知音，音不直接对应于形。关于汉字的形、音关系（即知形与知音的关联性）如何，目前尚未见到相关的研究（但不包括形声字）。每一个具体的汉字都是形、音、义的结合。汉语为母语的学习者通常都是先有长时间的听说积累，而后才是书写学习。文盲则只会听说，不会书写。不会书写的人知音与义，却不知形。把汉语作为第二语言的学习者没有早先的听说背景，汉字的形、音、义都是第一次接触，形、音、义在学习者的头脑中如何储存，音与形有无关系，关系如何等，都是值得探讨的问题。我们对被试的汉字认读与书写成绩进行了相关分析，得到了很有意思的结果。欧美初级组在认读与书写成绩上表现出显著的关联性，而欧美中级组与日韩学生在认读与书写上都不存在相关。这也许可以说明，欧美国家的学生在汉语学习的初级阶段受母语文字模式的学习方式的影响，字音的作用很大，不仅会影响到意义的理解（江新，2003），还会影响到书写。这个问题还有待于深入的研究。

5　结论

本研究通过实验调查与统计推断，探讨了欧美国家及韩国、日本学生在汉字认读与书写方面的习得情况。结果表明：

（1）欧美国家学生的汉字认读成绩明显不如韩国学生。

（2）所有被试的声调成绩均不好，且随着学习阶段的改变、学习时间的增加，声调状况未见改善，可见出现了固化情况。因此，留学生在汉语学习的初始阶段必须加强声调的学习，有针对性地纠正声调偏误，以防止偏误的固化，更重要的是可以避免同音字的增加。

（3）在汉字书写上，欧美国家的学生劣势明显。但随着学习阶段的改变、学习时间的增加，他们的汉字书写水平提高显著。建议初级阶段加强对欧美国家学生的汉字学习指导，帮助他们克服汉字书写上的困难。

（4）从书写错误类型分布上看，欧美国家及韩国学生都表现为形似错字明显多于音同错字。因此，汉字正字法知识的学习对这些学生来说非常重要。另外，日本学生音近字错误较多，有针对性地加强对日本学生的语音教学，可以减少音近字带给他们的困扰。

（5）初级组的欧美国家学生在汉字认读与书写上存在显著相关。对汉字认读与书写的关系还需要深入研究。总体来看，欧美国家的学生无论在汉字认读还是书写上，都明显不如日韩学生。汉字学习的情况不好，一方面说明这是母语与汉语的差异太大，母语的文字系统与汉字差异太大，语言文字没有亲属关系，学习的难度太大所致；另一方面也说明我们的教材与教学还有待改进，以顺应外国学生学习汉语的发展过程。

对不同母语背景汉语学习者的汉字学习情况的探讨，本研究只是一个初步的尝试，也得出了一些初步的结论。受被试承受力的限制，仍然觉得所用材料不够丰富，比如"注音""听写"的字数再多些，也许会反映出更多的问题，这些都还有待进一步的探讨。

参考文献

［1］陈绂. 谈对欧美留学生的字词教学［J］. 语言教学与研究，1996（4）：97–108.

［2］陈绂. 日本学生书写汉语汉字的讹误及其产生原因［J］. 世界汉语教学，2001（4）：75–81.

［3］陈慧. 外国学生识别形声字错误类型小析［J］. 语言教学与研究，2001（2）：16–20.

［4］高立群. 外国留学生规则字偏误分析：基于中介语语料库的研究［J］. 语言教学与研究，2001（5）：55–62.

［5］高立群，孟凌. 外国留学生汉语阅读中音、形信息对汉字辨认的影响［J］. 世界汉语教学，2000（4）：67–76.

［6］江新，柳燕梅. 拼音文字背景的外国学生汉字书写错误研究［J］. 世界汉语教学，2004（1）：60–70.

［7］江新. 不同母语背景的外国学生汉字知音和知义之间关系的研究［J］. 语言教学与研究，2003（6）：51–57.

［8］鹿士义. 母语为拼音文字的学习者汉字正字法意识发展的研究［J］. 语言教学与研究，2002（3）：53–57.

［9］施正宇. 外国留学生汉字书写偏误分析［C］//《第六届国际汉语教学讨论会论文选》编辑委员会. 第六届国际汉语教学讨论会论文选. 北京：北京大学出版社，2000.

［10］肖奚强. 外国学生汉字偏误分析［J］. 世界汉语教学，2002（2）：79–85.

［11］余维. 日、汉语音对比分析与汉语语音教学［J］. 语言教学与研究，1995（4）：123–141.

［12］朱志平，哈丽娜. 波兰学生暨欧美学生汉字习得的考察、分析和思考

[J]. 北京师范大学学报(社会科学版), 1999 (6): 88 – 94.

[13] AKAMATSU N. The effects of first language orthographic features on word recognition processing in English as a second language [J]. Reading and writing: an interdisciplinary journal, 1999, 11 (4): 381 – 403.

[14] BERENT I, PERFETTI C A. A rose is a REEZ: the two-cycle model of phonology assembly in reading English [J]. Psychological review, 1995, 102 (1): 146 – 184.

[15] BLACHMAN B A. Phonological awareness: implications for prereading and early reading instruction [M] //BRADY S A, SHANKWEIER D P. Phonological processing in literacy. Hillsdale, NJ: Lawrence Eribaum, 1991: 29 – 36.

[16] BRADLEY L. Rhyme recognition and reading and spelling in young children [M] //MASLAND R L, MASLAND M W. Pre-school prevention of reading failure. Parkton, MD: York Press, 1988: 143 – 152.

[17] BOWEY J A, FRANCIS J. Phonological analysis as a function of age and exposure to reading instruction [J]. Applied psycholinguistics, 1991 (12): 91 – 121.

[18] FROST R. Phonetic recoding of print and its effect on the detection of concurrent speech in amplitude-modulated noise [J]. Cognition, 1991 (39): 195 – 214.

[19] KODA K. Developing L2 intraword orthographic sensitivity and decoding skills [J]. The modern language journal, 1999, 83 (1): 51 – 64.

[20] KODA K. The role of phonemic awareness in second language reading [J]. Second language research, 1998, 14 (2): 194 – 215.

[21] KODA K. Effects of L1 orthographic representation on L2 phonological coding strategies [J]. Journal of psycholinguistic research, 1989 (18): 201 – 222.

[22] LIBERMAN I Y, SHANKWELLER D, FISCHER F W, et al. Explicitly syllable and phone segmentation in the young child [J]. Journal of experimental child psychology, 1974 (18): 201 – 212.

[23] LUKATELA G, TURVEY M T. Visual lexical access is initially phonological: I. evidence from associative priming by words, homophones, and pseudohomophones [J]. Journal of experimental psychology: general, 1994, 123 (2): 107 – 128.

[28] WANG M, KODA K, PERFETTI C A. Alphabetic and nonalphabetic L1 effects in English word identification: a comparison of Korean and Chinese English L2 learners [J]. Cognition, 2003 (87): 129 – 49.

[24] PERFETTI C A, BECK I, BELL L C, et al. Phonemic knowledge and learning to read are reciprocal: a longitudinal study of first grade childen [J]. Merrill-palmer quarterly, 1987 (33): 283 – 319.

[25] PERFETTI C A, ZHANG S. Very early phonological activation in Chinese

reading [J]. Journal of experimental psychology: learning, memory, and cognition, 1995 (21): 24 – 33.

[26] SHARE D. Phonological recoding and self-teaching: sine qua non of reading acquisition [J]. Cognition, 1995 (55): 151 – 218.

[27] VELLUTINO F R, SCANLON D M. Phonological coding, phonological awareness, and reading ability: evidence from a longitudinal and experimental study [J]. Merrill-palmer quarterly, 1987 (33): 321 – 363.

词汇刻意学习与伴随性学习的比较研究
——以初级水平东南亚汉语学习者为例[①]

1 引言

1.1 词汇的刻意学习与伴随性学习

刻意学习（intentional learning，也叫"直接学习"）和伴随性学习（incidental learning，也叫"间接学习"）最早源自20世纪初的认知心理学，两者在当时的区别就是被试事先被告知实验后是否会立刻接受测试。从20世纪六七十年代起，随着语言学习理论从行为主义向认知主义的转变，伴随性学习的概念也开始被运用到语言学习中。这时，伴随性学习指的是一种无学习目的的学习，这种新的概念就不再涉及实验前的告知与否。

Nation（1990）认为，刻意学习指学习者做一些能将其注意力集中在词汇上的活动和练习，包括构词练习、猜词练习、背词汇表以及词汇游戏等。跟刻意学习相比，伴随性学习指学习者的注意力集中在其他方面，尤其是语言所传递的信息上，而不需要对词汇进行专门学习便可学习词汇。她认为，在自然的语境中进行词汇的伴随性学习不仅有助于对语义的确切理解，掌握单词的正确用法，而且有助于记忆，使学习过程更为愉快。

Laufer和Hulstijn（2001）对"伴随"一词的解释是，在任何一种不明确以词汇学习为目的的行为中，学习者获得词汇只是一种副产品（by-product）。而刻意学习是指明确的以实现词汇记忆为目的的一种行为。

尽管目前的研究尚未形成关于伴随性学习的统一定义，但是没有专门刻意地去学习，以及没有将学习集中于特定的目的上这一"伴随性"的

[①] 本文曾在"首届哥伦比亚大学教育学院汉语二语习得国际研讨会"（2010年10月，纽约）上宣读，与会专家提出了宝贵的意见，谨致谢忱！本文原刊于《华文教学与研究》2012年第3期。

特征还是得到了普遍的认可。

1.2 对伴随性学习与刻意学习的对比研究

语言能力被认为是人的智力能力之一，因此，对语言能力的测量也是认知心理学研究的重要内容。词语学习的语境效应、从上下文获得词义的学习理论，引起了语言学习研究者对语境的关注。因此，伴随性词汇学习一直是词汇学习研究的热点，相关研究成果颇丰。而有关伴随性学习与刻意学习这两种学习方法效果的对比研究尚不多见。我们注意到近年来张金桥（2008）、龚兵（2008）的两项研究，他们的研究对象分别是汉语学习者和英语学习者，研究结果却很不相同。

张金桥（2008）比较了汉语学习者汉语词汇直接学习和间接学习法在理解性词汇知识和产出性词汇知识学习效果上的特点。结果发现，在即时测试中，两种学习方法都有助于留学生理解性词汇知识和产出性词汇知识的学习。但在延时测试中，间接学习法能促进留学生汉语产出性词汇知识的学习，而直接学习法对留学生汉语产出性词汇知识的学习没有促进作用。

龚兵（2008）的直接词汇学习组的两次测试成绩无论在认知水平上还是在产出水平上均明显高于间接学习组。而且生词表和词典等辅助手段并不能帮助受试者间接掌握目标词。词汇量大小对词汇学习效果具有显著影响。

1.3 刻意学习与伴随性学习相结合的研究

不少研究者通过实验，尝试了各种刻意学习与伴随性学习相结合的学习方法，例如，阅读后加上课后词汇练习（董燕萍，2001）、用目标词写作（Laufer 和 Hulstijn，2001；Laufer，2003；郭亚莉、周星，2006；吴建设、郎建国、党群，2007）、阅读后复述文章大意（盖淑华，2003）。其中，用目标词写作被大多数学者认为是最有效的学习方法。

1.4 问题的提出

国内外学者通过不同的方法研究了伴随性学习的各个方面，如伴随性学习的影响因素、辅助手段、学习效果等，相关研究硕果累累。研究者们都试图从各个角度各个方面来辨别刻意学习与伴随性学习究竟哪一种更加有效，但是实验结果并不一致。笔者认为，要比较两种方法的优劣，需要了解两种方法的单词学习与记忆过程，相关实验研究在测试与学习的频次上尚有发展的空间。

从实验测试的频次来看，绝大多数实验都只限即时和延时两次测试（董燕萍，2001；盖淑华，2003；朱勇，2004；段士平、严辰松，2004；郭亚莉、周星，2006；龚兵，2008；张金桥，2008），也有 3 次测试的（Laufer 和 Hulstijn，2001；柯葳、董燕萍，2001）。这样很难看出词汇学习与遗忘的具体情况。

不论用何种学习方法或何种辅助手段，目前的大多数研究都只限于一次学习后的效果测试，即每个实验中，被试者只做一次词汇学习，少有研究在实验中操作如何通过重复学习的方法来克服遗忘，实现词汇的记忆。

不少研究已经表明，不同的词汇学习方法有不同的作用，刻意学习和伴随性学习可以交替使用。但是，如何使用更合理？笔者希望能设计一个时间上有足够宽度和频次的实验，通过跟踪测试每次重复学习后的记忆效果，考察刻意学习与伴随性学习的具体特点，探讨词汇学习的过程与方法。

本次实验将在较大的时间宽度和较高的学习频次下，完成对刻意学习与伴随性学习效果的对比。其中，刻意学习组将采用背词表的学习方法，伴随性学习组将采用文本阅读加后附词表的学习方法。[①] 此次实验将研究以下两个问题：①刻意学习法在什么阶段有什么优势？②伴随性学习法在什么阶段有何优势？

2 实验研究

2.1 实验对象

本次研究设计注重考察词汇学习与保持的情况，需要进行前后 8 次学习与测试，需要被试多次合作。为了避免被试流失带来的问题，本次实验对象较少，选取的是在中山大学国际汉语学院初级 4 班就读的 6 名留学

[①] 很多研究都表明纯粹的伴随性词汇学习有其局限性。本文的伴随性词汇学习是在文本阅读理解的情况下，添加了词汇表，词汇表完全按词典释义。也就是说，本文的伴随性词汇学习增加了辅助手段。

生，其中一名被试未能顺利参加全部的 8 次测试，故最终被试人数定为 5 人（见表 1）。对于被试，我们做了国别、学能、记忆等方面的控制。

表 1 被试的基本情况

被试	性别	国籍	年龄	来中国学习汉语时间	来中国前是否学过汉语
被试 1-1	男	印度尼西亚	20 岁	1 年	否
被试 1-2	女	泰国	19 岁	1 年	否
被试 2-1	男	印度尼西亚	19 岁	1 年	否
被试 2-2	女	越南	20 岁	1 年	否
被试 2-3	女	越南	20 岁	1 年	否

（1）国别的基本控制。5 名被试都来自东南亚国家。他们普遍被认为有较为统一的学习天分和学习态度。

（2）该 5 名留学生上学期期末考试成绩平均分相近。

（3）为了控制被试因为记忆能力的差异而造成实验结果出现偏差，对 5 位被试进行了记忆测试。5 名被试该测试的平均分基本相似（7.6、8.4、8.6、7.9、7.7），符合本次实验的基本要求。

将 5 名被试分成两组，分别接受刻意学习和伴随性学习两种学习方法的学习与测试，时间为一个月。

2.2 实验材料

2.2.1 测试词

多数研究发现，如果用阅读的方法来习得词汇，每篇会有 1～5 个单词被记住（Hulstijn，1992；Knight，1994；Paribakht 和 Wesche，1997）。Dupuy 和 Krashen（1993）在研究中发现了高达 6 个单词的记忆量；Cho 和 Krashen（1994）让被试进行趣味阅读，不能查词典，发现被试在有约 7000 个单词的小册子中习得了 7 个生词。因此，考虑到本次实验的总体阅读字数，笔者将测试词的数量定为 6 个。这 6 个词根据《汉语水平词汇与汉字等级大纲》（1992），都属于丁级词。其中，名词、动词、形容词各 2 个，本次实验都只考察它们的单一义项。

所选 6 个词语情况见表 2。

表 2　测试词及其词义

测试词	词性	词汇等级	词义
趋势	名词	丁级词	事物朝着某一方向发展变化的势头
悬念	名词	丁级词	对小说、戏剧、影视等文艺作品中情节发展和人物命运的期待心情
糟蹋	动词	丁级词	任意浪费或损坏
勉励	动词	丁级词	劝勉、鼓励
卑鄙	形容词	丁级词	（品德、言行）恶劣、下流
潦草	形容词	丁级词	做事不细致、不认真

2.2.2　刻意学习组的双语词汇表

将 6 个汉语词汇列成一个词汇表，每个词后分别给出该词的英文和中文释义以及例句，该词在词汇表中的义项与在阅读材料中的义项一致。

让 30 名与被试同班的留学生看这份词汇表，要求他们对里面的汉语词汇进行记忆，记忆完成后向我们举手示意。我们记录下他们每个人记忆需要的时间，取平均值作为使用该学习方法的学习时间。我们取出的平均值是 5 分钟。

2.2.3　伴随性学习组的阅读材料[①]

本组实验中，由于被试一共需要进行 8 次词汇学习，我们准备了 4 篇不同的阅读材料，从第 5 次词汇测试起再重复使用之前那 4 篇阅读材料。每篇阅读材料包含两段小文章，总字数为 100～150 字，6 个测试词都将随意编入这两段小文章中，每篇阅读材料后都附上刻意学习组所用的双语词汇表，供被试查阅。

对阅读材料进行了以下两方面的控制。

（1）对阅读材料主题及内容难度的评定。Nation（2001）指出，语境的生词率低于 5% 对伴随性学习有益。因此，本实验中所使用的阅读材料

---

① 由于篇幅所限，阅读材料没有后附。

都通过了北京语言大学出版的"中文助教"软件的词汇难度统计。除了 6 个测试词,4 篇阅读材料大都由甲级和乙级词汇组成,除测试词以外,没有丁级或以上的词汇。丙级词汇在这 4 篇阅读材料中分别只占全文的 0.7%、1.3%、0.8% 和 0.7%。这保证了所有阅读材料的难度不高,而且难度相当。

(2) 为了使留学生在文本阅读过程中将注意力集中于阅读理解上而非词汇记忆上,我们在每段小文章后编写了两道阅读理解题,它们与所阅读文本的内容有关而与 6 个测试词无直接关系。即使从第 5 次测试起,阅读材料会与之前相同,但是阅读理解题不会相同。

让 30 名与被试同班的留学生完成这 4 篇阅读。要求他们每篇阅读只看一遍,完成文章后的阅读理解题就向我们示意。记录他们每个人阅读需要的时间,取平均值 8 分钟作为使用该学习方法的学习时间。

2.3 实验时间与步骤

本实验考察了两种学习方法:刻意学习法和伴随性学习法。测试时段参考了 Ebbinghaus 的遗忘曲线和 Pimsleur 的记忆方案。词语学习共 8 次(第一次、10 分钟后、1 小时后、1 天后、2 天后、3 天后、1 周后、2 周后),词语测试共 8 次(即时、1 小时后、1 天后、2 天后、3 天后、1 周后、2 周后、3 周后),除了第一次即时测试在词汇学习后,其他 7 次词汇测试都在这一轮的词汇学习前,这样才能考察出词汇记忆的保持率。测试结果是被试在词语理解和词语输出两个方面的成绩。

实验分组进行:组 1 为刻意学习组(两名被试分别被命名为"被试 1-1"和"被试 1-2"),要求留学生用 5 分钟背诵双语词汇表;组 2 为伴随性学习组(3 名被试分别被命名为"被试 2-1""被试 2-2"和"被试 2-3"),要求留学生用 8 分钟阅读小短文后完成阅读理解题。

2.4 实验的词汇测试与评定

测试以口头报告的形式完成,共分为两个部分:一是要求被试说出测试词的中文意思;二是要求被试分别用测试词造句,考察其对测试词的使用情况。两个部分都由中山大学一位对外汉语教师与被试对话完成,笔者只负责在一旁录音。

释义和造句这两个方面的评分都按 0~2 三级计分规则:0 分表示完

全错误，1 分表示部分正确，2 分表示完全正确。每个测试词的满分为释义的 2 分加上造句的 2 分，一共是 4 分。所有 6 个测试词整体满分为 24 分。3 名对外汉语教师对实验结果进行评定。3 人意见相同，则认为此计分有效；不一致时则进行协商，达成一致意见。

2.5 实验结果

在近一个月的实验后，统计了 5 名被试的词语测试分数，结果见表 3。

表 3 词语测试成绩（百分制）

被试	即时	1 小时后	1 天后	2 天后	3 天后	1 周后	2 周后	3 周后
被试 1–1	21	71	54	71	71	71	75	75
被试 1–2	50	71	67	67	67	67	67	63
被试 2–1	17	33	13	8	25	33	21	21
被试 2–2	0	25	58	33	58	42	63	54
被试 2–3	0	21	8	17	67	58	54	58

图 1 和图 2 以曲线形式分别描述了刻意学习组和伴随性学习组的词汇测试成绩。

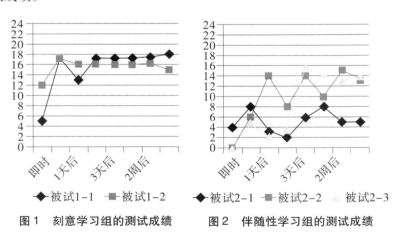

图 1 刻意学习组的测试成绩　　图 2 伴随性学习组的测试成绩

图 1 显示的是刻意学习组两名被试的词汇测试成绩。两名被试成绩的曲线基本一致。虽然两名被试第一次的测试成绩有较大差距，但是从第 2

次测试起（一小时后的再次学习后），两名被试的测试成绩几乎不相上下，都维持在 16 分左右，词汇的习得情况相当不错。该组的成绩在头两次学习后有突飞猛进的势头，从第 4 次学习起（两天后），成绩由上升转为稳定地保持。虽然此后两名被试的成绩都维持在 16 分的高分，但作为满分为 24 分的词汇测试，他们的成绩没有更大的突破。

图 2 显示的是伴随性学习组 3 名被试的词汇测试成绩。3 名被试成绩的曲线比较凌乱，测试成绩相当不稳定，但是能辨别出成绩其实在波动中有着逐步上升的趋势（被试 2-1 的趋势不太明显，下文会为此做出解释）。伴随性学习组的成绩普遍低于刻意学习组。伴随性学习组的 3 个被试在第一次词汇测试时，成绩都不佳，其中有两个是 0 分。伴随性学习组在实验过程中得到的最高分是 16 分，刻意学习组的两名被试在第二次学习中就已经达到这个分数。

经过实验后的数据分析，得出如下结果：

（1）刻意学习组的成绩普遍高于伴随性学习组的成绩，而且刻意学习组在学习的开始阶段（即头两天）优势明显。

（2）刻意学习组的成绩普遍比伴随性学习组的成绩稳定。刻意学习组基本上在第二次词汇学习后就能稳定地保持自己的词汇成绩，而伴随性学习组的成绩则在波动中进步。

（3）刻意学习组在 3 天后出现学习瓶颈，而伴随性学习组则在波动中有所突破。刻意学习组虽然在第二次词汇习得后就能达到较高的记忆成绩，四五次词汇习得后（3 天后），词汇的记忆状态也趋于稳定，但是此后的记忆效果都只是在原地踏步，其中，被试 1-2 的成绩反而略有下降。伴随性学习组虽然起点成绩低，但是在重复的习得行为中，记忆能越来越完整。到实验的尾声，伴随性学习组的成绩达到 14～16 分，与刻意学习组的 16～18 分差距缩小了很多。

3 口头报告语料分析

从以上的数据分析可以看出两种学习方法的大体趋势。笔者希望通过对口头语料的定性分析，进一步探讨两种方法学习过程的特点，以及在不同类别词语上的具体表现。

由于初级班的汉语学习者书面表达能力有限，同时也为了更全面、更清楚地了解被试对测试词意义和用法的揣摩与理解过程，笔者以录音的方法记录了被试在词汇测试中口头报告的语料。本次实验的口头报告语料主要是词汇测试中被试释义与造句的语料，也包括在词汇测试的对话中，被试自我评价中对该学习方法的主观看法，如兴趣的强弱和他们提出的建议与意见。

3.1 词汇保持率

通过重复学习，刻意学习法的词汇保持率更稳定。相反，伴随性学习虽然经过重复学习，但词汇保持率并不稳定。

从深水平加工学说来看，伴随性学习法由于不能确保词汇信息的高强度写入，信息的加工程度很浅，词汇的保持率比较低。尽管学习者进行了重复学习，但由于词汇记忆的基础没有打牢，加上阅读材料中上下文的变化，学习者的词汇成绩总是忽高忽低。

3.2 抽象名词的学习

在伴随性词语学习中有机会掌握意义抽象的词语。

被试2-3是本次实验5名被试中唯一一个能正确使用"悬念"这个抽象名词的。阅读材料中写道：

在爱情片里你总会知道下一秒会发生什么，没有一点悬念。

被试2-3造句：

你写的这个故事一点儿悬念都没有。
我们喜欢看有悬念的电影。

伴随性词语学习的该优势与刻意学习法在学习词义具体的词汇上的优势相得益彰。如果说，刻意学习法能帮助学习者在较短的时间内高效地学习词义简单且具体的词语，那么，伴随性学习法能帮助学习者成功地学习词义复杂且抽象的词语。

相反，意义抽象的词语就成了刻意学习组的最大难点。该组的两名被试之所以一直保持着16～18分的成绩而始终无法冲到20分以上，就是因为他们没能通过词汇表学习到"悬念"和"趋势"这两个意义较为抽象的词语。

例如，被试1-1把"悬念"理解成形容词，解释为"猜不了的"，于是造句：

*悬念的小说。

被试1-2错把"悬念"理解成动词，解释为"担心，一直等"，于是造句：

*妈妈悬念孩子去很远的地方。

两种方法在学习意义抽象的词语上的这个特点，是我们在多次测试中发现的。实验设计之初并没有估计到这个特点，因此，以后还可以通过更大的词语样本来考察这个问题。

3.3 词语的创造性输出

不论主试多努力地试图让刻意学习组多造一些不同的句子，但他们还是只能造出原有的句子。例如，在8次词汇测试中，对"潦草"的造句都是"潦草地工作"，对"浪费"的造句都是"不要浪费饮料/米饭"，对"趋势"的造句都是"世界的趋势"。

被试1-2错误地理解了个别测试词，主试曾建议其再多造几个句子，但她还是不能造出新的句子。例如，她对"悬念"的造句都是"*孩子在外面，妈妈悬念孩子"，对"趋势"的造句都是"*趋势的经济的中国可能越来越高"，对"卑鄙"的造句都是"*他打他的孩子，他很卑鄙"。

伴随性词语学习能更准确地捕捉词语的语义和语用特征，在造句上更具有创造性。例如，被试2-3阅读的材料中是这么使用"卑鄙"的：

大卫很高很有力，大卫打了一个小男孩，同学都说大卫是一个卑鄙的人。

于是，被试2-3在对"卑鄙"进行造句时，就说：

如果打一个人，但是我有很多人，那么我就很卑鄙。

可见，因为伴随性学习法将测试词放在了一个较大的语境中，能让学习者准确地认识到目标词的语法、语义与语用，所以，当学习者需要造句时，只要换一个类似的语境，就能完成对目标词举一反三的学习了。

张金桥（2008）认为，伴随性学习法能促进留学生汉语产出性词汇知识的学习。本研究结果支持这一观点。

3.4 学习兴趣的保持

刻意学习者逐渐对该学习方法感到厌烦，失去学习兴趣。

被试 1-1 在第 5 次实验后（3 天后）对背词汇表的方法开始表示厌烦，不愿意再学习。即使被告知还有词汇未能正确习得，被试 1-1 还是不愿意认真学习。被试 1-1 说，使用词汇表学习，他的学习深度只能到此为止。经过几番劝解，被试 1-1 也只学习了不到 2 分钟，而之后的 3 次实验也只学习了 2～3 分钟。被试 1-2 也在第 6 次实验后（一周后）出现了同样的状况。

相反，伴随性学习组学习的积极性较高。

在开始阶段，伴随性学习的效果并不太乐观，但是中期阶段的效果明显增强，而且伴随性学习能让学习者从不同的情景了解词语，发挥自己的创造性去输出词语，从而更加主动地去学习词语。当使用伴随性学习法的 3 名被试被告知实验的目的是学习词汇，并询问是否乐意继续这样的词汇学习时，3 名被试均回答道，如果阅读材料仍然有趣，并且学习的时间同样是十来分钟的话，他们都十分乐意继续这样的学习。

4 结语

与以往相关研究不同的是，本研究在设计上增加了重复学习的因素。笔者通过实验将词汇学习的时间拉长，将词汇重复学习的频次加密，尝试性地揭示出两种词汇学习方法的记忆过程，即学习者是如何通过重复学习来克服遗忘规律，并实现记忆的。研究发现，将刻意学习和伴随性学习放在反复学习的长时间段里，两种学习方法在不同时段显示出各自不同的特点。而且有意思的是，这两种学习方法刚好互补。

刻意学习法在学习过程的开始阶段学习效果明显高于伴随性学习法，

经过两三次重复学习后，保持率良好。但是，使用刻意学习法的学习者难以掌握词义抽象、复杂的词语，而且词语的输入缺乏创造性，他们因而遇到学习的瓶颈。由于学习难以再有突破，学习者的学习兴趣大减，出现放弃该学习的倾向。

伴随性学习在开始阶段受到"伴随性"的影响，容易忽略测试词，词汇学习成绩较差。由于学习开始阶段的基础没有打牢，学习者容易将词语混淆。但是，伴随性学习是一个循序渐进的过程，其优势在之后慢慢显现出来，不但使学习者有机会认识词义较抽象的词语，还能帮助学习者创造性地输出词语。伴随性学习能保证学习者良好的学习兴趣，使得词汇学习后劲十足。

根据本研究的结果，我们对词汇学习提出如下建议：

（1）词义明确、具体的词用刻意学习法比较好。

（2）词义抽象、复杂的词采用二者相结合的方式好。先刻意学习，了解词语的形、音、义，然后通过有语境的伴随性词汇学习，更准确地理解词义，掌握其语义、语用特点。

本研究在设计上还存在一些局限。首先，研究的结果虽然在更大的时间跨度上考察了记忆的全过程，但是实验样本只有汉语初级水平的5个东南亚学生。该研究结果是否能推广至广大的学习者，包括其他母语背景的学习者、中高级水平的汉语学习者或者其他二语学习者等还有待更进一步的研究。其次，本研究的多次测试在重复学习之前进行，尽管我们也测试了一些无关的词，但到后期，学习者仍有可能猜测到个别测试词。虽然我们认为这对初级水平的学习者影响不大，但仍然是一个不足。此外，本研究发现，伴随性词语学习法对词义抽象、用法复杂的词语的学习有帮助，这是研究开始时没有预计到的结果。以后的研究还可以就这个问题进行更深入细致的考察。

参考文献

［1］董燕萍. 交际法教学中词汇的直接学习与间接学习［J］. 外语教学与研究，2001（5）：186–192.

［2］段士平，严辰松. 多项选择注释对英语词汇附带习得的作用［J］. 外语教学与研究，2004（3）：213–218.

［3］盖淑华. 英语专业学生词汇附带习得实证研究［J］. 外语教学与研究（外

国语文双月刊),2003(4):282-286.

[4] 龚兵.间接词汇学习与直接词汇学习的对比实验研究[J].天津外国语学院学报,2008(4):73-80.

[5] 郭亚莉,周星.二语词汇习得实证研究:直接学习与间接学习[J].外语界,2006(1):28-33.

[6] 柯葳,董燕萍.上下文在二语词汇直接学习中的效果研究[J].现代外语,2001(4):353-358.

[7] 吕红梅,姚梅林,杜煜旻.英语阅读中单词注释对词汇学习的影响研究[J].心理科学,2005(6):1415-1417,1398.

[8] 彭建武.国外认知连通主义研究综观[J].外语教学与研究,2002(4):263-270.

[9] 钱旭菁.汉语阅读中的伴随性词汇学习研究[J].北京大学学报(哲学社会科学版),2003(4):135-142.

[10] 吴建设,郎建国,党群.词汇附带习得与"投入量假设"[J].外语教学与研究(外国语文双月刊),2007(5):360-366.

[11] 张金桥.汉语词汇直接学习与间接学习效果比较:以词表背诵法和文本阅读法为例[J].汉语学习,2008(3):98-105.

[12] 朱勇.汉语第二语言词汇学习问题刍议[J].云南师范大学学报(对外汉语教学与研究版),2004a(1):12-16.

[13] 朱勇.边注和查词典等输入调整对留学生伴随性词汇学习的作用[J].世界汉语教学,2004b(4):74-84.

[14] 朱勇,崔华山.汉语阅读中的伴随性词汇学习再探[J].暨南大学华文学院学报,2005(2):15-22.

[15] CHO K S, KRASHEN S. Acquisition of vocabulary from the Sweet Valley Kids series [J]. Journal of reading, 1994 (37): 662-667.

[16] EBBINGHAUS H. Memory: a contribution to experimental psychology [M]. New York: Teachers College, Columbia University, 1885.

[17] HULSTIJN J H. Retention of inferred and given word meanings: experiments in incidental vocabulary learning [M] //ARNAUD P J, B'JOINT H. Vocabulary and applied linguistics. London: Macmillan, 1992: 113-125.

[18] HULSTIJN J, HOLLANDER M, GREIDANUS T. Incidental vocabulary learning by advanced foreign language students: the influence of marginal glosses, words [J]. The modern language journal, 1996, 80 (3): 327-339.

[19] KRASHEN S. The input hypotheses: issues and implications [M]. CA: Laredo publishing Company, 1985.

[20] LAUFER B. Vocabulary acquisition in a second language: do learners really

acquire most vocabulary by reading? [J]. Canadian modern language review, 2003, 59 (4): 565-585.

[21] LAUFER B, HULSTIJN J. Incidental vocabulary acquisition in a second language: the construct of task-induced involvement load [J]. Applied linguistics, 2001 (22): 1-26.

[22] LAUFER B, SIM D. An attempt to measure the threshold of competence for reading comprehension [J]. Foreign language annals, 1985, 18 (5): 405-411.

[23] NATION I S P. Teaching and learning vocabulary [M]. Massachusetts: Newbury House, 1990.

[24] NATION I S P. Learning vocabulary in another language [M]. Cambridge applied linguistics, 2001: 63-70.

[25] PARIBAKHT T S, WESCHE M. Vocabulary enhancement activities and reading for meaning in second language vocabulary development [M] //COADY J, HUCKIN T. Second language vocabulary acquisition: a rationale for pedagogy. Cambridge: Cambridge University Press, 1997: 174-200.

[26] PIMSLEUR P. A memory schedule [J]. Modern language journal, 1967, 51 (2): 73-75.

对中级汉语阅读教学的调查与思考[①]

【摘　要】 本文从教学中的实际问题出发,探讨阅读课"教什么""怎么教"的问题。通过对学生的问卷调查了解来自学生的学习需求;通过对优秀教师的访谈,获得教师们的宝贵经验。本文认为,中级汉语阅读课教学要在汉字解析、结合文本理解的技能训练、因材施教、切实做到以学生为中心4个方面下功夫。前两点是教学内容,后两点为教学原则。

【关键词】 中级汉语　阅读教学　因材施教

1　引言

目前我们开设的阅读课(或称"泛读课",相对于精读课而言),教学内容主要是技能训练加阅读训练。前几年,我们强调阅读技能训练,效果挺不错。但近年来,笔者在教学中发现,学生对阅读课似乎不那么感兴趣了,为什么?这是本研究的缘起。

现有的阅读课教学研究中,理论探讨较多,在国外阅读理论的介绍与应用方面已有不少成果。有关阅读技能训练的探讨也很多。不少学者介绍了图式理论或阅读模式理论,并探讨了这些理论在对外汉语阅读教学中的应用情况,对汉语阅读教学具有指导意义。

近年来,随着对外汉语教学研讨的深入,逐渐出现了一些关于阅读课堂教学的研究。吴平(1995)从教师的角度,在对外汉语阅读课教学的基本做法、3个教学环节的具体内容、阅读课的辅助手段等方面贡献了自己的研究成果。廖智宏(2004)认为,了解学生现有的汉语知识水平很重要,教学中,教师应善于引导学生运用已掌握的汉语知识,导入更多的文化因素,提倡以学生为中心的阅读课堂教学模式。高磊(2005)讨论

[①] 本研究得到中山大学国际汉语学院"汉语言本科阅读课教学模式研究"项目(项目编号:SOEEY0806004)的资助。感谢中山大学国际汉语学院张琳老师、黄蝶君老师为本研究贡献的宝贵经验!本文曾在第十届国际汉语教学大会上宣读,并被收入《第十届国际汉语教学研讨会论文选》(2012)。

了怎样从元认知策略的训练入手来帮助学生提高汉语阅读能力。吴门吉(2007)从背景知识的激活、阅读技能训练、词汇教学、阅读速度、同伴合作阅读、阅读评估、激发阅读动机等方面探讨了阅读课的教学方法。这些研究无疑促进了汉语阅读课堂教学及其研究。不过，现有的研究基本是从教师的角度出发，或者是基于理论，或者是基于教学经验，而课堂教学的主体包括教师与学生两个方面，关于学生方面的研究尚不多见。

学生希望在阅读课上学习什么？阅读课究竟应该教什么，怎么教？如何让学生喜欢阅读课？我们希望有更明确的答案。

本文采用问卷结合访谈的方法进行调查研究。首先通过问卷了解来自学生的意见，接着访谈有经验的阅读课教师，了解教师们的教学体会与经验，结合自己的教学实践，对中级阅读课教学进行了反思。

2 调查研究

2.1 问卷调查

问卷的内容包括学生的学习困难、对学习内容的需求、对所用教材的意见、影响阅读课兴趣的因素、对不同课程的重视程度、对阅读课的满意度等方面。问卷设计好后，在汉语国际教育研究生课堂上进行讨论，修改后再实施调查。

调查是在学期课程结束时，委托中山大学国际汉语学院阅读课教师利用最后一次课堂时间进行的。发放问卷108份，回收率100%。

调查结果用Excel软件统计，结果如下：

从表1可以看出，过半数学生认为生词太多是阅读课的最大困难。字词懂了，但意思不明白的情况也较为普遍。

表1 阅读课最大的困难

阅读课最大的困难	中级1（43人）	中级2（41人）	中级3～4（24人）
生词太多	57%	64%	63%
字词懂了，但意思不明白	29%	40%	37%
内容不知道	6%	12%	25%
时间不够	36%	16%	25%
看不懂练习	7%	4%	6%

从表 2 可以看出，学生希望在阅读课上学习的内容的前几项是多认识汉字、提高阅读速度、提高阅读理解能力、提高阅读技能、积累词语。

表 2　希望在阅读课上学习的内容

希望在阅读课上学习的内容	中级 1	中级 2	中级 3～4
多认识汉字	86%	80%	63%
积累词语	57%	54%	53%
积累语法知识	43%	46%	29%
学习中国文化	14%	22%	40%
提高阅读技能	50%	86%	60%
提高阅读理解能力	57%	96%	63%
提高阅读速度	79%	71%	75%

从表 3 可以看出，对现在使用的教材，学生的评价普遍不高。多数学生认为录音带没有必要。

表 3　对所用阅读教材的意见

对所用阅读教材的意见	中级 1	中级 2	中级 3～4
阅读技能有意思	57%	52%	50%
课文内容有意思	64%	44%	56%
练习有意思	57%	36%	38%
需要录音带	14%	17%	13%
生词太多	29%	46%	31%

从表 4 可以看出，多数学生希望教师先讲生词，再让学生阅读、练习。中级 1 水平的学生多数希望教师多讲解课文内容。中级 2 水平的学生多数希望教师多补充新鲜的阅读材料。中级 3～4 班的学生多数希望教师介绍相关的中国文化知识。

表 4　学生喜欢的教学方式

学生喜欢的教学方式	中级 1	中级 2	中级 3 ～ 4
教师少讲，主要让学生读	14%	16%	19%
严格控制阅读时间	14%	20%	19%
一边放录音带一边阅读文章	7%	12%	13%
教师先讲生词，再让学生阅读、练习	64%	52%	50%
教师详细讲解阅读技巧，然后做技能练习	29%	32%	56%
教师多讲解课文内容	57%	44%	19%
教师介绍相关的中国文化	14%	40%	69%
补充新鲜的阅读材料	43%	52%	31%
教师安排有关的任务，如讨论、读书报告、相关写作练习	36%	40%	19%
根据学生的情况采用合适的教学方法	36%	36%	44%

从表 5 可以看出，在时间控制方面，中级 3 ～ 4 班的学生多数希望适当控制，但还是慢一点。而中级 1 班的学生有一半希望严格控制时间，跟考试时一样。总的看来，学生还是希望对时间有一定的控制。

表 5　阅读时间控制

阅读时间控制	中级 1	中级 2	中级 3 ～ 4
不需要控制，让学生慢慢做	14%	17%	6%
可以适当控制，但还是慢一点	29%	46%	63%
最好严格控制，和考试的时候一样	50%	46%	31%

从表 6 可以看出，在影响阅读课的学习兴趣的 3 个因素——教师、同学、自己中，各自的作用可谓平分秋色：①教师的教学方法非常重要，教学热情也是重要因素；②班级学习气氛也是诸多因素中最为重要的一项；③除了外因，个人的汉语水平也是决定性的内因，个人兴趣也是影响因素之一。

表6 阅读课兴趣影响因素

阅读课兴趣影响因素	中级1	中级2	中级3～4
教师的教学方法	79%	68%	81%
教师认真负责	43%	44%	31%
教师的教学热情	29%	52%	63%
课堂学习氛围	88%	75%	81%
同学是否友好	14%	42%	25%
个人的汉语水平	79%	76%	69%
个人的兴趣	36%	72%	50%

从表7可以看出,似乎学生的汉语水平越高,就越不重视阅读课。相对来说,学生更重视精读、口语、听力课,而不太重视阅读课,最不重视写作课。

表7 学生对不同课程的重视程度比较

学生重视的课程	中级1	中级2	中级3～4
听力	100%	79%	81%
口语	93%	96%	100%
阅读	93%	63%	38%
精读	100%	84%	75%
写作	79%	46%	38%

2.2 访谈

2.2.1 访谈对象

问卷调查了解来自学生的学习需求,访谈了解来自教师的经验与体会。本次调查选择有3年以上的中级阅读课教学经验、深受学生欢迎的3位优秀教师作为访谈对象,分别记为T1、T2、T3。

T1有30多年的汉语教学经验,为本院的资深优秀教师,近年来担任中级汉语阅读教学。T2 为年轻教师,近 3 年来在本院从事中级阅读课教学,之前有英国留学与教学经验。T3 也是年轻教师,曾负责留学生多种课型的教授任务,目前在阅读教学上颇有创新。

访谈形式是开放式的一对一深度访谈。访谈者先准备了话题提纲,围绕阅读动机与兴趣、阅读课教学内容、教学目标、教学方法、阅读材料几个方面展开,中心议题是阅读课教学。

2.2.2 访谈结果

3 位教师都很注重培养学生的阅读兴趣,都很注重营造良好的课堂气氛,都很看重学生对教师的接受度,教学内容方面重视阅读技能的训练。经验丰富的教师还很注重对课堂的控制与管理;年轻教师很注重学生对师教学方法的认同,会根据学生的需求调整教学方法与教学环节。具体内容主要有以下几方面。

(1) 教学内容。3 位教师都不约而同地认为阅读技能是阅读课训练的核心内容。教师 T2、T3 分别从事中级 1、中级 2 两个水平的阅读课的教学。由于汉字表意的特点,他们都认为猜词训练是学习、理解汉语词语的重要技能,因此,猜词训练贯穿阅读训练始终。

教师 T2 说道,每节课他都要进行猜词(或者叫"析字")训练,把技能训练结合到阅读教学中。例如:

"打球""爬山""骑马""攀岩","攀岩"是什么意思?

首先,从"岩"字分析出偏旁"山"和"石",因为之前的偏旁训练,可以猜出"一种山""一种石",那么,对不对?

再结合"、"相当于词与词之间的"=",根据前面词语的意思,"攀岩"不可能是山,而应该是一种活动。再看"攀"字,与"手"有关,然后学生说"climb"。这样学生觉得很有意思,可以学到词语,还可以学到联合式结构,让学生觉得学到了东西。

猜词要重视偏旁,同时,要注意相同部件、不同形旁汉字的扩展,这样可以加深学生对汉字形旁表意的认识。例如:

"只是听说,没有目睹",猜猜"目睹"是什么意思。

"目睹"理解后,进一步深化对"睹"的理解。如"9·11"事件,看电视是不是"目睹"?

再拓展讲"堵""赌""猪""煮"等不同的形旁组成不同汉字的意思。让学生进一步理解偏旁"土""贝""犭""灬"的意思,这样也复习了学过的形旁,而形旁的意思必须反复重现、讲解,学生才能掌握。结合阅读中的具体字词,这样的讲解生动、有意思,也才能让学生逐步理解汉字的正字法规则。

如何把汉字讲得有趣?

T2 认为,有时可以把汉字当作"画儿",自创析字方法。如"急躁"的"躁"可以看成"三张嘴一只脚"——不耐烦的意思。再拓展汉字"燥""澡""操""噪",可以分解为左右结构,结合形旁"火""氵""扌""口"讲解这几个字的意思,并组词"干燥""洗澡""操场""噪音"。"干燥"像"火"在烧,"洗澡"要用水,"操场"是做操的地方,"噪音"是因为嘴巴太多,声音太大。这样就比机械地讲解词语的意思有吸引力。

再比如,成语"朝思暮想",先分成"朝思|暮想",两个部分是并列的,"思""想"这两个汉字都是心字底,都与心理活动有关。而"朝""暮"相对,先比较"暮""幕""墓"3 字的形旁"日""巾""土"与整字的意思,可以加深学生对形旁"日""巾""土"的认识,也有利于对这 3 个汉字的理解。再解释与"暮"相对的"朝"字的意思,如此,学生不但了解了这个成语的意思,还了解了成语的一种结构。

T2、T3 两位教师多次强调,猜词训练作为一种字、词理解训练,一直贯穿阅读课始终,要慢慢让学生养成分析字、词的习惯,因为形义关联是汉字的特点,也是汉语阅读学习的重点。

除了猜词训练,他们还谈到"抽取主干"技能的训练、"、"表意的训练、偏正式合成词的训练等,它们都是很有效的阅读技能,并多次强调把这些技能融入文本阅读中,以提高学生的阅读理解能力。

(2)课外阅读。关于如何指导学生进行课外阅读,补充阅读材料,T3 教师进行了有益的尝试。她尝试用课外阅读的方式提高学生的阅读兴趣,让学生通过课外阅读练习所学的阅读技能,让学生通过课外阅读感受成功征服汉字、成功阅读的喜悦,从而使学生提高阅读能力、积累词汇,培养了学生的阅读兴趣,丰富了学生的学习生活。

T3 教师的这个尝试获得了极大的成功，学生们都积极响应。这位教师主要是让学生在课外从报纸、杂志、网络等媒体寻找自己感兴趣的小文章进行阅读理解，并查生词，写读书笔记。读书笔记可以是对原文内容的概述，也可以是读后感，形式不限。然后，教师进行评改、反馈，好的拿到班上交流，学生由此受到了极大的鼓舞，感受到了阅读的乐趣。

　　T2 教师给学生的课外阅读指导主要是让学生去看街上的标志牌，猜猜它们的意思，然后带回课堂。这也能让学生有阅读成就感，体会到课内训练的内容是有意义的。

　　也有的教师采用给学生主题，让学生课后找自己感兴趣的相关文章阅读，然后带回课堂的方法。

　　（3）课堂气氛。访谈的第一个问题是关于学生对阅读课的兴趣问题，T2 教师说，课堂气氛一直是他很重视的一个方面。他说，课堂气氛也就是要营造一种"场"，能吸引学生围着教师转。他认为，课堂评估缺乏一种"场"的评估。有些隐性的课堂氛围很重要，但评估的指标并不包括。因为课型的特点，阅读课容易沉闷，学生自我活动（阅读活动）比较多，比较枯燥，难以引起学生的重视。刚开始上课时，学生会问学这门课有什么用这样的问题。他认为，寻找汉语阅读的特点非常重要。一些阅读技能，如跳跃障碍阅读，又不是汉语的专利；还比如扩大视幅，中国人都很难做到。这样，学生不知意义何在，也不容易引起学生的兴趣，因此，学生难以重视。构词法、汉字构形特点却是汉语、汉字特有的。教析字，根据汉字的特点、汉语构词的特点、汉语句子结构的特点来理解汉字、汉语，才能够提高学生的汉语阅读能力。这样，突出了汉语的特点，突破了汉字这个难点，学生真正学有所获，才有学习的动力。

　　有经验的教师，如 T1 教师，由于有多年的教学经验，已经形成了自己的"气场"，很善于营造课堂气氛，控制课堂教学秩序，什么课都很受学生欢迎。

　　此外，年轻教师们还谈到作为教师的职业修养，如自我要求、自我上进非常重要。例如，刚开始上课时，如何塑造自己的教学形象，他们都考虑了很多。总之，用心上课，真正以学生为中心很重要。

　　（4）阅读速度。关于速度训练，T1、T2 两位教师在课堂上对阅读时间都有严格控制，学生慢慢也适应了。但 T3 教师认为，要根据学生的水平来控制时间。对于刚开始接触泛读课的学生，不宜太追求速度。

3 对中级汉语阅读课教学的思考

结合本次对学生的问卷调查和对教师的访谈，笔者认为，中级汉语阅读课教学要在汉字解析、结合文本理解的技能训练、因材施教、真正做到以学生为中心 4 个方面下功夫。前两点是教学内容，后两点是教学原则。下面分别讨论。

3.1 汉字解析贯穿始终

结合留学生的学习需求以及教师们的教学经验，不难发现，汉字教学仍然是中级阅读课的重要教学内容。"多认识汉字"在学生的学习需求中排在第一位（见表 2），而教师们也认为析字猜词教学是汉语阅读的重要特点（详见 2.2.2 节）。

那么，如何教？与教师们的访谈给了笔者极大的启示，那就是，汉字解析要成为一种习惯，不能只停留在课本中的练习。汉字讲解要运用多种方法，可以讲解汉字源流，也可以分析现在的字形特征。如 T2 教师对"躁"字的解读，目的是让学生理解并掌握汉字的形音义，还能起到举一反三的作用。

3.2 结合文本理解的技能训练

提高阅读理解能力是排在第 3 位的学习需求（见表 2）。事实上，阅读课的终极目标就是提高学生的阅读理解能力。那么，如何提高？前面提到的汉字能力是汉语阅读的基础。而猜词训练，理解句子主要意思（有的叫"抽取主干"）的训练，认识汉语特殊标点符号（如"、"）的训练，认识汉语构词特点的训练，抓主词、主句、标志词等技能的训练，一定要与文本阅读理解结合起来，才能让学生认识到这些技能在阅读理解中的作用，学生也才会觉得真正学会了如何理解汉语、如何阅读汉语。这样的阅读理解训练才有内容。否则，如果只是单一的技能训练，我们的阅读课教学就会成为空壳；单一的阅读速度训练会让学生觉得没有学到东西，可以回家自学。

当然，这也向教师提出了较高的要求：教师必须熟练掌握所有的阅读技能、汉语的各种文体特点、语篇结构特点等知识。

3.3 因材施教

阅读课兴趣的影响因素的调查结果显示，学生自身的汉语水平是重要的影响因素之一（见表6）。因此，教师一定要根据学生的真实汉语水平选择相应的教学方法。笔者曾有一个教训，因为过于相信自己的教学经验，在刚接手中级1班时，没有对学生进行摸底测验，没有深入了解学生的水平，就按泛读课的常规方法授课，强调对字词障碍的跳跃能力，忽视了对学生来说生词太多的状况，结果让一些学生知难而退，把学生吓走了。

在刚刚接触阅读训练时，如果学生的词汇量没有达到所用教材的要求，教师需要给学生适当的过渡时间，要帮助学生梳理文中的生词，让学生在可以理解的情况下阅读。同时，在中级高阶段，在学生掌握了足够多的生词，掌握了基本阅读技能后，文化解读就又是教师讲解的重要内容了。这从表4中可以看出：中级1～2水平的学生多数希望教师多讲生词，多讲解课文内容；到了中级3～4水平，半数以上的学生希望教师介绍相关的文化知识。具体多讲什么，要根据学生的情况灵活处理。关于这一点，已有不少学者注意到。

3.4 真正做到以学生为中心

除了学生自身的汉语水平，在影响阅读课兴趣的诸多因素中，教师的教学方法、课堂学习氛围都是重要的影响因素。什么样的教学方法好？如何营造良好的课堂氛围？参照教师们的谈话，笔者认为，是否真正以学生为中心是这两个问题的答案。

T2教师主要采用有汉语特色的技能结合阅读理解的教学方法；T3教师则主要通过学生自选感兴趣的课外阅读材料，获得阅读成就感的方法来培养学生的阅读兴趣，该方法对阅读课堂教学有积极的补充、拓展作用，同时也营造了良好的学习气氛。

教无定法。一位教师谈道，要让学生接受教师的教学方法，更重要的是要接受教师这个人；而要接受教师，一定要让学生感到教师是真正关心学生、爱护学生的。

4　结语

在教学中遇到的问题,促使笔者进行调查研究,以期改进中级汉语阅读课堂教学。通过对学生的问卷调查,我们听到了来自学生的声音,发现有些事情并不是我们原先所以为的那样。比如:我们以为学生愿意慢慢阅读,结果发现学生是希望有速度训练的;原以为刚开始学习阅读的学生会对录音带感兴趣,结果也不是这样。因此,有些时候我们的想法不一定适合学生。我们要了解学生的实际情况,才能找到合适的教学方法。访谈教师,收获颇多,最大的感悟是发现这几位教师真正做到了以学生为中心,所有的努力都是为了让学生喜欢阅读,为了让学生学有所获。

本次调查是笔者对阅读教学的反思。通过调查我们发现,对于课堂教学,只是掌握阅读教学理论、熟悉阅读教材、懂得教学方法还远远不够,还必须深入了解我们的教学对象——学生的水平与需要,真正做到以学生为中心,因材施教。

参考文献

[1] 高磊. 元认知技能训练在对外汉语阅读教学中的应用 [J]. 语言文字应用, 2005 (S1): 51 – 53.

[2] 廖智宏. 对外汉语阅读课教学方法研究 [J]. 广西民族学院学报 (哲学社会科学版), 2004 (S1): 208 – 210.

[3] 吴门吉. 阅读课教学方法探讨 [C] //沈为威, 等. 汉语教学与研究. 首尔: 首尔出版社, 2007: 120 – 131.

[4] 吴平. 浅谈对外汉语阅读课教学 [J]. 北京第二外国语学院学报, 1995 (3): 6 – 12.

阅读课教学方法探讨[①]

【摘　要】 一位优秀教师不仅需要熟悉该课程性质、教学目的、教材内容，还需要了解该课程的教学方法。本文根据现有的国内外有关阅读教学研究成果，根据以往的教学经验，认为提高阅读课教学效益的方法主要有激活背景知识、阅读技能训练、词汇教学、提高阅读速度、同伴合作阅读、评估教学效果、激发阅读动机。本文就上述 7 种方法进行具体的阐释。

【关键词】 阅读课　课堂教学　教学方法

目前的汉语阅读课教材大体上可以分为两种：一种按课文的主题编排，另一种以技能训练为纲编排。以课文为纲编排的教材每课通常包括生词、课文、练习；以技能为纲编排的教材通常包括技能训练与阅读训练两个大的部分，技能训练部分配有相应的练习，阅读训练部分的编排与以课文为单位编排的教材大体一样，也有生词、课文、练习等项目。

不同的教材编写方式体现了编写者不同的教学理念。很明显，以技能训练为纲的编写者强调技能训练在阅读教学中的重要作用，比如，《中级汉语阅读教程》（周小兵、张世涛，1999、2001）、《阶梯汉语·中级阅读》（周小兵等，2004）；而以课文为单位的教材编写者目的并不一定完全一样，有的强调词语学习和内容理解，如《中级汉语阅读》（刘颂浩等，1997）。

教师作为教学活动的主导者，在课堂教学中作用重大。教师对教材的处理方式体现了教师对该课程的教学目标、教学任务、教学内容、教学方法的理解。教学活动好比做饭，饭菜做得好吃与否，师傅的技术很关键。教材是物质材料，教师对教材的处理直接决定教学效果。

一位优秀的教师，不仅要熟悉教材的内容、教材的编写原则，还应该了解阅读课的教学目的、教学内容，这样才能确保教学任务的完成。同

[①] 本文曾在"在韩中国教师联合会第六届汉语教学研讨会"上宣读，并被收入论文集《汉语教学与研究》（首尔出版社 2007 年版）。

时，教师还需要了解、探讨该课程的教学方法，掌握阅读课课堂教学的特点。

本文探讨阅读课的具体教学方法。

现有的阅读教材，除了技能训练的有无，阅读训练的方法大体一致。根据国内外有关阅读教学研究的成果和以往的教学经验，我们认为，提高阅读课教学效益的方法，主要有以下几种：激活背景知识、阅读技能训练、词汇教学、提高阅读速度、同伴合作阅读、评估教学效果、激发阅读动机。下面我们分别说明。

1　激活背景知识

背景知识是指读者已有的关于世界的知识，包括语言知识与非语言知识。对于背景知识在阅读理解中的作用，凡是有过外语阅读经验的读者都不难理解。如果一篇文章介绍的是你熟悉的内容，尽管有不少生词，你也可以明白文章的主要意思；反之，如果文章介绍的是你完全不熟悉的东西，即使生词不多，理解也会相对困难。

那么，如何激活背景知识？

1.1　引导学生理解文章标题

文章题目常常反映了文章的主要内容。比如，我们看《中级汉语阅读教程（Ⅰ）》第13课的几篇阅读短文的题目——《中国服装与世界先进水平的差距》《北京的饮食》《昆明的雨》等。

关于服装问题，人人都不陌生，在中国学习的留学生应该也有在中国买服装的经验。那么，中国服装有什么特点？世界先进的服装有什么特点？中国服装与世界先进的服装有什么差距？为什么有差距？在讨论了这些问题之后，学生再去看文章就不难理解了。

同样，《北京的饮食》这个题目也很清楚地反映了文章要谈的相关内容，关键词是"北京"及"饮食"。即使没有到过北京的学生也很想知道北京的饮食有什么特点，去北京应该吃什么，这都是学生容易产生联想的事物。

"昆明的雨"的结构与"北京的饮食"的结构一样，教师可以引导学生了解"昆明"，然后再让学生谈谈对"雨"的认识：喜欢吗？不喜欢吗？为什么？这样，学生就很想知道"昆明的雨"是什么样的。

1.2 通过提问激活读者的背景知识

有的阅读文章没有给出标题，或者标题不直接反映文章的内容。这时，教师可以通过提问的方式，激活读者的相关背景知识。《中级汉语阅读教程（Ⅱ）》第52课中的《周璇答记者问》，教师应先让学生知道周璇是谁（20世纪30～40年代的中国著名演员，歌也唱得很好），再问学生"答记者问"是什么意思。学生明白了这两点后，再来看课文就比较容易有成就感。值得注意的是，这种背景知识的激活一定要简单直接，能用一个词就不要用一个句子。

1.3 教师简单提供相关的背景知识

如果学生缺乏相关的背景知识，教师就有义务想方设法简明地介绍文章涉及的背景知识，让学生产生一些相关的联想。比如，《中级汉语阅读教程（Ⅱ）》第38课的一篇短文《风水》，看到这个题目时，留学生很难推测课文的相关内容，因此，教师应对中国文化中的"风水说"有一个简单的介绍，让学生可以联想到自己文化中相应的观念，这样来看课文就容易理解了。

1.4 培养学生主动联系已有知识的习惯

"教"的目的是"不教"。教师要时常提醒学生主动联系自己已有的知识，让他们养成自动联想、自动将已有知识和在读文章内容联系起来的习惯，以降低阅读内容的难度。

在激活背景知识时需要注意，阅读时，会发现作者的观点等并不一定与我们个人已有的相关认识一致。因此，阅读除了预测，还要不断验证在读文章的观点是否与自己的预测一致，从而理解作者所表达的意思，万万不可用自己的认识去代替作者的观点。

2 阅读技能训练

阅读技能训练是阅读教学的一个重要内容，是阅读能力的重要组成因素。技能训练的目的是让学生掌握合适的阅读理解的方法，并养成良好的阅读习惯。下面我们讨论课堂教学时如何处理技能训练的问题。

2.1 技能讲解要简明

阅读技能是帮助阅读理解的方法，从知识的类别上说，是一种程序性知识。教师只要设法让学生明白所要操练的技能是什么即可。具体的技能只能让学生通过操练来掌握。比如，在培训"通过上下文推测生词"这一技能时，要让学生明白这一技能的含义，是通过句法搭配关系以及其前后词语的语义限制关系来推测生词的意义。在课堂上，教师可以板书以下例句，让学生填空：

他吃_____。
弟弟骑_____。
_____写信。

目的是让学生明白，前后词语在语义上的相互选择，是有一定语义限制的。比如，"吃"的后面只能跟可以吃的东西，"骑"后面跟可以骑的东西，"写信"这一动作只能由人发出等。最多 10 分钟，学生就能明白所学的技能是什么，接着就可以进入技能部分的练习了。要注意让学生运用所学的方法来进行词语理解。

2.2 技能要反复操练，要贯穿到整个教学活动中

技能的掌握好比学习骑自行车，需要反复操练，以达到熟练运用的目的。因此，在进行阅读训练时，教师要经常复习学过的技能，提示学生，使学生学到的技能得到进一步巩固。

比如，学了根据汉字偏旁猜词的技能后，在后来的生词学习中，遇到可以通过偏旁猜测词义的生词，就要训练这个技能。通过经常不断地进行对汉字形旁的分析，学生就会慢慢掌握并熟练运用汉字形旁释义的技能。如学习生词"辉煌"时，可以让学生先看两个字的结构与偏旁，再让学生说说"光""火"的意思，给学生讲解"辉煌"的"光彩夺目"的意思。这样，学生就很容易理解偏旁"光""火"的意思了。然后再结合课文说明该词的常用义项"形容成就显著出色"，学生就不难理解了。在这一教学过程中，学生还会自然而然地巩固汉字的正字法知识。

3　词汇教学

词是语言中能够独立运用的最小的意义载体,是语言的建筑单位,对文本意义的理解必须在对词义理解之上建构。词汇量在阅读理解中的重要作用是众所周知的。有的时候,就是因为不认识几个关键词,阅读就无法顺利进行。因此,词汇积累一直是阅读学习的一个重要内容,阅读与词汇学习是相辅相成的:为了阅读顺利而学习词汇,通过阅读扩大词汇量。

那么,词汇教学在阅读课中应如何处理?首先,阅读教学的主要目的是理解文本意义;阅读并理解文本意义主是教学的主要活动;词语学习是为理解服务的。因此,词语教学不是主要的教学活动,而是为了扫除阅读中的障碍的一种学习活动。

阅读课上的词汇教学应以辨识为目的。也就是说,明白意义,即该词在特定上下文中的意思就可以了,没有必要全面讲解它的用法。具体的用法是通过阅读获得的。因此,阅读课词汇教学的总原则可以归结为:点到为止,注意复现。

当然,点到为止并不是说不教词语。能否尽快让学生明白生词的意思,依靠的是教师的教学技巧与经验。具体来说,阅读课上的词义讲解应该注意以下几个方面。

3.1　字形辨识

进行字形辨识,一方面是为了让学生根据汉字的形旁来理解汉字的意思,另一方面也可让学生进一步熟悉汉字的结构,掌握并巩固汉字的正字法知识。这种方法在阅读学习的初、中级阶段可以经常使用。例如,"炒"与"火"有关,"猫"是一种动物等。

3.2　语素分析

通过对语素义的分析来理解词义可以说是汉语最有特色的词语学习技能。通过语素分析来进行汉语词语教学已得到越来越多的学者的认同,因为汉语单音节词词义和语素义是重合的,大多数复音词也能通过语素分析的办法找到构词的理据,分析词的语素义是理解词义的基础。更重要的是,我们在教生词的同时,也教会了学生理解词义的方法。常用汉字(语素)的数目不多,但其构词能力很强。学生如果掌握了通过分析语素来理解生词的方法，就可以说是掌握了汉字生词学习的一把钥匙。例如，"茜草"，因为有草字头，所以猜它"可能是一种草"。再如，"他的发音很清晰"，根据"清"不难推测出"清晰"的意思。

3.3 同义与反义关系

这是利用词语在语义场中的关系来学习新词的方法。对一些词语的理解既简单又明了。例如，"这张票不能用了，作废了"。根据前面词语的意思，可以推测"作废"就是没有用的意思。再如，"他写字很潦草，但他的妹妹写得很整齐"。可以根据"但"推测前后词语意思相反，即"潦草"的意思与"整齐"相反。

3.4 翻译

有些词，特别是意义比较抽象的词，采用翻译的方法比较简单，如"文明""神经"等，很难用汉语讲得十分明白，如能翻译成学生的母语则更省事。

3.5 上下文语境

语境有助于学生理解词语的意义与用法。同时，也是教会学生学习通过语境跳跃生词障碍的方法。例如，"自行车有坤车，手表有坤表，但汽车业发展到今天，竟然没有专门为女性，特别是那些爱美的女性设计的汽车。汽车业的这种性别歧视，最近受到了德国妇女的强烈反对"。根据语境中提供的"竟然没有专门为女性，特别是那些爱美的女性设计的汽车"，不难推测"坤"在这里是指"女性"的意思。

还有很多别的课型中采用的方法也都可以用，目的是理解意义。例如，实物、图片、形象等展示法，有时也是很有必要的。如"杨梅"这种水果并不常见，很难给学生说清楚，如果用图片展示，那就很清楚了。

总之，阅读课上的词汇讲解要简明，同时要注意"授人以渔"。

当然，还要注意到不同阶段的词语学习有自身的特点。比如，在初级阅读中，字词学习是重要任务，除了分析、讲解、练习，背生词表也是极为重要的。关于不同层级的阅读教学，我们将另文探讨。

4 提高阅读速度

速度慢是外语阅读中的普遍问题，提高阅读速度是提高阅读能力的重要内容。当然，这里的提高阅读速度是在保证一定的理解正确率的前提之下来讨论的，而不是盲目追求速度。

第二语言学习者常常习惯于点读，即一边阅读，一边用手或铅笔指着书上的字词，一个一个地看，速度慢就可想而知了。之所以造成这种情况，一方面是因为学习者的语言水平不够，即还处于语言学习的初级阶段；另一方面是因为不良的阅读习惯，一些学习者的语言能力并不低，但由于总喜欢一边读一边翻译，或者一边读一边关注语言知识（词汇、语法等），因此，阅读速度总是快不起来。

第一种情况是学习阅读的一个过程，是几乎所有初学者都会出现的问题，只要适当纠正，争取在第二语言水平和阅读能力提高后不再出现就可以了。第二种情况则是应该坚决、即时改变的不良阅读习惯。办法是：一方面，要改变认识，明白阅读方式有很多种，许多阅读材料不需要精读；另一方面，要掌握泛读的方法。下面我们介绍课堂中提高阅读速度的几种常用做法。

4.1 固定文本的限时阅读

让学习者在一定的压力下阅读，要求学生在规定时间内完成阅读任务。课堂内具体时间的限定要以班上的中等水平为基准，教师要巡视，以了解学生的阅读状况，给出合适的时间。

4.2 定时阅读

指定阅读文章以后，给学生 1 分钟时间，让学生能读多少就读多少。然后停下来，从头开始第二遍，仍然是 1 分钟时间，但这次阅读的内容要尽可能比第一次多。按此方法重复 4 次。从第二次开始，学生每次阅读时，都会比前一次读的内容多。这样，在重复阅读前一次读过的内容时，学生自然就提高了阅读速度，以便尽快地过渡到新内容。这种训练能够使学生的阅读速度逐步得到提高（Anderson，2004）。

4.3 重复阅读

让学生重复阅读同一篇文章,直到达到一定的速度和理解程度。此法与定时阅读法既有相同之处,又有不同之处。虽是同一文本,但并非定时,而且要求从头到尾读完后再重复。方法虽然简单,但在外语阅读速度训练中十分有效。

5 同伴合作阅读

同伴合作学习是课堂教学重要的组织形式之一。常用的课堂教学组织方式包括全班集体活动、小组活动、同桌互动、个人活动等。通常,学生的学习是通过参与活动和完成任务来实现的,而不是单纯靠听讲。

在阅读课中,由于学生需要完成相当数量的阅读理解任务,如果总是采用个人活动的方式,学生很容易疲劳而不能集中注意力。如果集体活动太多,可能一些水平较低的学生就成了"南郭先生",也就容易失去学习的兴趣。

同伴阅读可以弥补上述两种情形之不足。同伴阅读一方面可以弥补个人知识的不足,达到相互学习的目的;另一方面还可以使学生在交流中产生学习的乐趣,提高学生的阅读兴趣。

同伴阅读通常采用同桌合作的方式,但如能注意调节优差学生配对,效果就更好。当然,在具体的教学活动中,要注意不同阅读方式的穿插使用,保证既有独立的阅读活动,又有同伴间的互动。教师可以安排较难的阅读材料作为合作阅读材料,通过讨论,降低阅读的难度;而较易的材料则限时独立完成阅读。

6 评估教学效果

教学评估是教学活动的重要内容之一。有学者指出:"越了解学生学习的内容、学习的方式和学习的效果,越能有效地安排自己的教学活动,从而促进有效教学的开展。"(Angelo 和 Cross,1993)可见,教学评估是所有教学活动的教学策略之一,阅读课同样如此。

这里的评估是指教师与学生对阅读教学目标、教学内容、教学效果等的实现情况的评估,目的是提高教学的针对性与教学效果,最大限度地保证教学活动的有效进行。阅读课的评估活动可以从教师与学生两方面来进行。

6.1 教师评估

教师评估主要通过课堂观察、测试与调查等来进行。

（1）课堂观察主要是教师通过观察学生在课内的表现来评估自己的教学活动。学生的课内表现包括学生完成任务的情况：能否在规定的时间内完成规定的阅读任务、阅读理解情况如何、全班学生的参与情况如何、回答问题的数量与质量如何、学生的学习积极性如何等。这些都可以在一定程度上反映教师的教学效果。

（2）测试是教学评估的一种量化形式。学校通常都有期中和期末考试，但教师最好还能组织单元测试，及时了解学生对所学内容的掌握情况，以便及时发现教学中的问题，使之得到适时的解决。否则，考试的内容太多，时间过去太久，问题解决起来就更麻烦，需要的时间也就更多。

（3）调查可以是非正式的，也可以是正式的。非正式的调查，如课后与学生的交谈，可以了解学生的学习困难，以及教师的教学进度等问题。正式的调查通常采用问卷调查的方式。这种调查问卷要设计得清楚、简单、容易回答，几分钟就可以完成。

6.2 学生自评

从学习的一开始，教师就应鼓励学生常常进行自我评估。这不仅可以让学生了解自己的学习情况，还有助于学生养成良好的学习习惯，因为自我评估是学习策略中的元认知策略之一，是学生对自己学习的一种管理。

阅读教材的每一个阅读材料都配有相应的练习，学生在完成阅读训练后，可以记录自己的阅读时间、理解正确率等。一节课、一星期、一个月……学生就可以了解自己的阅读学习情况，从而可以与同学、教师交流，以达到最佳的学习效果。

7 激发阅读动机

学习者的动机在教学活动中的作用，已得到教学工作者越来越多的重视。教学活动如果不能激发学生的参与意识和参与热情，学生缺乏学习动机,这样的教学是很难想象的。阅读教学也一样,如果学生不愿意阅读,那么,就意味着课堂教学失败。因此,激发学生的阅读动机可以说是教学活动顺利进行的关键。

从总体上看,学生的阅读动机受教材的合适度与教师的教学技术两方面因素的影响。教材的合适度包括教材选材的趣味性与语言难度的合适性(刘颂浩,2000)。教材的合适度还可以由有经验的教师的适当调节,因此,教师的教学技术就显得非常重要了。同样的教材给不同的教师使用,会有不同的教学效果。

结合前贤的研究成果(Anderson,2004),我们认为可以从以下几方面来激发学生的阅读动机。

(1)适时表扬学生。对学生的进步要敏感,教师的表扬会给学生以极大的鼓励。

(2)激活或提供背景知识。这也是降低阅读难度、提高阅读成功率的重要方法。

(3)明确具体文本的阅读目的。这样,学生才能清楚自己是否达到目的,或达到什么程度。

(4)使用理解成功率高的阅读材料。教师要灵活运用教材所提供的阅读材料,调节材料的难易度。前面课文中较难的材料可以舍弃,或者与后面较易的材料交换等。总之,要合理使用教材,不要被教材束缚。

(5)把篇幅较长的阅读材料分段阅读。

(6)使用适应学生水平的测试题。

教学的目的是让学生学到东西,取得进步,不是要显示教师的知识,或者把学生难住。一切教学措施的采用都应以此为出发点。

本文中,我们主要从总体上讨论阅读课的教学方法。事实上,在不同的语言学习阶段,由于学生水平的差异,在教学方法上也各有侧重。关于不同水平的阅读教学,我们将另文讨论。

参考文献

[1] 刘颂浩. 论阅读教材的趣味性 [J]. 语言教学与研究,2000(3):15-20.

[2] 张世涛,刘若云. 初级汉语阅读教程 [M]. 北京:北京大学出版社,2002.

[3] 周小兵,等. 阶梯汉语·中级阅读 [M]. 北京:华语教学出版社,2004.

[4] 周小兵,张世涛. 中级汉语阅读教程(Ⅰ)[M]. 北京:北京大学出版社,1999.
[5] 周小兵,张世涛. 中级汉语阅读教程(Ⅱ)[M]. 北京:北京大学出版社,1999.
[6] ANDDERSON N J. Exploring second language reading: issues and strategies [M]. 北京:外语教学与研究出版社,2004.